El gran libro de las REVELACIONES

Osho

El gran libro de las REVELACIONES

alamah

alamah

De esta edición:
D. R. © Santillana Ediciones Generales, S.A. de C.V., 2006.
Av. Universidad 767, Col. del Valle.
México, 03100, D.F. Teléfono (55 52) 54 20 75 30

Argentina
Av. Leandro N. Alem 720.
C1001AAP, Buenos Aires.
Tel. (54 114) 119 50 00
Fax (54 114) 912 74 40

Bolivia
Av. Arce 2333.
La Paz.
Tel. (591 2) 44 11 22
Fax (591 2) 44 22 08

Colombia
Calle 80, 10-23.
Bogotá.
Tel. (57 1) 635 12 00
Fax (57 1) 236 93 82

Costa Rica
La Uruca,
Edificio de Aviación Civil, 200 m al Oeste
San José de Costa Rica.
Tel. (506) 220 42 42 y 220 47 70
Fax (506) 220 13 20

Chile
Dr. Aníbal Ariztía 1444.
Providencia.
Santiago de Chile.
Telf (56 2) 384 30 00
Fax (56 2) 384 30 60

Ecuador
Av. Eloy Alfaro N33-347 y Av. 6 de Diciembre.
Quito.
Tel. (593 2) 244 66 56 y 244 21 54
Fax (593 2) 244 87 91

El Salvador
Siemens 51.
Zona Industrial Santa Elena.
Antiguo Cuscatlan - La Libertad.
Tel. (503) 2 505 89 y 2 289 89 20
Fax (503) 2 278 60 66

España
Torrelaguna 60.
28043 Madrid.
Tel. (34 91) 744 90 60
Fax (34 91) 744 92 24

Estados Unidos
2105 NW 86th Avenue.
Doral, FL 33122.
Tel. (1 305) 591 95 22 y 591 22 32
Fax (1 305) 591 91 45

Guatemala
7ª avenida 11-11.
Zona nº 9.
Guatemala CA.
Tel. (502) 24 29 43 00
Fax (502) 24 29 43 43

Honduras
Boulevard Juan Pablo, casa 1626.
Colonia Tepeyac.
Tegucigalpa.
Tel. (504) 239 98 84

México
Av. Universidad, 767.
Colonia del Valle.
03100, México D.F.
Tel. (52 5) 554 20 75 30
Fax (52 5) 556 01 10 67

Panamá
Av. Juan Pablo II, 15.
Apartado Postal 863199, zona 7.
Urbanización Industrial La Locería.
Ciudad de Panamá
Tel. (507) 260 09 45

Paraguay
Av. Venezuela 276.
Entre Mariscal López y España.
Asunción.
Tel. y fax (595 21) 213 294 y 214 983

Perú
Av. San Felipe 731.
Jesús María.
Lima.
Tel. (51 1) 218 10 14
Fax. (51 1) 463 39 86

Puerto Rico
Av. Rooselvelt 1506.
Guaynabo 00968.
Puerto Rico.
Tel. (1 787) 781 98 00
Fax (1 787) 782 61 49

República Dominicana
Juan Sánchez Ramírez 9.
Gazcue.
Santo Domingo RD.
Tel. (1809) 682 13 82 y 221 08 70
Fax (1809) 689 10 22

Uruguay
Constitución 1889.
11800.
Montevideo.
Tel. (598 2) 402 73 42 y 402 72 71
Fax (598 2) 401 51 86

Venezuela
Av. Rómulo Gallegos.
Edificio Zulia, 1º.
Sector Monte Cristo. Boleita Norte.
Caracas.
Tel. (58 212) 235 30 33
Fax (58 212) 239 10 51

Primera edición: abril de 2006.
ISBN: 970-770-170-5
Traducción: Sergio Hernández Clark.
Diseño de interiores: José Luis Trueba Lara.
D. R. © Diseño de cubierta: Antonio Ruano Gómez.
Impreso en México.

No creo en creer. Mi enfoque es conocer y la comprensión es una dimensión totalmente distinta. Comienza con la duda, no inicia con la creencia. Cuando tu crees en algo has dejado de preguntarte. La creencia es una de las cosas más perniciosas que destruyen la inteligencia humana.

Todas las religiones se basan en la creencia; sólo la ciencia se basa en la duda. Me gustaría que la indagación religiosa también fuera científica, basada en la duda, de modo que no necesitemos creer sino que podamos conocer algún día la verdad de nuestro ser y la verdad del universo entero.

ÍNDICE

PREFACIO

Nueva espiritualidad para el siglo XXI:
no a la revolución política, sí a la rebelión individual 13

ESTE MUNDO CONTRA EL OTRO MUNDO:
entender la gran división 21

Zorba el Buda: encuentro de tierra y cielo 22

Cuerpo y alma: breve historia de la religión 42

Hombre rico, hombre pobre:
una mirada a las raíces de la pobreza y la avaricia 59

CREENCIA CONTRA EXPERIENCIA:
entender la diferencia entre
conocimiento y comprensión 83

Aprendido y natural: recupera el
yo con el que naciste 98

Exterior e interior: en busca del lugar
donde se encuentran 113

Inteligente y sabio: desenredar
los nudos de la mente 130

LÍDER CONTRA SEGUIDOR:
entender la responsabilidad de ser libre 149
Pastor y oveja:
cortar los hilos del titiritero 153
Poder y corrupción:
raíces de las políticas internas y externas 178
Perdido y encontrado:
en busca de la normalidad 190

CONCIENCIA CONTRA ESTADO CONSCIENTE:
entender la libertad de la responsabilidad 203
Bien y mal: aprender a vivir según
tus propios mandamientos 208
Normas y responsabilidades:
caminar por la cuerda floja de la libertad 221
Reacción y respuesta:
el truco de deslizarse a puñetazos 230

SIGNIFICADO Y SIGNIFICACIÓN:
de lo conocido a lo desconocido,
a lo incognoscible 241
Energía y entendimiento:
el camino de la lujuria al amor 248
El camello, el león y el niño:
el viaje para convertirse en humano 264

Vertical y horizontal:
el viaje hacia las profundidades del ahora 275

POSTFACIO 287

SOBRE EL AUTOR 297

CENTRO INTERNACIONAL DE MEDITACIÓN OSHO 299

PARA MÁS INFORMACIÓN 301

Prefacio
NUEVA ESPIRITUALIDAD PARA EL SIGLO XXI: no a la revolución política, sí a la rebelión individual

Un revolucionario es parte del mundo político; su enfoque es político. Su entendimiento consiste en modificar la estructura social para cambiar al ser humano.

Un rebelde, según el uso que doy al término, es un fenómeno espiritual. Su enfoque es absolutamente espiritual. Su visión indica que para transformar a la sociedad debemos cambiar al individuo. Como la "sociedad" no existe en sí misma, es sólo un nombre colectivo —un nombre, no una realidad— sin sustancia, igual que "muchedumbre", si la buscas, no la hallarás en ninguna parte. Dondequiera que busques a alguien, encontrarás un individuo. La "sociedad" .

El individuo tiene alma, la posibilidad de evolucionar, cambiar, transformarse. Por tanto, la diferencia entre individuo y sociedad es enorme. El rebelde es la esencia misma de la religión. Trae al mundo un cambio en el estado consciente y, si el estado consciente cambia, entonces la estructura de la sociedad también lo hará. Pero lo contrario no puede ocurrir: ha sido demostrado por todas las revoluciones que han fallado.

Ninguna ha tenido éxito en cambiar a los seres humanos; pero al parecer no estamos al tanto de ello. Continuamos pensando en términos de revolución: cambiar a la sociedad, al gobierno, a la burocracia, cambiar leyes y sistemas políticos. Feudalismo, capitalismo, comunismo, socialismo, fascismo; fueron, a su manera, revolucionarios. Todos fallaron, y seguirán haciéndolo porque el hombre sigue siendo el mismo.

Gautama Buda, Zaratustra, Jesús, son rebeldes. Su confianza está en el individuo. Ellos tampoco han tenido éxito, pero su fracaso es totalmente distinto al de la revolución. Los revolucionarios han probado sus métodos en varios países, de diversas formas, y han fallado. Pero el enfoque de Gautama Buda no ha tenido éxito porque no ha sido probado. Jesús no ha tenido éxito porque los judíos lo crucificaron y los cristianos lo sepultaron. Él no ha sido puesto a prueba, nunca se le ha dado oportunidad. El rebelde es todavía una dimensión sin explorar.

Debemos ser rebeldes, no revolucionarios. El revolucionario pertenece a una esfera mundana; el rebelde y su rebelión son sagrados. El revolucionario no puede permanecer solo, necesita una muchedumbre, un partido político, un gobierno. Necesita poder y el poder corrompe y el poder absoluto corrompe absolutamente.

Todos los revolucionarios que obtuvieron el poder han sido corrompidos por él. No podían cambiar la naturaleza del poder y sus instituciones; el poder los cambió a ellos y a sus mentes, los corrompió. Sólo cambian los nombres, pero la sociedad continúa siendo la misma.

Durante siglos, el estado consciente del ser humano no ha crecido. Sólo de vez en cuando alguien alcanza la plenitud, pero entre millones de personas el crecimiento de una no es la norma, es la excepción. Y debido a que esta persona está sola, la muchedumbre no puede tolerarla. Su existencia se convierte en una especie de humillación; su mera presencia se considera insultante porque abre nuestros ojos, muestra nuestro potencial y nuestro futuro. Y esto lastima tu ego porque no has hecho nada para crecer, ser más consciente, amar más, alcanzar el éxtasis, ser más creativo y silencioso: para crear un mundo bello alrededor de ti. No has aportado al mundo; tu existencia no ha sido una bendición sino una desgracia. Tu entregas al mundo ira, violencia, celos, competitividad y ansia de poder. Haces del mundo un campo de batalla; estás sediento de sangre y haces que otros lo estén. Privas de humanidad su condición de humanos. Ayudas al hombre a caer debajo de la humanidad, incluso a veces debajo de los animales.

Por tanto, un Gautama Buda o un Chiang Tzu te lastiman, porque ellos han alcanzado la plenitud y tú simplemente estás aquí. Las primaveras van y vienen y nada florece en ti. No vienen las aves a hacer sus nidos y a cantar sus canciones alrededor de ti. Es mejor crucificar a Jesús y envenenar a Sócrates, sólo para eliminarlos, así no tendrás que sentirte inferior espiritualmente.

El mundo ha conocido sólo unos cuantos rebeldes. Pero ahora es el momento: si la humanidad demuestra que es incapaz de producir una gran cantidad de rebeles, un espíritu de rebeldía, entonces nuestros días en la Tierra están contados. Entonces los decenios por venir pueden convertirse en nuestra tumba. Estamos llegando muy cerca de ese punto.

Debemos cambiar nuestro estado consciente, crear más energía meditativa en el mundo, más sentido del amor. Tenemos que destruir lo viejo —su fealdad, sus ideologías podridas, sus estúpidas discriminaciones, las supersticiones idiotas— y crear un nuevo ser humano, con ojos frescos y nuevos valores. La discontinuidad con el pasado es el sentido de la rebeldía.

Estas tres palabras te ayudarán a entender: reforma, revolución y rebelión.

Reforma significa modificación. Lo viejo continúa y tú le das nueva forma, nueva presentación: es como renovar un edificio antiguo. La estructura original se mantiene; lo encalas, lavas, agregas algunas ventanas, unas puertas.

La revolución va más lejos que una reforma. Lo viejo continúa, pero sufre más cambios, algunos incluso en su estructura básica. No sólo cambia su color y se abren unas cuantas ventanas y puertas nuevas, sino que tal vez, se construyen nuevas historias, yendo arriba, hacia el cielo. Pero no se destruye lo viejo, se mantiene oculto tras lo nuevo; de hecho, permanece como el fundamento de lo nuevo. La revolución es una continuidad con lo viejo.

La rebelión es discontinuidad. No es reforma ni revolución; simplemente es desconectarte a ti mismo de todo lo viejo: religiones, ideologías políticas, ser humano; te desconectas de todo lo que es viejo. Comienzas tu vida de nuevo, a partir de cero.

El revolucionario trata de cambiar lo viejo; el rebelde simplemente lo abandona, como la serpiente se despoja de su vieja piel y no vuelve atrás.

A menos de que se forjen rebeldes como estos alrededor de la Tierra, la humanidad no tiene futuro. El hombre viejo nos ha conducido a nuestra muerte definitiva. La mente vieja, las ideologías viejas, las religiones viejas, todo combinado nos ha traído a esta situación de suicidio global. Sólo un nuevo ser humano puede salvar a la humanidad, a este planeta y la bella vida que hay en él.

Yo enseño rebelión, no revolución. Para mí, la rebeldía es la cualidad esencial de una persona religiosa, es la espiritualidad en su pureza absoluta.

Los días de la revolución han terminado. La Revolución Francesa fracasó, la Revolución Rusa fracasó, la Revolución China fracasó. En India, incluso la revolución de Gandhi falló ante sus propios ojos. Él enseñó la *no violencia* a largo de su vida, y frente a sus ojos el país se dividió; millones de personas fueron asesinadas, quemadas vivas. Gandhi mismo fue asesinado. Extraño fin para un santo no violento.

Y en el proceso, él mismo olvidó sus enseñanzas. Antes de que su revolución se afirmara, un pensador estadounidense, Louis Fischer, preguntó a Gandhi:

—¿Qué hará con las armas y los ejércitos cuando India se convierta en un país independiente?

Gandhi respondió:

—Arrojaré las armas al océano y enviaré los ejércitos a trabajar en campos y jardines.

Louis Fischer continuó:

—Pero, ¿se olvida que alguien puede invadir su país?

Gandhi dijo:

—Le daremos la bienvenida. Si alguien nos invade, lo aceptaremos como huésped y le diremos: "También puedes vivir aquí, al modo en que nosotros vivimos. No hay necesidad de luchar."

Pero se olvidó completamente de su filosofía: así fracasan las revoluciones. Es muy hermoso hablar de estas cosas, pero cuando el poder llega a tus manos... En primer lugar, Gandhi no aceptó ningún puesto en el gobierno. Lo hizo por temor, ¿cómo iba a responder al mundo entero que iba a arrojar las armas al océano, y a enviar a los ejércitos a trabajar en los campos? Eludió la responsabilidad por la que había luchado toda su vida, al darse cuenta de que iba a acarrearle un enorme problema. Si hubiera aceptado un cargo en el gobierno, hubiera tenido que contradecir su propia filosofía.

Pero el gobierno estaba constituido por sus discípulos, elegidos por él, y no les pidió que licenciaran al ejército; cuando Paquistán atacó India, él no dijo al gobierno: "Vayan a las fronteras y den la bienvenida a los invasores como huéspedes." En cambio, bendijo los primeros tres aviones que bombardearon Paquistán: volaron sobre la villa que habitaba en Nueva Delhi y salió al jardín a bendecirlos. Los aviones continuaron su viaje para destruir a su propia gente, que sólo unos cuantos días antes eran "nuestros hermanos y nuestras hermanas". Actuó sin siquiera advertir la contradicción.

La Revolución fracasó frente a los ojos de Lenin. Predicaba, siguiendo a Karl Marx, que "cuando la revolución triunfe, disolveremos los matrimonios, porque el matrimonio es parte de la propiedad privada. Como la propiedad privada desaparecerá, el matrimonio también lo hará. Las personas pueden ser amantes, pueden vivir juntos; la sociedad se hará cargo de los niños". Pero cuando el poder estuvo en manos del Partido Comunista y Lenin fue el líder, todo cambió. Cuando se tiene el poder, se comienza a pensar diferente. Entonces Lenin pensaba que liberar de responsabilidades a las personas pudiera ser peligroso, ya que se podrían volver demasiado individualistas. De modo que los dejó ligados a la familia y olvidó todo respecto a disolver la vida familiar.

Es extraño cómo las revoluciones han fracasado en manos de los propios revolucionarios: una vez que tienen el poder piensan de manera diferente. Entonces comienzan a estar demasiado atados a ese poder y sus esfuerzos se dirigen a conservarlo para siempre y mantener a las personas bajo control.

El futuro no requiere más revoluciones, necesita un nuevo experimento que no se haya intentado aún. Durante miles de años han habido rebeldes, pero han permanecido solos, como individuos. Quizá no era el momento oportuno para ellos. Ahora no sólo es el momento oportuno... es el tiempo preciso, si no te apresuras, el tiempo se acaba. En los próximos decenios, la humanidad desaparecerá o un nuevo ser humano con una nueva visión aparecerá en la Tierra. Ese nuevo ser humano será un rebelde.

ESTE MUNDO CONTRA EL OTRO MUNDO:
entender la gran división

Propongo una nueva religiosidad. No será cristianismo, judaismo ni hinduismo; esta religiosidad no tendrá adjetivos. Será simplemente la cualidad de ser íntegro.

La religión ha fracasado. La ciencia ha fracasado. Oriente ha fracasado y también Occidente. Algo como una síntesis superior es necesaria, en la cual Oriente y Occidente puedan encontrarse, en la cual religión y ciencia coincidan.

El ser humano es como un árbol, con sus raíces en tierra y el potencial para crecer muy alto. La religión ha fracasado porque sólo habla de flores y esas flores son abstractas, nunca se han materializado. No podían hacerlo porque no estaban apoyadas en la tierra. Y la ciencia ha fracasado porque sólo se ha ocupado de las raíces. Las raíces son feas y no florecen. La religión ha fracasado porque estaba en otro mundo y desatendía éste. Tú no puedes desatender este mundo; hacerlo significa desatender tus propias raíces. La ciencia ha fracasado porque desatendió el otro mundo, el interior, y tú no puedes desatender las flores. Una vez que las desatiendes, el núcleo más profundo del ser, la vida, pierde todo sentido.

Así como el árbol necesita raíces, también el ser humano, y las raíces sólo pueden estar en la tierra. El árbol necesita un cielo abierto para crecer, adquirir un follaje espléndido y tener miles de flores. Sólo entonces se realiza el hombre, tiene significado y sentido verdaderos, y la vida se vuelve relevante.

Occidente sufre debido a demasiada ciencia y Oriente por demasiada religión. Necesitamos una nueva humanidad en la que religión y ciencia se conviertan en dos facetas de una humanidad. Y una vez que logremos que esta nueva humanidad exista, la Tierra se convertirá en lo que es importante. Puede convertirse en un paraíso: el cuerpo mismo de vida, tierra del paraíso.

Zorba el Buda: encuentro de tierra y cielo

Mi concepto de un nuevo ser humano combina a Zorba el griego y a Gautama el Buda: el nuevo ser humano será "Zorba el Buda", sensual y espiritual. Físico, completamente físico —disfrutando el cuerpo y los sentidos, y de todo lo que lo hacen posible— y sin embargo, en un estado consciente, un gran testigo estará ahí. Zorba el Buda: nunca ha sucedido antes.

De esto hablo cuando menciono un encuentro de Oriente y Occidente, materialismo y espiritualidad. Es mi idea de Zorba el Buda: cielo y tierra unidos.

Quiero que no haya esquizofrenia, división entre materia y espíritu, entre profano y sacro, entre este-mundo y ese-mundo. No quiero ninguna división, porque toda división te divide. Y cualquier persona, cualquier humanidad que se divide contra sí misma, está en camino de la locura y la insensatez. Estamos viviendo en un mundo loco e insensato. Puede regenerarse si esta división es subsanada.

La humanidad ha vivido creyendo en la realidad del alma y en la ilusión de la materia, o en la realidad de la materia y la ilusión del alma. Puedes dividir a la humanidad del pasado en espiritual y material. Pero nadie se ha preocupado por observar la realidad del ser humano. Nosotros somos ambas. No somos sólo espiritualidad —estado consciente— o materia. Quizás materia y estado consciente no son dos cosas sino dos facetas de una realidad: la materia es el exterior del estado consciente y el estado consciente el interior de la materia. Pero no ha existido ningún filósofo, sabio o místico que haya declarado esta unidad; todos dividieron al ser humano, llamando real a uno de sus aspectos e irreal al otro. Esto ha creado una atmósfera de esquizofrenia sobre la Tierra.

Tú no puedes vivir sólo como cuerpo. Es lo que Jesús quiso decir al afirmar: "No sólo de pan vive el hombre." Pero ésta es una mitad de la verdad. Necesitas del estado consciente, no puedes vivir sólo de pan, cierto, pero tampoco puedes vivir sin él. Tienes las dos dimensiones en tu ser, y ambas deben ser satisfechas para darles igual oportunidad de crecimiento. Pero el pasado ha estado a favor de una y en contra de otra, a favor de ésta frente a aquélla. El hombre como totalidad no ha sido aceptado.

Ello ha ocasionado desgracia, angustia y una oscuridad sobrecogedora; una noche que ha durado miles de años y no parece tener fin. Si sólo escuchas al cuerpo, te condenas a una existencia sin sentido. Y si no lo escuchas, sufres: tienes hambre, eres pobre, tienes sed. Si sólo escuchas el estado consciente, tu crecimiento estará torcido. El estado consciente crecerá, pero tu cuerpo se encogerá y el equilibrio se habrá perdido. Y éste representa la salud, en él está tu plenitud y tu gozo, tu canto y tu baile.

El materialista ha elegido escuchar al cuerpo, y se ha quedado completamente sordo en lo que concierne al estado consciente. El resultado es la gran ciencia, la gran tecnología: una sociedad acaudalada, con abundancia de cosas mundanas. Y entre toda esa abundancia un ser humano pobre, sin alma, completamente perdido, sin saber quién es y por qué está aquí, sintiéndose como un accidente o fenómeno de la naturaleza.

A menos que el estado consciente crezca al parejo del mundo material, el cuerpo se volverá demasiado pesado y el alma demasiado débil. Estás atado por tus propias invenciones y tus propios descubrimientos. Más que crear una vida hermosa para ti, crean una vida que la gente inteligente considera que no vale la pena vivirse.

Oriente eligió el estado consciente, condenando la materia y todo lo material, incluido el cuerpo, en el concepto *maya*. Lo considera ilusorio, espejismo en el desierto, apariencia que en realidad no existe. Oriente ha creado un Gautama Buda, un Mahavira, un Patanjali, un Kabir, un Farid, un Raidas, larga fila de personas con un enorme estado consciente y gran estado de lucidez. Pero también ha creado millones de personas pobres, hambrientas, muriendo como perros, sin suficiente comida ni agua pura para beber, sin ropa ni refugio.

Una situación extraña: en países desarrollados cada seis meses arrojan al mar una fortuna de millones y millones de dólares en alimentos sobrantes. No quieren sobrecargar sus almacenes, que sus precios desciendan y que su estructura económica se desplome. Por otro lado, en Etiopía mil personas mueren diariamente, mientras el Mercado Común Europeo destruye comida al costo de millones de dólares: más que el costo de la comida es el hecho de lanzarla al océano. ¿Quién es responsable de esta situación?

El hombre más rico en Occidente busca su alma y encuentra vacío; sin amor sólo halla lujuria; sin ninguna oración, sólo parloteo aprendido en la escuela dominical. No tiene sentido de la espiritualidad, ni sentimientos hacia otros seres humanos; tampoco veneración por la vida, las aves, los árboles, los animales. La destrucción es tan fácil. Las bombas sobre Hiroshima y Nagasaki nunca hubieran caído si la gente hubiera aprendido a no ser sólo cosas. No se hubieran acumulado tantas armas nucleares si se hubiera considerado al ser humano como un dios y un esplendor ocultos; no para destruirse sino para descubrirse, para salir a la luz con el cuerpo como templo del espíritu. Pero si el ser humano sólo es materia —química, física, esqueleto cubierto de piel— entonces con la muerte todo acaba, nada queda. Por ello fue posible que Adolfo Hitler asesinara a seis millones de personas: si la gente es sólo materia, lo mismo podría ocurrir otra vez.

Occidente, en su persecución de la abundancia material, perdió su alma, su interior. Rodeado de falta de sentido, aburrimiento, angustia, no puede encontrar su propia humanidad. Todo el éxito de la ciencia parece inútil, porque la casa está llena de cosas pero el dueño se ha extraviado. En Oriente, el resultado de considerar a la materia ilusoria y sólo al estado consciente como algo real, ha sido algo como que el dueño está vivo pero la casa vacía. Es difícil regocijarse con estómagos vacíos, cuerpos enfermos, muertos alrededor: es imposible meditar. Así, innecesariamente, han sido perdedores.

Todos los santos y los filósofos —el espiritual y el materialista por igual— son responsables de este inmenso crimen contra la humanidad.

Zorba el Buda es la respuesta, síntesis de materia y alma. Es una declaración de que no hay conflicto entre materia y estado consciente, que se puede ser rico en ambos dominios. Podemos tener todo lo que proporciona el mundo, todo lo que ciencia y la tecnología producen, y asimismo, lograr lo que un Buda, un Kabir, un Nanak encontraron en su ser interior: flores del éxtasis, fragancia de la santidad, alas de la libertad última.

Zorba el Buda es el nuevo ser humano, el rebelde. La rebelión consiste en superar la esquizofrenia de la humanidad, destruyendo esa dualidad en la que la espiritualidad se opone al materialismo, y el materialismo a la espiritualidad. Es un manifiesto de que cuerpo y alma están unidos. La existencia está llena de espiritualidad: las montañas están vivas, incluso los árboles tienen sensibilidad. Es una declaración de que la existencia es material y espiritual, o quizá una sola energía expresándose a sí misma de dos maneras, como materia y estado consciente. Cuando la energía se purifica, se expresa a sí misma como conciencia; cuando la energía está en bruto, sin purificar, densa, aparece como materia. Pero la existencia toda no es sino un campo de energía. Esa es mi experiencia, no mi filosofía. Y está apoyada por los físicos modernos y sus investigaciones: la existencia es energía.

Podemos tener los dos mundos juntos. No necesitamos renunciar a uno para obtener el otro; tampoco debemos negar el otro mundo para gozar de éste. De hecho, tener uno solo cuando eres capaz de tenerlos a ambos, significa ser innecesariamente pobre.

Zorba el Buda es la posibilidad más enriquecedora. Viviremos nuestra naturaleza al máximo y entonaremos canciones de esta Tierra. No la traicionaremos, ni tampoco al cielo. Reclamaremos todo lo que esta Tierra tiene —todas las flores, todos los placeres— y también todas las estrellas del cielo. Reclamaremos toda la existencia como nuestro hogar.

Todo lo que incluye la existencia es para nosotros y debemos usarlo en todas las formas posibles, sin ninguna culpa, conflicto o privación. Disfrutar, sin tener que elegir, de todo lo que la materia ofrece, y regocijarse con todo lo que el estado consciente puede brindarnos.

Hay una historia antigua:

En un bosque cerca de una ciudad vivían dos mendigos. Naturalmente eran enemigos, como todos los profesionistas: doctores, profesores, santos. Un mendigo estaba ciego, el otro cojo y competían mucho; todo el día disputaban entre ellos en la ciudad.

Pero una noche sus casuchas se incendiaron, porque el bosque estaba en llamas. El ciego podía huir, pero no veía a dónde se dirigía: no podía elegir los lugares en los que el fuego aún no se esparcía. El cojo podía ver esos lugares para escapar del fuego, pero no correr. Las llamas se extendían con rapidez, así que el cojo sólo podía ver cómo se acercaba la muerte.

Entonces comprendieron que se necesitaban mutuamente. El cojo tuvo una revelación súbita: "El otro hombre puede correr y yo puedo ver." Y olvidaron su rivalidad. En ese momento crucial, cuando ambos encaraban la muerte, cada uno necesariamente olvidó su estúpida rivalidad. Lograron una gran síntesis: acordaron que el ciego llevaría al cojo sobre sus hombros, y funcionarían como una persona: el cojo veía, el ciego corría y de esta manera salvaron sus vidas. Y después se volvieron amigos, por primera vez superaron su antagonismo.

Zorba es ciego. No puede ver, pero sí bailar, cantar, regocijarse. Buda puede ver, es ojos, claridad, percepción, pero no puede bailar. Está mutilado, no logra cantar ni regocijarse.

Esta es la hora. El mundo está en llamas y la vida está en peligro. El encuentro de Zorba y Buda puede salvar a toda la humanidad, es la única esperanza. Buda puede aportar el estado consciente, la claridad y los ojos para ver más allá, lo que es casi invisible. Zorba puede proporcionar todo su ser a la visión de Buda, y su participación asegurará que ésta no sea estéril, sino danzante, regocijante, extática de vida.

? ¿El encuentro de Zorba y Buda es realmente posible? Si lo es, ¿por qué otros líderes religiosos nunca lo pensaron?

Lo primero que debemos entender es que no soy líder religioso. Un líder religioso no puede pensar ni ver cosas como yo las veo, por la sencilla razón de que tiene un enorme vínculo con la religión. Yo no.

Las religiones están dividiendo a la gente, creando una dualidad en la mente del hombre. Es su manera de explotarte. Si eres un todo, permaneces fuera de su control. Si estás roto en fragmentos, entonces toda tu fuerza queda destruida y todo tu poder y dignidad eliminados. Entonces puedes ser cristiano, hinduista, mahometano. Si sigues por el camino en que naciste —el natural, sin la interferencia de quienes se dicen líderes religiosos—, tendrás libertad, independencia, integridad. No puedes ser esclavizado. Y todas las antiguas religiones te esclavizan.

Para esclavizarte crean un conflicto dentro de ti, para que empieces a pelear contigo mismo. Y si lo haces ocurren dos cosas. La primera, ser desgraciado porque ninguna parte de ti sale victoriosa, siempre serás derrotado. Segunda, te invade un sentimiento de culpa que no permite que te consideres un ser humano real y auténtico. Eso es lo que quieren los líderes religiosos. Un profundo sentimiento de indignidad dentro de ti los hace líderes. No dependes de ti. No puedes hacer nada que tu naturaleza quiera, porque tu religión lo evita; no puedes hacer lo que tus religiones desean, porque tu naturaleza está contra ti. Y en esta situación no puedes hacer nada; se necesita algún otro para que se haga responsable de ti.

Tu edad física continúa aumentando pero la mental se mantiene retrasada, alrededor de los trece años. Estas personas retardadas tienen gran necesidad de que alguien las guíe, las lleve a la meta, al sentido de su vida. Por sí mismos son incapaces. Los líderes religiosos no podían tener la idea de un encuentro de Zorba y Buda porque habría sido el fin de su liderazgo y el fin de las llamadas religiones.

Zorba el Buda es el fin de todas las religiones. Y el principio de un nuevo tipo de religiosidad que no requiere etiquetas: cristianismo, judaísmo, budismo. Uno simplemente se disfruta a sí mismo, disfrutando este inmenso universo, bailando con los árboles, jugando en la playa con las olas, recolectando conchas sin otro propósito que la mera alegría de hacerlo. Aire salado, arena fría, sol elevándose, un buen trote, ¿qué más se puede pedir? Para mí, esto es la religión —disfrutar el aire, el mar, la arena y el sol —porque no hay otro Dios más que la existencia misma.

Zorba el Buda es, por un lado, el fin de la vieja humanidad: viejas religiones, políticas, naciones, discriminaciones raciales y todo tipo de estupideces; por otro lado, es el principio de una nueva humanidad, totalmente libre para ser nosotros mismos y permitir que nuestra naturaleza florezca.

No hay problema entre Zorba y Buda. El conflicto ha sido creado por las llamadas religiones. ¿Hay algún conflicto entre tu cuerpo y tu alma? ¿Alguno entre tu vida y el estado consciente? ¿O entre tu mano derecha y tu mano izquierda? Son una unidad orgánica.

Tu cuerpo no debe condenarse, porque es algo para estar agradecido, es la mayor cosa en la existencia, la más milagrosa; sus obras son simplemente increíbles. Todas las partes de tu cuerpo funcionan como una orquesta. Ojos, manos, piernas están en comunicación interna. No es posible que tus ojos quieran dirigirse hacia el Este y tus piernas al Oeste, que estés hambriento y tu boca se rehúse a comer. "El hambre está en tu estómago, ¿qué tiene que ver con la boca?, ¿la boca está en huelga?" No, tu cuerpo no tiene conflicto, posee una sincronía interna. Y tu alma no es algo opuesto a tu cuerpo. Si tu cuerpo es la casa, el alma es su huésped, y nada exige que estén peleando continuamente. Pero las religiones sólo existen si peleas contra ti mismo.

Insisto en la unidad orgánica para que tu materialismo no se oponga más a tu espiritualidad, para derrumbar todas las religiones organizadas de la Tierra. Una vez que tu cuerpo y tu alma comienzan a moverse de la mano, bailando juntos, te has convertido en Zorba el Buda. Entonces puedes disfrutar todo en la vida, todo lo que está fuera de ti, y también disfrutar lo que está dentro de ti.

De hecho, lo que tienes y lo que no tienes dentro operan en dimensiones distintas, nunca entran en conflicto. Pero miles de años de condicionamiento —si quieres lo interno debes renunciar a lo externo— ha echado raíces en ti, cualquier otra cosa parece una idea absurda... Pero si estás autorizado para gozar lo interno, entonces, ¿cuál es el problema para gozar lo externo? El gozo es el mismo y une lo interno y lo externo.

Al escuchar música hermosa, mirar una pintura maravillosa o ver a un bailarín como Nijinsky, que están fuera de ti, nada impide tu regocijo interno. Por lo contrario, es una gran ayuda. El baile de Nijinsky puede sacar la calidad latente de tu alma para que también baile. La música de Ravi Shankar puede tocar las cuerdas de tu corazón. Lo interno y lo externo no están divididos. Es una sola energía, dos facetas de una existencia.

Zorba puede convertirse en Buda con más facilidad que cualquier papa. Éste no tiene posibilidad de ser espiritual realmente, tampoco sus llamados santos. Si ellos no conocen los placeres del cuerpo, ¿cómo serán capaces de conocer las sutiles alegrías del espíritu? El cuerpo es una escuela donde aprendes, en aguas poco profundas, a nadar. Y una vez que has aprendido, no importa cuán profunda es el agua. Ya puedes ir a la parte más honda del lago; para ti es lo mismo.

Debes recordar la vida de Buda. Hasta los 29 años fue un Zorba completo. Tenía por docenas a las jóvenes más bellas que hubiera en su reino. Todo su palacio rebosaba música y baile; la mejor comida, las mejores ropas, hermosos recintos donde vivir, estupendos jardines. Vivió más intensamente que el pobre Zorba.

Zorba el griego sólo tenía una novia: una mujer vieja, marchita, prostituta que había perdido todos sus clientes. Con dientes y cabello falsos, Zorba fue su cliente porque no pudo pagar a nadie más. Llámalo materialista y hedonista, olvida completamente los primeros 29 años de la vida de Buda, que fue mucho más rica. Un día sí, un día no, el príncipe llamado Sidharta simplemente vivió con lujo, rodeado por todo lo que podía imaginar en una tierra de sueño. Fue esta experiencia la que lo convirtió en un Buda.

Por lo común no se ha analizado este camino. Nadie repara en la primera parte de su vida, el verdadero fundamento. Engordó. Probó todo placer exterior; ahora quería algo más profundo, no disponible en el mundo exterior. Para lo más profundo debes saltar hacia adentro. A los 29 años abandonó el palacio en medio de la noche para buscar lo interior. Fue Zorba en busca de Buda.

Zorba el griego nunca se convirtió en Buda por la sencilla razón de que su "zorbanidad" estaba incompleta. Fue un hombre maravilloso, lleno de entusiasmo, pero pobre. Quería vivir la vida con intensidad, pero no tuvo oportunidad de hacerlo. Bailó, cantó, pero no conoció los mayores matices de la música. No conoció el baile donde el bailarín desaparece.

Zorba en Buda conoció lo más alto y lo más profundo del mundo exterior. Conociéndolo todo, estuvo listo para continuar una búsqueda interna. El mundo que proporciona vislumbres fugaces era bueno, pero no lo suficiente; él necesitaba algo más. Buda quería algo eterno. Todos estos placeres terminarían al morir, anhelaba conocer algo que no terminara con la muerte.

Si fuera a escribir la vida de Gautama Buda, comenzaría con Zorba. Cuando acepta totalmente lo que el exterior puede dar, y encuentra el sentido perdido, emprende su búsqueda porque es la única dirección que no ha explorado. Nunca ve hacia atrás, no hay razón para hacerlo, ¡lo ha vivido todo! No es sólo un buscador religioso que no ha conocido en absoluto el exterior. Es un Zorba y va hacia el interior con el mismo entusiasmo, la misma fuerza, el mismo poder. Y, obviamente, encontró en su ser más profundo satisfacción, plenitud, sentido... la bendición que estaba buscando.

Es posible que puedas ser un Zorba y detenerte ahí. También que no pudieras ser un Zorba y estés empezando a buscar el Buda: no lo encontrarás. Sólo un Zorba puede encontrar al Buda; de otra manera no tienes la fuerza porque no has vivido en el mundo exterior, lo has evitado. Eres un escapista.

Para mí, ser un Zorba es el principio del camino, y convertirse en Buda es alcanzar la meta. Y esto sólo puede ocurrir en el mismo individuo. Por ello insisto continuamente: no practiques ninguna división en tu vida, no condenes nada del cuerpo. Vívelo no involuntariamente, sino total, intensamente. Esa manera de vivir te hará capaz de otra búsqueda. No tienes que ser un asceta ni dejar a tu esposa, esposo e hijos. Toda esa insensatez se ha pensado por siglos y, ¿cuántos millones de monjes y monjas han alcanzado la plenitud? Ninguno.

Vive la vida sin división. Y primero viene el cuerpo, tu mundo exterior. Al momento en que el niño abre los ojos, lo primero que ve es el panorama de la existencia a su alrededor. Ve todo menos a él mismo: eso es para gente más experimentada, para quienes han visto todo lo del exterior, lo han vivido y se han liberado.

La libertad del exterior no se obtiene escapando de él, sino viviéndolo totalmente; entonces no hay dónde ir. Sólo perdura una dimensión, y es natural que te guste permanecer en ella. Y ahí está tu "budanidad", tu iluminación.

Te estás preguntando: ¿es posible que Zorba y Buda puedan encontrarse? Es la única posibilidad. Sin Zorba no hay Buda. Zorba, por supuesto, no es el fin. Es la preparación para el Buda, la raíz; Buda es la flor. No destruyas las raíces; de otra manera no habrá flores. Estas raíces proporcionan continuamente savia a las flores. Todo el color en las flores proviene de las raíces, y asimismo todo perfume. Todo baile de las flores en el viento viene de las raíces.

No dividas. Raíces y flores son los extremos del mismo fenómeno.

? Parece tan difícil juntar estas dos facetas de la vida, porque va en contra de todo nuestro condicionamiento. ¿Dónde empezamos?

Haz las cosas de todo corazón, con tanta intensidad como seas capaz. Todo lo que hagas sin poner en ello el corazón, no traerá alegría a tu vida. Sólo desgracia, ansiedad, tortura y tensión, porque sin poner el corazón te divides en dos partes, una de las grandes calamidades que le ha sucedido a los seres humanos: quedar divididos. La desgracia del mundo no es sorprendente: es el resultado natural de vivir sin poner el corazón, haciendo todo con una parte de nuestro ser mientras la otra se resiste, opone y pelea.

Lo que hagas con la mitad de tu ser te traerá arrepentimiento, desgracia, un sentimiento de que quizá la otra parte no estaba participando; y siguiendo a esta parte no consigues más que ser desdichado. Pero te digo que si hubieras seguido sólo a la otra parte, el resultado hubiera sido el mismo. La pregunta no es a qué parte seguiste; es si lo hiciste con todo tu ser o no. Ser total en tu acción trae alegría. Incluso una acción común, trivial y hecha con intensidad, trae resplandor a tu vida, plenitud y satisfacción profunda. Y lo que haces sin poner todo el corazón, sin importar cuán bueno pudiera ser, te traerá desdicha.

La desdicha o la alegría no vienen de tus acciones. La alegría viene cuando eres total. No importa qué acción estés realizando, la desdicha aparece cuando eres parcial. Y viviendo sin poner todo el corazón, creas un infierno para ti mismo a cada momento, y ese infierno se hará más y más grande.

La gente pregunta si hay un infierno o un cielo en algún lugar, porque todas las religiones hablan de ello como si fueran parte de la geografía del universo. No son fenómenos geográficos, están en tu psique.

Cuando tu mente y tu corazón, cuando tu ser es impulsado en dos direcciones diferentes de manera simultánea, estás creando un infierno. Y cuando eres una verdadera unidad orgánica, las flores del cielo comienzan a alcanzar su plenitud.

La gente ha estado preocupada por sus actos. ¿Cuál es correcto y cuál equivocado? ¿Qué es el bien y qué es el mal? Mi entendimiento dice que no es una pregunta sobre un acto particular, sino acerca de tu psicología.

Cuando eres una totalidad, eso es el bien; si estás dividido, eso es el mal. Dividido sufres; unido bailas, cantas y celebras.

? ¿Puedes decir más sobre el arte de equilibrar los opuestos? Mi vida es a menudo una experiencia de extremos, y el camino medio parece difícil de conservar todo el tiempo.

La vida consiste en extremos, es tensión entre opuestos. Permanecer en el medio siempre significa estar muerto, es una posibilidad teórica; sólo una vez en un instante estás en el medio, como en una estación de paso. Es como caminar en la cuerda floja: nunca estás a la mitad por mucho tiempo. Si lo intentas, fracasas.

Estar en el medio no es una situación estática, es un fenómeno dinámico. El equilibrio no es un sustantivo, es un verbo: equilibrar. Quien camina en la cuerda se mueve continuamente de izquierda a derecha, de derecha a izquierda. Cuando siente que se ha movido demasiado a un lado y hay riesgo de caer, inmediatamente se equilibra moviéndose al lado opuesto. En el paso de la izquierda a la derecha, claro, hay un momento en el cual quien camina sobre la cuerda está en el medio. De nuevo, cuando se mueve demasiado a la derecha y siente miedo de caer, pierde el equilibro, se desplaza a la izquierda y de nuevo pasa a través del medio por un momento.

Es lo que quiero decir cuando afirmo que el equilibrio no es un sustantivo, sino un verbo: equilibrar implica un proceso dinámico. No puedes estar sólo en medio. Puedes moverte de izquierda a derecha y de derecha a izquierda; es la única manera de mantenerse en medio.

No evites los extremos y no elijas ninguno. Mantén al alcance ambos polos: esto es el arte y el secreto del equilibrio. Sí, a veces sé inmensamente feliz y otras inmensamente desdichado, ambos aspectos tienen su propia belleza.

La mente elige y ahí surge el problema. Mantente sin elegir. Sin importar lo que pase y dondequiera que estés —a derecha o izquierda, en medio o no en medio—disfruta el momento es su totalidad. Mientras bailes, cantes, toques música, ¡sé feliz! Si la tristeza llega es porque debe llegar, no puedes evitarla, si lo intentas destruirás la verdadera posibilidad de ser feliz. El día no puede existir sin la noche ni el verano sin el invierno. Deja que esta polaridad penetre profundamente en tu ser, no hay manera de evitarla, a menos que te conviertas cada vez más en un muerto; sólo una persona muerta puede existir estática. La persona viva estará en constante movimiento —de la ira a la compasión y de la compasión a la ira—y aceptando ambas, sin identificarse con ninguna sino manteniéndose distante pero involucrado. La persona viva disfruta y aún permanece como una flor de loto: aunque se encuentra en el agua, ésta puede tocarla.

Dedicas tu mejor esfuerzo para estar en medio y esto siempre te genera ansiedad innecesaria. De hecho, el deseo de estar en medio siempre es elegir la peor clase de extremo, porque es imposible. No puede ser satisfecho. Sólo piensa en un reloj antiguo: si mantienes el péndulo exactamente en medio, se detendrá. Sólo trabaja porque el péndulo está en movimiento de izquierda a derecha, de derecha a izquierda. Claro, cada vez pasa por el medio, y hay un momento de esa medianía, pero sólo uno.

¡Y es hermoso! Cuando pasas de la felicidad a la tristeza, de la tristeza a la felicidad, hay un instante de total silencio, exactamente en medio: disfrútalo también.

La vida debe vivirse en todas sus dimensiones, sólo así es rica. El izquierdista es pobre, el derechista es pobre... ¡y el centrista está muerto! Cuando vives no eres siempre derechista, izquierdista o centrista: estás en un movimiento constante, en un flujo.

En primer lugar, ¿por qué queremos permanecer en medio? Tememos el lado oscuro de la vida; no queremos estar tristes ni probar la agonía. Pero eso es posible si también estás listo para desechar la posibilidad de estar en éxtasis. Pocos lo han elegido: por siglos ha sido el camino de los monjes, dispuestos a sacrificar toda posibilidad de éxtasis sólo para evitar la agonía. Estar dispuesto a destruir todas las rosas para evitar las espinas. Pero entones la vida es insípida... un largo aburrimiento rancio, estancado. Realmente no se vive, se tiene miedo a vivir.

La vida contiene ambas cosas: gran dolor y gran alegría. Dolor y placer son dos caras de la misma moneda. Si excluyes uno, debes excluir el otro. Ha sido uno de los malentendidos fundamentales a lo largo del tiempo: pensar que puedes deshacerte del dolor y conservar el placer, evitar el infierno y tener el cielo, suprimir lo negativo y conservar lo positivo. Ésta es una enorme falacia. No es posible en la auténtica naturaleza de las cosas. Lo positivo y lo negativo están inevitablemente juntos. Son dos facetas de la misma energía. Debemos aceptar ambas.

Incluye todo y sé todo. Cuando estás en la izquierda, no te pierdes de nada. ¡Disfrútalo! Estar en la izquierda tiene su propia belleza, que no encontrarás cuando estés en la derecha. Será un panorama distinto. Y, claro, estar en medio significa silencio, paz, que no encontrarás en ningún extremo. Así que disfrútalo todo enriqueciendo tu vida.

¿No puedes ver belleza alguna en la tristeza? Piensa al respecto. La próxima vez, cuando sientas tristeza no luches contra ella. No pierdas tiempo peleando; acéptala, dale la bienvenida, permítele ser tu huésped. Mira dentro de ella con amor y cuidado, ¡sé un verdadero anfitrión! Y te sorprenderás —más allá de tu comprensión— de que la tristeza tiene bellezas que la felicidad no posee. La tristeza tiene profundidad, la felicidad es superficial. La tristeza tiene lágrimas y éstas van más al fondo que ninguna risa. La tristeza tiene dentro de sí un silencio, una melodía que la felicidad no alcanzará nunca. La felicidad tiene su propia canción, más ruidosa, no tan silenciosa.

No estoy diciendo que elijas la tristeza. Sólo que también la disfrutes. Cuando estés feliz disfruta serlo. Nada en la superficie, y algunas veces sumérgete en el río. ¡Es el mismo río! En la superficie está el juego de ondas y olas, los rayos del sol y el viento. Posee otra belleza. Sumergirse en el agua tiene su propia calidad, sus propias aventuras y peligros.

Y no te ates a nada. Hay gente que acaba atada a la tristeza; los psicólogos los llaman masoquistas, porque se pasan la vida creando situaciones que les permiten seguir siendo desgraciados. La desgracia es lo único cosa que disfrutan, temerosos de la felicidad. En la desgracia están como en casa. Muchos masoquistas se vuelven religiosos, porque la religión proporciona protección a la mente masoquista. La religión es una maravillosa racionalización para ser masoquista.

Sólo siendo masoquista sin ser religioso te sentirás condenado y enfermo, cómodamente enfermo: sabrás que eres anormal. Te sentirás culpable por lo que estás haciendo con tu vida y tratarás de ocultarlo. Pero si un masoquista se vuelve religioso exhibe su masoquismo orgulloso, por que ya no es masoquismo sino ascetismo, austeridad. Es "autodisciplina", no tortura. Sólo las etiquetas han cambiado; nadie puede decirle al anormal: ¡es un santo! Nadie puede considerar patológico su caso; es un ser piadoso y santo. Los masoquistas siempre se han movido hacia la religión, ejerce gran atractivo para ellos. De hecho, tantos masoquistas a través del tiempo lo han hecho —es un movimiento natural—; que al final la religión ha sido dominada por ellos. Por esa razón, la religión insiste en la vida negativa, destructiva. No es por la vida, el amor y la alegría; la religión sigue insistiendo en que la vida es una desgracia y al decirlo racionaliza su aferramiento a la desdicha.

Escuché una hermosa historia; no podría decir qué tan cierta es ni puedo responder por ella. En el paraíso, una tarde, en el café más famoso, Lao Tsé, Confucio y Buda charlaban. El mesero llegó con una charola en la que llevaba tres vasos de un jugo llamado "Vida". Se los ofreció. De inmediato Buda cerró sus ojos y lo rechazó diciendo: "La vida es desgracia."

Confucio los cerró a la mitad —era partidario del medio, solía predicar la media dorada—y pidió un vaso al mesero. Le habría gustado un sorbo, sólo uno, porque sin probarla, ¿cómo puede uno decir si la vida es una desgracia o no? Confucio tenía una mente científica, pragmática, con los pies en la tierra. Fue el primer conductista que el mundo ha conocido, muy lógico. Y parece correcto. Él dijo: "Primero daré un sorbo y diré lo que opino." Tomó un sorbo y dijo: "Buda tiene razón; la vida es desgracia."

Lao Tsé tomó los tres vasos y dijo: "A menos que beba todo, ¿cómo puedo opinar?" Bebió los tres vasos... ¡y comenzó a bailar!

Buda y Confucio le preguntaron: "¿No dirás nada?" Y Lao Tsé contestó: "Esto es lo que estoy diciendo: mi baile y mi canción me hablan a mí." A menos que la pruebes toda, no puedes opinar. Y cuando lo hagas, aún no puedes opinar ya que no hay palabras adecuadas para lo que sabes.

Buda es un extremo, Confucio está en medio y Lao Tsé ha bebido los tres vasos: el de Buda, el de Confucio y el que era para él. Los bebió todos; había vivido la vida en sus tres dimensiones.

Mi opinión es la de Lao Tsé. Vive la vida en todas sus formas posibles; no elijas una sobre otra, y no te conserves a la mitad. No trates de equilibrarte a ti mismo porque el equilibrio no es algo que pueda cultivarse, se deriva de experimentar todas las dimensiones de la vida. El equilibrio es algo que ocurre, no puede obtenerse mediante tus esfuerzos. Si lo consigues así, será falso, forzado. Y tú seguirás tenso, no te relajarás porque, ¿cómo puede relajarse quien trata de mantenerse equilibrado en medio? Siempre temerás que al relajarte podrías moverte a izquierda o derecha. Estás obligado a mantenerte tenso y con ello perder toda oportunidad y don de la vida.

No estés tenso ni vivas la vida conforme a principios. Vívela en su totalidad, ¡bébela en su totalidad! Claro, algunas veces sabe amarga, ¿y qué? Ese sabor te permitirá disfrutar su dulzura. Sólo serás capaz de apreciarla si has probado su amargura. Alguien que no sabe cómo llorar tampoco sabrá reír. Quien no disfruta una risa intensa desde el vientre, tendrá lágrimas de cocodrilo. Alguien así no puede ser verdadero, auténtico.

Yo no enseño el término medio, sino la vía total. Entonces el equilibrio llega espontáneamente, y tiene belleza y gracia inmensas. No debes forzarlo, simplemente llega. Moviéndose con gracia a izquierda, derecha, en medio, el equilibrio llega suavemente porque tú sigues sin identificarte. Cuando llega la tristeza, sabes que pasará; cuando llega la felicidad sabes que también pasará. Nada permanece; todo pasa. Lo único que siempre resiste es tu testimonio, el cual trae equilibrio. Ese testimonio es el equilibrio.

Cuerpo y alma: breve historia de la religión

La religión ha pasado por varias etapas. La primera fue la mágica, y aún no termina. Muchas tribus aborígenes alrededor del mundo experimentan esta primera etapa, basada en rituales mágicos de sacrificios a los dioses. Es como un soborno para que los dioses te ayuden y te protejan. Sin importar qué consideras valioso —alimento, ropas, alhajas, lo que sea— lo entregas a los dioses. Por supuesto ningún dios lo recibe, el sacerdote sí: es el mediador y se beneficia por ello. Lo más extraño es que durante por lo menos diez mil años, esta religión mágica, ritualista, ha mantenido la mente del hombre atrapada. Hay muchos fracasos: 99 por ciento de los esfuerzos terminan en eso. Por ejemplo, las lluvias no caen en fechas esperadas; entonces la religión mágica tendrá un sacrificio ritual y creerá que los dioses se contentarán con ello y las lluvias llegarán; pero éstas llegan también para los pueblos que no ruegan a los dioses ni efectúan el ritual. Llegan incluso a los enemigos del pueblo que hizo el sacrificio.

Esas lluvias no tienen nada que ver con los rituales, pero la lluvia se convierte en una prueba de que han tenido éxito. Noventa y nueve veces de cien el ritual falla; está obligado a fallar porque no tiene nada que ver con el clima. No hay relación causa-efecto entre el ritual —tu ceremonia del fuego, tus mantras— y las nubes o las lluvias.

El sacerdote es ciertamente más astuto que la gente explotada. Sabe perfectamente bien lo que está ocurriendo. Los sacerdotes nunca han creído en Dios, no pueden, pero fingen creer más que ningún otro. Deben hacerlo, es su profesión. Mientras más fuerte sea su fe, más multitudes pueden atraer, así que la fingen. Pero nunca he encontrado un sacerdote que crea que hay Dios. ¿Cómo creer? Cada día ve que sólo por coincidencia, algunas veces, un ritual u oración tienen éxito; la mayoría fallan. Pero él tiene una explicación para la gente pobre: "No hicieron correctamente su ritual. Mientras lo hacían no estaban llenos de pensamientos puros."

Ahora, ¿quién está lleno de pensamientos puros? ¿Y qué es un pensamiento puro? Por ejemplo, en un ritual jainista, la gente debe ayunar. Pero mientras participa en el ritual está pensando en comida; es un pensamiento impuro. Ahora, que una persona hambrienta piense en comida... no entiendo cómo es impuro, es el pensamiento correcto. De hecho, creo que la persona hace mal si trata de continuar el ritual: ¡debería correr a un restaurante!

Pero el sacerdote tiene una explicación muy simple sobre por qué falló tu ritual. Dios nunca se equivoca, siempre está listo para protegerte: es el proveedor, creador, conservador; nunca te dejará caer. Pero tú le fallaste. Mientras estabas diciendo la oración o efectuando el ritual, estás lleno de pensamientos impuros. Y la gente sabe que el sacerdote tiene razón: ellos pensaban en comida, o pasó una bella mujer por ahí y apareció la idea de que era bella y surgió el deseo de poseerla. Ellos apartaron esos pensamientos, pero demasiado tarde; ya había ocurrido. Todos saben que sus pensamientos son impuros.

Pues bien, no veo nada impuro al respecto. Si una bella mujer pasa frente a un espejo, éste reflejará a la bella mujer: ¿ el espejo es "impuro"? Tu mente es un espejo, sencillamente refleja, está consciente de todo lo que ocurre alrededor de ti, y continuamente está haciendo comentarios. Si observas, te sorprenderás: no puedes encontrar mejor comentador. La mente dice que la mujer es bella, y si tú sientes deseo por la belleza, no veo problema alguno. Si deseas la fealdad, *entonces* algo está mal, estás enfermo. La belleza debe ser apreciada. Cuando ves un cuadro hermoso, te gustaría tenerlo. Cuando ves algo bello, por un lado, una idea llega como una sombra: "Si esta cosa bella fuera mía..." Así pues, son pensamientos naturales. Pero el sacerdote dirá: "Las lluvias no llegan debido a sus pensamientos impuros", y tú estás totalmente indefenso. Lo sabes, te avergüenzas, Dios siempre tiene razón.

Pero cuando las lluvias llegan, también estos pensamientos pasaron por tu cabeza, eras exactamente la misma persona. Si tuvieras hambre, pensarías en comida; sed, en agua. Estas ideas también llegan a ti cuando cae la lluvia, pero nadie se preocupa entonces por los malos pensamientos. El sacerdote comienza a alabar tu gran austeridad, tu devota oración: "Dios te ha escuchado." Y tu ego se siente tan satisfecho que no dice: "¿Pero qué hay respecto a los pensamientos impuros?" ¿Quién quiere mencionarlos cuando has tenido éxito y Dios te ha escuchado?

La mayor parte del tiempo nadie escucha, el cielo permanece vacío y no llega ninguna respuesta. Pero la religión mágica continúa y continúa.

Es la religión más primitiva, pero fragmentos de ella perduran, sin una separación clara, en la segunda etapa, que es la de la seudorreligión: hinduismo, cristianismo, islamismo, judaísmo, jainismo, budismo, sikhismo, y más de trescientos "ismos" en total. Son seudorreligiones, poco más que una religión mágica.

La religión mágica es sencillamente ritualista, es el esfuerzo de persuadir a Dios para que te ayude. El enemigo invadirá el país, la lluvia no llegó, o cayó demasiada, los ríos se desbordan y tus cultivos son destruidos. Cuando encuentres estas dificultades, pide ayuda a Dios. Pero la religión mágica no es una disciplina para ti. Por eso no son represivas, aún no se preocupan por tu transformación, por cambiarte.

Las seudorreligiones pasan la atención de Dios hacia ti. Dios permanece en el cuadro, pero se desvanece a lo lejos. Para una persona que sigue la religión mágica, Dios está muy cerca; puede hablarle, persuadirlo. Las seudorreligiones conservan la idea de Dios, pero ahora él está lejos, muy, muy lejos. La única manera de alcanzarlo no es mediante rituales, sino con un cambio significativo en tu modo de vida. Las seudorreligiones comienzan a modelarte y cambiarte.

Las religiones mágicas dejan a la persona como es, de modo que quienes creen en ellas son más naturales, menos falsas, pero más primitivas, rústicas e incultas. La gente que pertenece a las seudorreligiones es más refinada, culta y educada. Para ellos la religión no sólo son rituales, es una filosofía completa de la vida.

El uso de la represión entra aquí, en la segunda etapa de la religión. ¿Por qué la utilizan como estrategia principal? ¿Para qué? Entender el fenómeno de la represión es muy importante, porque cada religión difiere de otras en cualquier aspecto, y no hay dos que estén de acuerdo en algo, excepto en la represión. De modo que parece ser la mejor herramienta en sus manos. ¿Qué hacen con ella?

La represión es el mecanismo para esclavizarte, para poner a la humanidad bajo el dominio psicológico y espiritual. Mucho antes de que Sigmund Freud descubriera el fenómeno de la represión, las religiones lo habían usado durante cinco mil años y de manera exitosa. El método es simple: volverte contra ti mismo. Y logra milagros. Una vez puesto contra ti, muchas cosas ocurren. Primero, te debilitarás. Nunca serás la persona fuerte de antes. Eras uno, ahora no eres dos sino muchos. Antes eras una entidad única, completa; ahora una multitud. La voz de tu padre está hablando en ti desde un fragmento, la voz de tu madre desde otro, y dentro de ti pelean unos con otros, aunque ellos pudieran ya no estar el mundo. Todos tus maestros tienen su compartimento en ti y los sacerdotes con que te has topado, los monjes, hacedores del bien y moralistas también; han construido lugares en tu interior, fortalezas para ellos. Quien te haya impresionado se ha convertido en un fragmento de ti. Ahora eres muchas personas: muertas, vivas, ficticias, de libros leídos, acaso sagrados; las cuales sólo son ficción religiosa, como la ciencia ficción. Si ves en tu interior, te encontrarás perdido ante semejante multitud. No puedes reconocer quién eres en la niebla de esa muchedumbre, cuyo rostro se ha convertido en el tuyo. Todos aspiran a ser tú, todos tienen tu rostro, hablan tu lenguaje y son pendencieros con los otros. Te has convertido en un campo de batalla.

La fuerza del individuo único se perdió. Tu casa está dividida y no puedes hacer nada con todo tu ser. Algunas partes dentro ti estarán en tu contra, unas a favor y otras por completo indiferentes. Si haces algo, las partes en tu contra dirán que has hecho mal y te harán sentir culpable; las que permanecen indiferentes fingirán ser sagradas, diciéndote que eres mediocre al escuchar a personas que no entienden. De modo que hagas algo o no lo hagas, en cualquier caso serás condenado.

Siempre estarás en un dilema. Adonde te muevas serás derrotado, y grandes porciones de tu ser estarán en tu contra. Siempre harás las cosas con apoyo mínimo. Eso significa ciertamente que la mayoría tomará venganza. Y te dirá: "Si no hubieras hecho *esto* podrías haber hecho *eso*. Si no hubieras elegido esto, podrías haber elegido eso. Pero eres tonto, nunca escuchas. Ahora sufre y arrepiéntete."

El problema es que no puedes hacer nada sin que alguien después te condene, te diga que eres estúpido y sin inteligencia.

De modo que lo primero que destruyen las seudorreligiones es la integridad y la fuerza del ser humano. Eso es necesario si quieres esclavizar a la gente: las personas fuertes no pueden ser esclavizadas. Y se trata de una esclavitud muy sutil, psicológica y espiritual. No necesitas esposas, cadenas ni celdas, no: las seudorreligiones han logrado arreglos más refinados. Y comienzan a trabajar desde que naces; no pierden un solo momento.

Las religiones condenan el sexo, el gusto por la comida y todo lo que puedes disfrutar: música, arte, canto y baile. Si miras alrededor del mundo y reúnes todo lo condenado por las religiones, verás que juntas han condenado a todo el hombre. No han dejado un espacio sin condenar.

Claro, cada religión sólo ha hecho su parte, porque si condena a toda la persona, ésta simplemente puede volverse loca. Deben mantener cierto sentido de la proporción, de modo que cada quien se condene y sienta culpable, y entonces quiera ser liberado de su culpa y esté dispuesto a recibir ayuda. No debes condenarlo tanto que simplemente escape de ti o salte al océano. No sería buen negocio.

Es como los esclavos de la antigüedad. Se les daba comida, pero no tanta como para que se volvieran fuertes y revoltosos, ni tan poca para que murieran; de otra manera habría una pérdida. Les das lo suficiente para tenerlos suspendidos entre la vida y la muerte, para que puedan seguir viviendo y trabajando para ti. Sólo se les da esa cantidad de comida, no más; de otro modo les quedará energía después de trabajar, y esa energía puede convertirse en una revolución. Podrían empezar a unirse, porque se darían cuenta de lo que están haciendo con ellos.

Lo mismo han hecho las religiones. Cada una ha tomado un segmento diferente del hombre, lo ha condenado y con ello han formado culpables.

Una vez generada la culpabilidad en ti, estarás en las garras de los sacerdotes. Ya no podrás escapar porque son los únicos que pueden limpiar todas las partes vergonzosas de ti, y hacerte capaz de estar frente a Dios sin sentir vergüenza. Crean la ficción de Dios y de la culpa. La ficción de que un día estarás frente a Dios, y de que debes presentarte limpio y puro, sin ningún temor o vergüenza.

Todo es una ficción. Pero hay que recordar esto: es verdad para las seudorreligiones. Y si digo "todas las religiones", quiero decir seudorreligiones; el plural significa "seudo".

Cuando una religión se vuelve científica, ya no es plural: entonces será sencillamente religión, y su función se opondrá a las seudorreligiones. Buscará liberarte de Dios, del cielo y del infierno, del concepto de pecado original, de la mera idea de que tú y la naturaleza están separados: liberarte de cualquier tipo de represión.

Con toda esta libertad podrás aprender de tu ser natural, cualquiera que sea. No necesitas sentirse avergonzado. El universo te necesita de esta manera, de otro modo habría creado a alguien más, no a ti. Así que en mi opinión no ser tú es lo único irreligioso.

Sé tú mismo sin condiciones, ni cadenas; sólo sé tú mismo y serás religioso porque eres sano, total. No necesitas sacerdotes ni psicoanalistas, no necesitas ayuda de nadie porque no estás enfermo, tampoco mutilado o paralizado. Toda esa mutilación y parálisis se irán al encontrar la libertad.

La religión se puede condensar en una sola frase: libertad total para ser uno mismo.

Exprésate sin temor, en tantas maneras como sea posible. No hay nada que temer, nadie va a castigarte o a recompensarte. Si expresas tu ser en su forma más auténtica, en su flujo natural, serás recompensado de inmediato, no mañana sino hoy, aquí y ahora.

Eres castigado sólo cuando vas contra tu naturaleza. Pero ese castigo es una ayuda, indica que te has apartado de tu naturaleza, que te has extraviado un poco: regresa. El castigo no es venganza, no, es sólo para hacerte despertar: "¿Qué estás haciendo?" Seguramente algo que está mal, que va contra ti. Esta es la razón del dolor y la ansiedad.

Cuando seas natural y te expreses como los árboles y las nubes —que son más afortunados porque no hay ave que haya intentando ser sacerdote, ni árbol que haya tenido la idea de ser psicoanalista—, te sentirás como en casa en la existencia.

Y estar en casa es lo que busca la religión.

? Entre las llamadas seudorreligiones, ¿ves alguna diferencia significativa entre las aparecidas en Occidente y en Oriente?

En los pasados dos mil años el cristianismo ha hecho más daño a la humanidad que cualquier otra religión. El islamismo ha tratado de competir con él, pero no ha tenido tanto éxito. Está muy cerca, pero el cristianismo se mantiene todavía en lo alto. En el nombre de Dios, de la verdad y de la religión, ha matado gente, quemado personas vivas y masacrado; para su propio beneficio y para su propio bien.

Y cuando el asesino te mata por tu propio bien, entonces no tiene sentimiento alguno de culpabilidad. Por el contrario, siente que ha hecho un buen trabajo, algún servicio a la humanidad, a Dios, a todos los grandes valores como el amor, la verdad y la libertad. Se siente emocionado. Siente que ahora es un mejor ser humano. Que la gente use los crímenes para sentirse mejor ser humano, es lo peor que puede sucederle a alguien. Ahora estarán haciendo el mal pensando que es bueno. Estarán destruyendo pensando que está bien.

Éste es el peor tipo de adoctrinamiento que el cristianismo ha puesto en la mente de todos. La idea de cruzada, de guerra religiosa, es una gran contribución del cristianismo. El islamismo lo aprendió del cristianismo; aquél no puede reclamar el origen de la idea. La llamada *jihad*, guerra santa, surgió quinientos años después que Jesús. El cristianismo ya había creado la idea de que la guerra también puede ser religiosa.

Ahora bien, una guerra como ésa es irreligiosa.

No puede haber nada como una cruzada, una guerra santa.

Si llamas "santa" a una guerra, entonces, ¿a qué le dirás "no santo"?

Es una estrategia para destruir el pensamiento de la gente. Al momento que ellos piensan en cruzada, piensan que no hay nada equivocado: están luchando por Dios contra el mal. Y no hay Dios ni mal: sencillamente estás luchando y matando gente. Y de cualquier modo, ¿en qué te beneficia a ti? Si Dios no puede destruir al diablo, ¿piensas que tú puedes? Si Dios es impotente y no puede destruir al diablo, entonces, ¿el papa puede hacerlo? ¿Pueden estos cristianos hacerlo? ¿Pudo hacerlo Jesús? Y por toda la eternidad Dios ha vivido con el mal.

Incluso ahora las fuerzas del mal son mucho más poderosas que las del bien, por la sencilla razón de que las del bien también están en manos de las del mal.

Denominar religiosa y santa a la guerra, es causa de guerra. La Primera Guerra Mundial ocurrió en el ámbito cristiano, asimismo la Segunda Guerra Mundial, y la Tercera Guerra Mundial está por ocurrir en el ámbito cristiano.

Hay otras religiones y, sin embargo, ¿por qué estas dos grandes guerras ocurrieron en el ámbito cristiano? El cristianismo no puede salvarse a sí mismo de esta responsabilidad. Una vez generada la idea de que la guerra puede ser santa ya no puedes monopolizarla.

Adolfo Hitler dijo a su gente: "Esta guerra es santa"; era una cruzada. Simplemente usaba una aportación cristiana. Él era cristiano y se creía la reencarnación del profeta Elías. Pensaba que era igual a Jesucristo, quizá mejor, porque lo que Jesús no pudo hacer, él estaba intentándolo. Todo lo que logró Jesús fue ser crucificado. Adolfo Hitler casi tuvo éxito. Si lo hubiera tenido —lo cual era 99 por ciento posible—, entonces el mundo entero hubiera sido purificado de todo lo que es judío, de todo lo no cristiano. ¿Qué hubiera quedado?

¿Y lo sabías? Adolfo Hitler fue bendecido por un arzobispo alemán, que le dijo: "Vas a vencer porque Cristo está contigo y Dios está contigo." Y los mismos tontos bendijeron a Winston Churchill diciendo: "Dios está contigo y Cristo está contigo; tu victoria es segura". Los mismos tontos, quizá otros más grandes, estaban en el Vaticano, porque éste es sólo una parte de Roma. Y Mussolini fue bendecido por el papa, un representante infalible de Jesucristo.

Uno puede pensar que el arzobispo alemán no es infalible, que el arzobispo de Inglaterra no es infalible —nos podemos olvidar de ellos, gente falible—, pero, ¿qué hay del papa, quien por siglos el cristianismo ha considerado infalible? Pues bien, uno infalible bendijo a Mussolini porque "él está luchando por Jesucristo y Dios", y Mussolini y Hitler están en el mismo bando. Juntos trataban de conquistar el mundo entero.

Tal vez el papa pensaba que si Mussolini vencía, el cristianismo tendría la oportunidad de convertirse en la religión universal. Por dos mil años han estado tratando de hacer del cristianismo la religión universal y destruir a las otras.

En el jainismo no hay dudas respecto de la guerra santa. Ninguna guerra es santa. Pudieras estar luchando en nombre de la religión, pero en sí luchar no es religioso. El budismo no tiene noción de guerra santa; por tanto, ni jainismo ni budismo han contribuido jamás a crear una guerra, y su historia es muy larga. El jainismo ha existido por lo menos durante 10 000 años y no ha propiciado ninguna guerra, santa o no. El budismo también es más antiguo que el cristianismo en 500 años y tiene tantos fieles como el cristianismo —a excepción de India, toda Asia es budista—, pero no ha iniciado una sola guerra.

El cristianismo merece todo el crédito por generar guerras, que son lo peor que hay en la vida del hombre. Al amparo de una cruzada puedes hacer todo: violar mujeres, quemar gente, matar niños inocentes, ancianos, todo. La guerra santa, la cruzada, son términos generales, pantallas, pero muchas otras cosas ocurren detrás. Todas las armas atómicas, nucleares, se han producido en el ámbito cristiano.

No es que la otra parte del mundo carezca de inteligencia. Si China pudo prohijar a Confucio, Lao Tsé, Chiang Tsé, Mencio, Lieh Tsé, no hay razón por la cual no pudiera producir un Albert Einstein o un lord Rutheford. En cambio, China fue la primera en crear la prensa escrita, que ha perdurado por tres mil años.

Si India pudo producir a un hombre como Patanjali, quien por sí solo creó el sistema completo de yoga; a Gautama Buda y Mahavira, grandes filósofos y místicos. Si hace tres mil años en India vivió Sushrut, gran médico y cirujano (en sus libros describe algunas de las cirugías más complejas posibles en la actualidad, incluso del cerebro, y con todos los instrumentos); si ese país vio surgir a esta clase de gente, ¿qué está fallando? ¿Por qué no ha intentado producir armas atómicas? India produjo matemáticos, sin los cuales no es posible la ciencia. Hace siete mil años crearon las bases de las matemáticas. Pero nunca utilizaron su intelecto para fines destructivos sino creativos, porque no hubo religión que los incitara a la guerra. Todas sus religiones afirmaron que la guerra es fea —sobre lo que no hay discusión—y no apoyarían ningún programa, proyecto o investigación que los llevara la guerra.

Digo lo anterior para dejar claro que el cristianismo es responsable de dar a la ciencia el incentivo para la guerra. Si el cristianismo hubiera creado una atmósfera de no violencia, y no hubiera llamado a una guerra santa, hubiéramos evitado las dos guerras mundiales; y sin esas dos, seguramente la tercera no podría ocurrir. Las dos primeras eran pasos absolutamente necesarios para la tercera: hacia la que te llevan. Estás adaptado para ello, no hay posibilidad de regresar, de dar vuelta.

No sólo la ciencia ha sido corrompida por el cristianismo, también ha originado ideologías extrañas, directamente o como reacción. En ambos casos es responsable. La pobreza ha existido en el mundo por miles de años, pero el comunismo es una aportación cristiana. Y no te confundas porque Karl Marx era judío, Jesús también lo era. Si un judío pudo crear el cristianismo... El contexto de Karl Marx es cristiano, no judío. La idea del comunismo la proporcionó Jesucristo en el momento en que dijo: "Bienaventurados los pobres, por que heredarán el reino de Dios." Esta frase sembró la semilla del comunismo.

Nadie lo ha dicho tan directamente, porque para ello necesitas a un loco como yo, que no sólo puede decirle pan al pan, sino maldito pan. ¿Qué hay en sólo decirle pan al pan?
Una vez que Jesús creó la idea de que los pobres eran bienaventurados porque heredarían el reino de Dios, fue juego de niños cambiarla en el más práctico y pragmático comunismo. "Reino de Dios." ¿Alguien sabe si existe o no? Pero, ¿por qué desperdiciar esta oportunidad cuando puedes tener el reino de la Tierra? Todo el comunismo se basa en esa declaración de Jesús, es sólo un pequeño giro. Lo que Marx dijo en esencia fue: "Bienaventurados los pobres porque de ellos es la Tierra." Sólo estaba cambiando terminología espiritual en política práctica.

Es extraño que en ningún otro ámbito —budismo, hinduismo, jainismo, sikhismo, taoismo, confucionismo— haya aparecido el comunismo. Sólo en el ámbito del cristianismo. Esto no es accidente, porque puedes ver que el fascismo también apareció en dicho ámbito. Socialismo, socialismo fabiano, nazismo, son del cristianismo, hijos de Jesucristo. Incluso directamente influidos por él, ya que fue quien dijo: "En el reino de Dios un camello puede pasar a través del ojo de una aguja, pero un hombre rico no puede pasar por sus puertas."

¿Qué piensas de este hombre? ¿No es un comunista? Si no lo es, ¿quién lo es? Ni Karl Marx, Engels, Lenin, Stalin o Mao Tse-tung han hecho una declaración tan fuerte: un hombre rico no puede entrar en el reino de Dios. ¿Y ves la comparación que hace? Es posible para un camello —esto es imposible— pasar a través del ojo de una aguja. Dice que eso es posible, pero la entrada de un hombre rico en el reino de Dios es imposible. Si es imposible ahí, ¿por qué dejarlos aquí? Lo hace imposible también aquí. Es lo que Marx hizo.

De hecho, a lo que Jesús aportó teóricamente, Marx le dio un giro práctico. Pero el teórico original fue Jesús. Karl Marx pudiera no haberlo reconocido, pero el comunismo no es posible en ningún otro ámbito, como tampoco lo es Adolfo Hitler. En India, si quieres declararte hombre de Dios, no puedes ser Adolfo Hitler. Ni participar en política o ser votante. No puedes destruir a millones de judíos y de personas que pertenezcan a otras religiones y continuar diciendo que eres reencarnación de un antiguo profeta.

En India ha habido miles de personas que se declaran encarnaciones, profetas, *tirhankaras.* Pero deben probarlo con sus vidas. Quizá son farsantes, la mayoría lo son, pero aun así nadie puede ser un Adolfo Hitler y decir que es profeta u hombre religioso.

Una vez el presidente del partido nazi de Estados Unidos me escribió una carta para decirme: "He escuchado tus discursos contra Adolfo Hitler, y hieren nuestros sentimientos religiosos." Difícilmente me asombro, pero lo estaba: ¡sus sentimientos religiosos! "Porque para nosotros Adolfo Hitler es el profeta Elías, y confiamos en que usted no hablará contra él en el futuro."

No puedes imaginarte que algo así ocurra en India, China o Japón; imposible. Pero en el ámbito cristiano es posible. No sólo posible, ¡ocurrió! Y si Hitler hubiera ganado la guerra, hubiera proclamado que había superado el mal en el mundo y convertido a toda la humanidad al cristianismo. Y lo hubiera hecho de haber tenido el poder.

No deseo prestar especial atención al cristianismo, pero lo merece. Ha causado mucho daño y perjuicio. Es imposible creer que la gente continúe conservándolo vivo. Las iglesias deben ser demolidas, el Vaticano eliminado completamente. No hay necesidad de esta gente. Todo lo que ha hecho lo ha hecho mal. Otras religiones también han causado mal, pero no se compara con lo hecho por el cristianismo.

Se ha explotado la pobreza de la gente para convertirla al cristianismo. Claro, el budismo ha convertido gente, pero no porque estuviera hambrienta y tú le dieras comida para que se sintieran comprometidos contigo. Si les entregas ropa o proporcionas otros servicios —educación para sus hijos, hospitales para los enfermos—obviamente se sentirán comprometidos. Y tú comenzarás a preguntarles: "¿Qué ha hecho el hinduismo por ti? ¿Qué ha hecho el budismo por ti?"

Naturalmente, budismo, hinduismo y jainismo nunca han abierto un hospital o una escuela; nunca han prestado un servicio semejante. Ese es el único argumento. Esas personas están tan comprometidas que tienen la certeza de que ninguna religión los ha ayudado y se convierten en cristianos. Este no es un camino honesto, es soborno. No es una conversión, es comprar a la gente porque es pobre. Es aprovecharse de su pobreza.

El budismo ha convertido a millones de personas, pero mediante la inteligencia. La conversión comenzó, mediante reyes, emperadores, amos, grandes escritores, poetas y pintores. Al ver que la gente inteligente se convertía al budismo, otros los siguieron. Los jainistas han convertido emperadores. Su primer esfuerzo fue cambiar el estrato más alto, porque eso lo hace simple: entonces la gente común entiende naturalmente que si los más inteligentes se convierten, es porque su antigua religión no ha sido capaz de defender sus doctrinas, su punto de vista. Ha llegado algo nuevo: más refinado, lógico y racional.

Pero alrededor del mundo los cristianos se han acercado al estrato más bajo. Y los pobres han estado ahí siempre: explotar su pobreza para incrementar el número de fieles es política pura. La política es un juego de números. Cuántos cristianos hay en el mundo: ése es su poder. Mientras más cristianos, más poder tiene el clero. Nadie está interesado en salvar a nadie, sino en incrementar el número de fieles. Lo que ha hecho el cristianismo es emitir continuamente órdenes desde el Vaticano contra el control natal, diciendo que es pecado creer en el aborto, propagarlo o hacerlo legal.

¿Crees que les interesan los niños nonatos? No, no tienen nada que hacer con esos niños nonatos. Persiguen sus objetivos sabiendo muy bien que de no practicar el aborto y los métodos de control natal, la humanidad entera se encaminará a un suicidio global. Y no está tan lejos para no prever esa situación. Dentro de pocos decenios la población del mundo será tal que no podrá sobrevivir, a menos que se vaya a la tercera guerra mundial, la cual será un método más seguro para resolver el problema; la gente morirá más rápido y fácil, más cómodamente con armas nucleares que con hambre. El hambre puede conservarte vivo noventa días, y esos noventa días serán realmente una tortura. Yo sé del hambre en India. Madres han vendido a su hijo por una rupia o se lo han comido. No puedes imaginarte a dónde puede llevarte el hambre.

Pero el Vaticano ha seguido con el mismo mensaje para la humanidad: "El aborto es pecado. El control natal es pecado." No obstante, en ninguna parte de la Biblia el aborto es pecado, porque no se requería control natal. De diez niños, nueve morían. Era la proporción y había la misma en India hace treinta o cuarenta años: de diez niños uno sobrevivía. Entonces la población no era tan numerosa, no representaba un peso tan grande sobre los recursos de la Tierra. Ahora, incluso en India, de diez niños sólo uno muere. De modo que la medicina continúa ayudando a la gente a sobrevivir; el cristianismo sigue abriendo hospitales y distribuyendo medicinas; la Madre Teresa reza por ti y el papa te bendecirá si no practicas el control natal. Hay todo tipo de organizaciones trabajando en países subdesarrollados para distribuir biblias y esas estúpidas ideas de que el control natal es pecado. El verdadero interés está en traer más niños al mundo, más huérfanos. Hacer tan sobrepoblado y pobre al mundo para que el cristianismo sea la religión universal ha sido su ambición por dos mil años. Debe ser exhibida. Esta ambición es inhumana. Si he criticado al cristianismo ha sido con razón.

Hombre rico, hombre pobre: una mirada a las raíces de la pobreza y la avaricia

Con sólo decir "Bienaventurados los pobres porque de ellos es el reino de Dios" no cambias la pobreza. De otro modo en dos mil años el cristianismo hubiera hecho que la pobreza desapareciera. Pero continúa creciendo. De hecho, serán tantos los bienaventurados que compartan el reino de Dios que de nuevo serán pobres. Cada uno de ellos no tendrá mucho que compartir de él. Y todos esos accionistas del reino de Dios también harán pobre a Dios. Será una empresa de accionistas empobrecidos.

Dos mil años de enseñanzas, ¿han cambiado la naturaleza de la pobreza? No. Sólo han logrado una cosa: matar el espíritu revolucionario en los pobres. La pobreza sigue creciendo a pasos agigantados.

Un abogado caminó hasta el borde de una excavación donde trabajaba un equipo y pronunció el nombre de Timothy O´Toole.

—¿Quién me busca? —preguntó una voz gruesa.

—Señor O´Toole —contestó el abogado— ¿viene de Castlebar, County Mayo?

—Sí.

—¿Y su madre se llama Bridget y su padre Michael?

—Sí.

—Es mi deber —dijo el abogado— informarle, señor O´Toole, que su tía Mary ha muerto en Iowa, dejándole un legado de 150 000 dólares.

Hubo un corto silencio abajo y después una rápida conmoción.

—¿Viene, señor O´Toole?—preguntó el abogado.

—En un minuto —gritó en respuesta. —sólo tengo que darle al capataz una paliza antes de irme.

Fueron necesarios seis meses de vida desenfrenada para que O´Toole gastara los 150000 dólares. Su principal esfuerzo fue satisfacer una enorme sed heredada. Luego regresó a su empleo. Aquí se presentó el abogado para buscarlo otra vez.

—Ahora fue su tío Patrick, señor O´Toole —explicó el abogado—. Murió en Texas y le dejó 80000 dólares.

O´Toole se apoyó pesadamente en su pico y negó con la cabeza muy desanimado.

—No creo que pueda tomarlos —declaró. —No soy tan fuerte como fui una vez y dudo que pudiera dilapidar todo ese dinero y vivir.

Es lo que ocurre en Occidente. La gente ha tenido éxito en conseguir toda la riqueza que la humanidad ha codiciado desde el principio de los tiempos. Ha tenido éxito materialmente en volverse rico y ahora está fatigada, hastiada. El camino le ha costado el alma. En el exterior todo es asequible, pero ha perdido contacto con el interior. Todo lo que una persona necesita está ahí, pero el ser humano ya no está. Las propiedades están ahí, pero el dueño ha desaparecido.

Hay un gran desequilibrio. La riqueza está ahí, pero la gente no se siente nada rica; por el contrario, se siente muy, muy pobre.

Piensa en esta paradoja: sólo cuando eres rico en lo exterior adviertes tu pobreza interna. Por contraste. Si eres pobre en lo exterior nunca verás tu pobreza interior porque no hay contraste. Escribes con gis blanco en un pizarrón negro, no en uno blanco. ¿Por qué? Porque sólo en el negro destacará. El contraste es necesario.

Cuando eres rico externamente, de pronto tomas conciencia de que "dentro soy pobre, un mendigo". Y también llega la desesperanza como una sombra: "Hemos conseguido cuanto deseábamos —toda fantasía se ha cumplido— y nada ha sucedido fuera de eso, no hay satisfacción, ni dicha." La gente está desconcertada y de ello deriva un gran deseo: ¿cómo podemos tener contacto con nosotros mismos otra vez?

La meditación es la manera de tender de nuevo tus raíces hacia tu mundo interior. Por ello, la gente en Occidente está interesándose en la meditación y en las tradiciones orientales.

Oriente también estaba interesado en la meditación cuando era rico; es necesario entenderlo. Es la razón por la que no estoy contra la riqueza, y no creo que la pobreza tenga nada de espiritual. Estoy totalmente en contra de la pobreza porque en cuanto un país se vuelve pobre pierde contacto con toda meditación y con todo esfuerzo espiritual. En cuanto un país se vuelve pobre en lo externo, pierde conciencia de su pobreza interna.

Por eso entre la gente pobre de India puedes ver una clase de satisfacción que no encuentras en Occidente. No es verdadera satisfacción, sólo inconciencia de su pobreza interior. He observado a miles de pobres en Oriente; no están realmente satisfechos, pero sin duda una cosa es cierta: no están conscientes de su insatisfacción porque para estarlo se requiere de riqueza exterior.

Sin riqueza exterior nadie cae en cuenta de su insatisfacción interior. Y hay suficientes pruebas de ello. Todos los místicos, los avatares de los hinduistas, fueron reyes o hijos de reyes. Todos los maestros jainistas provenían de familias reales, y es el caso de Buda. Las tres grandes tradiciones de India proporcionan abundantes pruebas. ¿Por qué Buda se tornó insatisfecho, por qué comenzó una búsqueda de la meditación? Porque era rico. Vivía en la abundancia, con toda la riqueza que es posible, comodidades y artefactos materiales. De pronto cae en la cuenta; sólo tenía 29 años cuando advirtió que había un hoyo negro dentro. Cuando hay luz fuera, se evidencia la oscuridad interior. Una pequeña mancha en una camisa blanca basta para mostrarlo. Es lo que ocurrió. Entonces escapó del palacio. Lo mismo le sucedió a Mahavira; también escapó de un palacio. Esto no le sucedió a mendigos. También en tiempos de Buda los había, pero ellos no renunciaron a nada por buscar la verdad. No tenían nada a qué renunciar, estaban satisfechos. Buda cayó en la insatisfacción.

Cuando India era rica, mucha gente estaba interesada en la meditación; de hecho, todos se interesaban en ella. Entonces el país se volvió pobre, tan pobre que no había contraste entre interior y exterior. El interior era pobre y el exterior también. Interior y exterior estaban en perfecta armonía: ambos eran pobres.

Pero la gente se había acostumbrado a pensar que la pobreza es espiritual. No estoy a favor de ningún tipo de pobreza porque no es espiritualidad, sino que provoca su desaparición.

Me gustaría que el mundo se volviera tan rico como fuera posible. Mientras más gente sea próspera más gente se volverá espiritual. Tendrán que hacerlo, no serán capaces de evitarlo. Y sólo entonces aparecerá la verdadera satisfacción. Cuando la riqueza externa empata con la interna, surge un nuevo tipo de armonía: hay verdadera satisfacción. Cuando la pobreza exterior coincide con la interior, hay una falsa satisfacción. La satisfacción es factible cuando interior y exterior están en armonía. La gente pobre de India luce satisfecha porque hay pobreza a ambos lados de la cerca. Es una armonía perfecta, exterior e interior están en sintonía, pero es una satisfacción fea, en realidad es una falta de vitalidad.

El próspero Occidente está obligado a interesarse en la meditación, no hay manera de evitarlo. Por ese motivo el cristianismo está perdiendo su control sobre la mente occidental, ya que no desarrolló la ciencia de la meditación de ninguna manera. Ha permanecido como una religión mediocre, como el judaísmo. Occidente ha sido pobre en el pasado; por ello estas religiones continuaron siendo mediocres. Hasta hace poco la mayor parte de Occidente vivía en la pobreza. Cuando Oriente era rico, Occidente era pobre. Judaísmo, cristianismo e islamismo, tres religiones originadas fuera de India, nacieron en la pobreza. No podían desarrollar técnicas de meditación porque no había necesidad. Y en su mayor parte han perdurado como religiones de pobres.

Ahora que Occidente se ha vuelto rico hay un desequilibrio. Sus religiones surgieron en la pobreza, de modo que no tienen nada que ofrecer al rico. Para una persona rica, educada, son religiones infantiles; no lo satisfacen, no pueden. Las religiones orientales nacieron en la riqueza, por eso la mente occidental se está interesando más en religiones orientales. Por supuesto, la religión de Buda está teniendo gran repercusión; el Zen se está propagando como un fuego sin control. ¿Por qué? Nació de la riqueza. Hay mucha semejanza entre la psicología de la próspera humanidad contemporánea y la psicología del budismo. Occidente está en la misma situación en que estaba Buda cuando comenzó a interesarse en la meditación. Fue la búsqueda de un hombre rico. Y es el mismo caso del hinduismo y del jainismo. Estas tres grandes religiones indias nacieron de la prosperidad; por tanto, Occidente se siente atraído por estas religiones orientales.

Mientras tanto, India perdió contacto con sus religiones. No podía permitirse el lujo de entender a Buda: se ha convertido en un país pobre. Los hindúes pobres están siendo convertidos al cristianismo. Los norteamericanos ricos están siendo convertidos al budismo, al hinduismo, a la religión vedanta; y los pobres, los más pobres de los pobres de la India, se están volviendo cristianos. ¿Te das cuenta? Estas religiones tienen cierto atractivo para los pobres. Sus adeptos han vivido en un estado de casi inconsciencia: demasiado hambrientos para meditar, su único interés son el pan, el techo y la ropa. Así que cuando llegan los misioneros cristianos y abren un hospital o una escuela, los hindúes se quedan muy impresionados: esto es "espiritualidad". Cuando hablo sobre meditación no sólo no están interesados, sino en contra: "¿Qué tipo de espiritualidad es ésta? ¿Qué estás haciendo para ayudar a la gente?" Y lo entiendo: necesitan pan, refugio y ropa.

Pero es por su mente que están sufriendo. Por un lado, necesitan pan, refugio, ropa, mejores casas y caminos; por otro lado continúan adorando la pobreza como algo "espiritual". Es un doble ciego. Oriente ya no puede meditar. Primero se necesita tecnología científica para hacerlo un poco mejor físicamente. Así como Occidente necesita tecnología religiosa, Oriente requiere tecnología científica.

Estoy por un mundo donde Occidente pueda satisfacer las necesidades de Oriente y Oriente las de Occidente. Oriente y Occidente han vivido separados demasiado tiempo; ya no hay necesidad de ello. Hemos llegado a un momento crítico en que la Tierra entera puede convertirse en una esencia —debe hacerlo— porque sólo puede sobrevivir si se vuelve una.

Los días de las naciones, de las divisiones y de los políticos han terminado. Estamos en camino de un mundo totalmente nuevo, una nueva etapa de la humanidad, y en ella sólo puede haber un mundo, una sola humanidad. Entonces habrá una enorme liberación de energías creativas.

Oriente posee tesoros en tecnologías espirituales y Occidente los tiene en tecnologías científicas. Si pueden coincidir, este mundo puede convertirse en un paraíso. No hay necesidad de pedir en otro mundo el paraíso; somos capaces de crearlo aquí en la Tierra, por primera vez. Y si no lo hacemos, sólo nosotros seremos responsables.

Estoy por un mundo, una humanidad y una ciencia que puedan hacerse cargo de ambos —encuentro de religión y ciencia—, una ciencia que pueda hacerse interior y exterior.

? ¿No tiende la humanidad a acumular y acaparar cosas que estorban el encuentro de Oriente y Occidente que tú prevés? ¿Tal vez un sistema como el comunismo es útil para distribuir la riqueza en forma pareja alrededor del mundo?

El pobre y el rico dependen uno del otro; el rico no puede existir sin el pobre. Ahora tenemos suficiente tecnología para producir tanta riqueza que nadie sea pobre y esté hambriento. Pero hacemos exactamente lo contrario.

Treinta millones de personas en Estados Unidos, el país más rico del mundo, están subalimentados. Y te sorprenderás: treinta millones de personas en Estados Unidos están sobrealimentados. Están a dieta e intentando con mucho trabajo bajar de peso. Estados Unidos tiene algunas de las personas más gordas de todo el mundo. Es simple aritmética: ¡estas treinta millones de personas gordas están comiendo el alimento de los treinta millones de personas subalimentadas!

Podemos producir suficiente, más de lo necesario, de manera que la necesidad de acaparar desaparezca. No acaparas aire. Por supuesto, en la Luna lo harías; tú tendrías un recipiente colgando de tu hombro con oxígeno, porque no lo hay en la Luna. En un desierto acapararías agua. La gente en el desierto pelearía por un pequeño oasis, incluso matándose por agua. Fuera del desierto no peleas por agua; hay suficiente a disposición.

Mi perspectiva de la sociedad difiere de la que tienen el comunismo y el capitalismo. La sociedad necesita un sistema supercapitalista, y se volverá comunista automáticamente. No habrá necesidad de una revolución. Lo que se necesita es evolución, no revolución. Ésta nunca mejora las cosas. La evolución y el crecimiento, mejoran las cosas.

Si mucha gente es pobre y hay pocas personas ricas, simplemente no hay suficiente riqueza. Todo esfuerzo deberá crear más riqueza; y puede crearse, no hay razón que lo impida. Y cuando la riqueza esté ahí, y sea más de la que se necesita, ¿quién se preocupará por acumularla?

Unas cuantas cosas que no hemos sido capaces de extirpar de la sociedad, desaparecerán por sí solas. El pobre desaparecerá, el ladrón desaparecerá. El policía no será necesario, a los jueces se les dará mejor uso. Miles de abogados no serán necesarios, sólo desperdiciarán su tiempo y el dinero de la gente.

No vemos las cosas; sencillamente eliminamos los síntomas pero éstos regresan de nuevo. Debemos observar las causas. En Estados Unidos hay demasiados crímenes. ¿Por qué? Debe haber tentaciones para el crimen. Esas tentaciones pueden desecharse fácilmente.

Sólo observa mi reloj de pulsera. ¿Estás tentado, o no? No sabes que está hecho de piedras no de diamantes. No tiene valor. Cuando las piedras hagan el trabajo de los diamantes, sólo los tontos irán tras los diamantes. ¿Puedes ver alguna diferencia? Un reloj de diamantes costaría un cuarto de millón de dólares; el mismo reloj exactamente. Mis amigos los han hecho utilizando sólo piedras. Sus funciones son tan precisas como las de cualquier otro reloj —sólo un segundo de diferencia al año— porque obtener tal precisión es un fenómeno muy sencillo. Ya sea que compres un reloj de un millón de dólares o uno de sólo diez, ambos utilizan el mismo tipo de batería: la electrónica, que ha cambiado las ideas sobre los relojes.

Pero si las piedras —las auténticas— pueden hacer el trabajo de los diamantes, ¿entonces por qué crear tentaciones innecesariamente? Si se crean más relojes y joyería con piedras hermosas, la tentación por los diamantes desaparecerá, sus precios se derrumbarán. De hecho, los mismos diamantes son sólo piedras. Creamos tentaciones para el crimen, entonces el criminal debe ser castigado, no la persona que creó la tentación pero ¡ambos deberían serlo!

Sólo se atienden los síntomas, no las causas. Y éstas crearán otros síntomas. ¡Esto es tan poco científico! En vez de crear más riqueza, cada país crea más armas —misiles, cohetes, armas nucleares— y las amontona. ¿Para qué? ¿Quieren un suicidio global? ¿Entonces para qué ese desperdicio de tiempo y dinero? Si la humanidad ha decidido suicidarse, hay métodos más sencillos.

Setenta y cinco por ciento de nuestra energía alrededor del mundo se destina a esfuerzos bélicos. ¿Somos siervos de la muerte y la destrucción? Este setenta y cinco por ciento de energía podría destinarse al servicio de la vida, y habría más risa, salud, riqueza y comida. No habría pobreza.

No hay necesidad de que haya pobreza.

? Has criticado a las religiones, pero ¿no desempeñan un papel importante en el combate a la pobreza? Muchas organizaciones religiosas realizan un esfuerzo desinteresado para ayudar al pobre.

Todas las religiones en el mundo enseñan el servicio a los demás, desinteresadamente. Pero para mí el egoísmo es un fenómeno natural. La generosidad es impuesta; el egoísmo es parte de nuestra naturaleza. A menos de que llegues a un punto donde tu ser se disuelva en lo universal, no puedes ser realmente desinteresado. Puedes intentarlo, pero sólo serás hipócrita, y yo no quiero que la gente lo sea. Es un poco complicado, pero puede entenderse.

Primero, el egoísmo es parte de tu naturaleza. Debes aceptarlo. Y si es parte de tu naturaleza debe servir para algo esencial, de otro modo no estaría ahí. Gracias al egoísmo has sobrevivido, te has hecho cargo de ti mismo; de otro modo la humanidad hubiera desaparecido hace largo tiempo.

Sólo piensa en un niño que no es egoísta, que nació generoso. No será capaz de sobrevivir, morirá, porque incluso respirar es egoísta y comer es egoísta cuando millones de personas están hambrientas. ¿Estás comiendo? Hay millones de personas que están enfermas, muriendo, ¿tú estás sano? Si un niño naciera sin egoísmo como una parte intrínseca de su naturaleza, no sobreviviría. Si una serpiente se te acerca, ¿para qué evitarla? Deja que te muerda. Es tu egoísmo el que trata de protegerte; de otro modo estás justo en el camino de la serpiente. El león está hambriento, tú estás proporcionándole alimento. ¿Quién eres tú para interferir? No deberías protegerte a ti mismo, no deberías pelear. Simplemente deberías ofrecerte como un plato para el león: eso es generosidad. Todas las religiones han estado enseñando cosas que no son naturales. Éste es un ejemplo.

Yo enseño sobre la naturaleza. Enseño a ser natural, total y desvergonzadamente natural. Claro, enseño egoísmo. Nadie lo ha dicho antes de mí; no tienen agallas para decirlo. Y eran egoístas; es la parte asombrosa de la historia. ¿Por qué un monje jainista se tortura a sí mismo? Hay un motivo. Quiere lograr la liberación final y todos sus placeres. No sacrifica nada, simplemente está negociando. Es un hombre de negocios. Sus escrituras dicen: "Tú recuperarás mil veces más." Y esta vida es realmente pequeña: setenta, ochenta años no es mucho. Si sacrificas setenta años de placeres por una eternidad de placeres haces un buen negocio. No pienso que sea egoísmo.

¿Y por qué esas religiones te han enseñado a servir a la humanidad? ¿Cuál es el motivo? ¿Cuál el propósito? ¿Qué esperas obtener a cambio? Puede que nunca te hayas planteado la pregunta. La respuesta es que no es servicio...

Adoro una vieja historia china:

Un hombre cayó en un pozo durante una gran reunión, un gran festival; había mucho ruido y la gente disfrutaba, cantaba, y todo tipo de cosas estaban ocurriendo; así que nadie lo escuchó caer. En esa época, en China los pozos no estaban protegidos por un murete alrededor, sólo estaban abiertos. Se podía dar un paso dentro de un pozo en la oscuridad sin darse cuenta de que estaba ahí.

El hombre comenzó a gritar: "¡Rescátenme!"

Un monje budista pasó por ahí. Desde luego el monje no está interesado en el festival, o se supone; no sé qué estaba haciendo ahí. Incluso estar ahí significa cierta urgencia inconsciente de ver lo que está ocurriendo, ver cómo se divierte la gente: "Todas estas personas irán al infierno, pensó, y soy el único aquí que va al cielo."

Él pasaba por el pozo y escuchó al hombre. Miró hacia abajo y el hombre dijo: "Qué bueno que me oíste. Todo mundo está tan ocupado y hay tanto ruido que temí morir."

El monje budista respondió: "Tú aún estás por morir, porque lo que te ocurre se debe a un mal acto de tu vida pasada. Ahora estás recibiendo el castigo, de modo que acéptalo. Esto es bueno; en tu próxima vida comenzarás limpio y no habrá necesidad de caer de nuevo dentro del pozo."

El hombre dijo: "No quiero ninguna sabiduría y ninguna filosofía en este momento..." Pero el monje se había ido.

Después un viejo taoísta llegó ahí. Estaba sediento y vio dentro del pozo. El hombre aún gritaba por ayuda. El taoísta dijo: "Esto no es varonil. Uno debe aceptar todo como viene. Es lo que dijo el gran Lao Tsé. Así que acéptalo y disfruta. Estás llorando como una mujer. ¡Sé hombre!"

El hombre dijo: "Estoy dispuesto a que me llamen mujer, pero primero sálvame por favor. No soy varonil y tú puedes decirme lo que quieras más tarde, pero primero sácame."

Pero el taoísta replicó: "Nosotros no interferimos en los asuntos de nadie. Creemos en el individuo y su libertad. Fuiste libre al caer en el pozo y eres libre al morir en él. Sólo puedo hacerte una sugerencia: puedes morir gritando, llorando —lo cual es tonto— o hacerlo como un hombre sabio. Acéptalo, disfrútalo, canta una canción y sigue adelante. De cualquiera manera todos moriremos, ¿que caso tiene salvarte? Yo voy a morir, todos morirán —quizá mañana o al día siguiente—, así que, ¿para qué molestarme en salvarte?" Y siguió su camino.

Un confuciano llegó y el hombre vio una esperanza, porque los confucianos son más mundanos, más ligados a la Tierra. Dijo: "Tengo mucha suerte de que tú hayas llegado, un discípulo de Confucio. Te conozco. He escuchado tu nombre. Haz algo por mí." Considerando la respuesta del budista y del taoísta, el hombre pensó: "Es mejor hablar con filosofía si tengo que convencer a estas personas para que me salven." Y añadió: "Confucio dijo: 'Ayuda a los demás.'"

El monje respondió: "Estás en lo cierto. Ayudaré a los demás. Iré de una ciudad a otra, protestaré y obligaré al gobierno a poner un muro protector alrededor de cada pozo en el país. No temas."

El hombre dijo: "Pero para cuando se construyan esos muros protectores y tu revolución triunfe ya me habré ido."

El confuciano dijo: "No te preocupes, yo no me preocupo, los individuos no se preocupan: la sociedad se preocupa. Tú has planteado un asunto muy importante al caer en el pozo. Nosotros vamos a luchar por eso. Tú mantente tranquilo. Nos ocuparemos de que cada pozo tenga un muro protector a su alrededor de modo que nadie caiga en él. Pero, salvándote a ti, ¿qué se salva? En todo el país hay millones de pozos y millones de personas pueden caer en ellos. Así que no estés tan preocupado por ti, supera esa actitud egoísta. Yo voy a ser útil a la humanidad. Tú ya has hecho un gran servicio cayendo en el pozo. Yo seré útil obligando al gobierno a construir muros protectores." Y siguió caminando.

Pero el confuciano había planteado un asunto importante: "Estás actuando de manera egoísta. Tú sólo quieres ser rescatado y desperdiciar mi tiempo, que puedo utilizar por el bien de toda la humanidad."

¿Tú sabes que algo como "la humanidad" exista en alguna parte, o algo como "la sociedad"? No, estas son sólo palabras. Sólo existe el individuo.

El cuarto hombre era un misionero cristiano, que portaba una bolsa. De inmediato la abrió, sacó una cuerda y, antes de que el hombre dijera algo, la arrojó dentro del pozo. El hombre estaba sorprendido. Dijo: "Tu religión parece ser la verdadera."

El misionero dijo: "Por supuesto. Estamos preparados para cualquier urgencia. Sabiendo que la gente puede caer en los pozos, yo traigo esta cuerda para salvarlos, porque salvándolos me puedo salvar yo. Pero estoy preocupado: he escuchado lo que los confucianos estaban diciendo y no deberían hacer muros protectores alrededor de los pozos; de otro modo, ¿cómo serviremos a la humanidad? ¿Cómo rescataremos a la gente que caiga? Deben caer y sólo entonces podremos rescatarlos. Existimos para servir, pero la oportunidad debe estar ahí. Sin la oportunidad, ¿cómo podemos servir?".

Todas estas religiones que hablan de "servicio" están definitivamente interesadas en que la humanidad siga siendo pobre y requiera de ellos; que haya huérfanos, viudas, ancianos de quienes nadie se ocupe y mendigos; personas muy necesitadas. De otra manera, ¿qué sucedería con esos grandes servidores de la gente? ¿Qué sucedería con esas religiones y sus enseñanzas, y cómo ganaría la gente el derecho de entrar al reino de Dios? Las personas pobres que sufren deben utilizarse como escalera. ¿Los puedes llamar desinteresados? Él está salvando a este hombre, no por el bien del hombre, sino por su propio bien. En el fondo es egoísmo, pero recubierto de hermosas palabras: generosidad y servicio.

Pero, ¿por qué hay necesidad de servicio?, ¿por qué debe haber alguna necesidad? ¿No podemos destruir esta necesidad de servicio? Podemos, pero las religiones estarían muy enojadas. Todo su terreno se perdería si no hubiera nadie pobre, hambriento, sufriendo, enfermo. Ellos son su negocio.

La ciencia puede hacerlo posible. Está totalmente en nuestras manos. Habría sucedido hace mucho, si esas religiones no hubieran tratado de detener a cada persona que trata de contribuir al conocimiento para destruir todas las oportunidades de servir. Pero esas religiones han estado en contra de todo el progreso científico: necesitan que los problemas perduren. Su necesidad es completamente egoísta y tiene un propósito. Hay una meta que alcanzar.

Servicio es una palabra sucia, una palabrota. Nunca la uses. Claro, puedes compartir, pero nunca humilles a la gente "sirviéndola". Es una forma de humillación. Cuando eres útil a alguien y te sientes bien, has convertido al otro en un gusano, en un subhumano. Eres tan superior que has sacrificado tus propios intereses y estás "sirviendo a los pobres"; en realidad sólo los humillas.

Si tienes algo, algo que te da alegría, paz y éxtasis, compártelo. Y recuerda que cuando compartes no hay motivo. No digo que compartiéndolo alcanzarás el cielo. No te estoy dando ninguna meta. Sólo afirmo que al compartirlo te sentirás tremendamente satisfecho. En el mero acto de compartir está la satisfacción, no hay una meta más allá. No persigue una finalidad, es un fin en sí mismo. Te sentirás comprometido con la persona dispuesta a compartir contigo: no la has "servido".

Sólo la gente que cree en compartir en vez de servir puede destruir las desagradables oportunidades de servicio que hay en la Tierra. Todas las religiones han estado explotando esas oportunidades, pero les dan buenos nombres: se han hecho muy hábiles, a lo largo de miles de años, para dar buenos nombres a cosas desagradables. Y cuando comienzas a darle un hermoso nombre a algo feo, hay la posibilidad de que olvides que es sólo un ropaje. Dentro, la realidad es la misma exactamente.

Todas estas dificultades pueden resolverse. No hay necesidad de sirvientes públicos, misioneros, ni gente de su clase. Necesitamos más inteligencia ocupada en cada problema y en cómo solucionarlo. Enseño egoísmo. Quiero que seas, primero, tu propio florecimiento. Claro, parece egoísmo; no tengo objeción a esa apariencia; para mí está bien. Pero, ¿la rosa es egoísta cuando florece?, ¿el loto es egoísta cuando florece?, ¿el sol es egoísta cuando brilla? ¿Por qué deberíamos estar preocupados por el egoísmo?

Tú naciste. El nacimiento es sólo una oportunidad, es el principio y no el fin. Debes florecer. No la desperdicies en ningún tipo de servicio estúpido. Tu primera y principal responsabilidad es florecer, hacerte totalmente consciente, despierto, alerta; esa conciencia te hará capaz de ver lo que puedes compartir y cómo puedes resolver problemas.

Noventa y nueve por ciento de los problemas del mundo pueden resolverse. Quizá uno por ciento no pueda ser resuelto. Tú puedes compartir con la gente lo que quieras compartir; pero primero debes tener algo para compartir.

? Estoy comenzando a ver cuán grande es la ambición en mi vida y la miseria que trae consigo. ¿Podrías arrojar más luz sobre qué es la ambición, de dónde proviene, y quizá darme más herramientas para ayudarme?

Si entiendes la naturaleza de la ambición será suficiente. No necesitas hacer otra cosa para deshacerte de ella; el mero entendimiento aclarará la confusión.

Estás lleno si te sintonizas con el universo; de lo contrario estarás completamente vacío. Y de esa vacuidad proviene tu ambición: la ambición busca satisfacerse, con dinero, casas, muebles, amigos, amantes, porque no se puede vivir en la vacuidad. Esta situación es horrible, es una vida fantasmal. Si estás vacío y no hay nada dentro de ti, es imposible vivir.

Para sentir que tienes mucho dentro de ti, sólo hay dos caminos. Puedes estar en sintonía con el universo: así estás lleno de la totalidad, con todas las flores y las estrellas. Están dentro y fuera de ti. Es una satisfacción verdadera. Pero si no haces eso —y millones de personas no lo hacen— entonces lo más fácil es llenarlo con basura.

Suelo pasar tiempo con un hombre. Es rico y tiene una casa hermosa. Por alguna razón se ha interesado en mis ideas. Escuchó algunas de mis conferencias y me invitó, diciendo: "¿Por qué vivir lejos, fuera de la ciudad? Tengo una hermosa casa en la ciudad y es muy grande; puedes tener la mitad. No te cobraré renta; sólo quiero tu presencia en mi casa."

Estaba viviendo fuera de la ciudad en las montañas, pero era difícil viajar de ahí a la universidad, y su casa estaba muy cerca de la universidad. Tenía un hermoso jardín y el mejor vecindario de la ciudad, así que acepté su invitación. Pero cuando entré en la casa no lo podía creer: tenía tanta tontería coleccionada que no había lugar para vivir. La casa era grande, pero su colección era aún más grande. ¡Y absolutamente estúpida! Todo lo que podía encontrar en un mercado lo compraba. Le pregunté: "¿Qué vas a hacer con todas estas cosas?"

El dijo: "Uno nunca sabe, algún día puedo necesitarlas."

"Pero —dije—, ¿dónde se supone que viva en esta casa?" Había muebles de todas las épocas, vendidos por los europeos que seguramente abandonaron India. Este hombre nunca se satisfacía; se las arreglaba para tener, para adquirir todo; cosas que no necesitaba. En la cochera había un automóvil viejo, descompuesto. Le pregunté: "¿Por qué no te deshaces de él? Al menos para limpiar el lugar."

Me dijo: "Se ve bien en mi cochera." Los neumáticos estaban desinflados, inservibles. Si necesitaba moverlo tenía que empujarlo. Sólo estaba ahí pudriéndose. Él argumentó: "Lo conseguí a un precio muy razonable. Pertenecía a una anciana que solía trabajar de enfermera aquí, y ahora ha vuelto a Inglaterra."

Le respondí: "Si estabas interesado en adquirir un auto, ¡al menos debiste comprar uno que funcionara!"

Él contestó: "No estoy interesado en conducir un auto, mi bicicleta es perfectamente adecuada." También ésta era una maravilla. Sabía que se acercaba desde un kilómetro antes porque hacía mucho ruido. No tenía protección para lodo ni cadena; debe haber sido la bicicleta más vieja que se hubiera hecho. No tenía bocina. Él me comentó: "No hay necesidad de bocina. Hace tanto ruido que al menos un kilómetro adelante la gente sale del camino. Y eso es bueno, no pueden robarla porque nadie más puede montarla. La han robado ya dos veces y el ladrón fue atrapado inmediatamente: hace tanto ruido que todo mundo sabe que es mi bicicleta. Puedo dejarla donde sea. Voy a ver una película y no la coloco en el sitio para bicicletas, porque ahí hay que pagar. La pongo donde sea y siempre está ahí cuando regreso. Todo mundo sabe que causa muchas molestias, así que es mejor no meterse con ella. "Es un raro espécimen."

Tenía todo tipo de cosas en su casa como radios descompuestos, sólo porque los obtuvo baratos. Era jainista y tenía una estatua rota de Jesús en la cruz. Le pregunté: "¿Para qué la compraste?"

Me dijo: "La mujer me la dio gratis cuando compré el auto, como regalo. Yo no creo en Jesucristo, pero no podía rechazar una obra de arte."

Le dije: "Si viviré en esta casa, mi parte debe estar vacía." Y él fue muy feliz de llevarse todo. La casa ya estaba tan llena que no podías caminar, pero él tomó todo y lo llevó a su lado. Tenía tantos muebles que los apiló sobre el sofá, el cual ya no podía utilizarse.

Cuando le pregunté por qué lo hizo, respondió "Tú no entiendes. ¡Conseguí estas cosas a muy buen precio! Y algún día me casaré y tendré hijos y ellos pueden necesitar estas cosas. No te preocupes, todo será usado a su tiempo."

Incluso en un paseo, si encontraba algo de lo que alguien se estuviera deshaciendo, lo tomaba. Un día caminaba conmigo del jardín a la casa, encontró un manubrio de bicicleta y lo cogió. Le pregunté: "¿Qué harás con un manubrio de bicicleta?" Me dijo: "Te lo mostraré." Fui con él. En su baño tenía casi una bicicleta completa, sólo le faltaban algunas cosas. Me contó que todas la piezas las había recogido del camino: "Sigo reuniéndolas y poniéndolas juntas. Ahora ya sólo faltan algunas. No hay cadena, no hay asiento, pero los conseguiré. Alguien se deshará de ellos algún día. Tengo una larga vida por delante. ¿Además, ¿qué mal puede hacer? Se ve perfectamente bien en el baño."

La avaricia sencillamente significa que sientes una honda vacuidad y quieres llenarla con cualquier cosa, no importa qué. Cuando lo entiendes, no hay necesidad de hacer nada con ella. Pero sí debes hacer algo para entrar en comunión con la totalidad, de modo que la vacuidad desaparezca. Cuando haces esto, toda avaricia desaparece.

Esto no significa que debas comenzar a vivir desnudo; simplemente quiero decir que no vives para coleccionar cosas. Cuando requieras algo, lo puedes tener. Pero hay gente loca en todo el mundo que acumula cosas. En este momento, alguien está coleccionando dinero, aunque nunca lo use. Es extraño: una cosa debe usarse; de lo contrario no es necesaria. Pero esta situación puede tomar otra dirección. La gente se sobrealimenta; no siente hambre y sigue comiendo. Saben que eso les provocará sufrimiento, que enfermarán y engordarán, pero no se cuidan a sí mismos. Esta alimentación también es un proceso de llenamiento. Así que puede haber varias formas de intentar llenar la vacuidad, aunque esto nunca se logra: continúa el vacío y tú seguirás desdichado porque nunca tendrás suficiente. Se necesita más y ese "más" y la necesidad de más, son interminables.

No veo la avaricia como deseo; es una enfermedad existencial: no estás en sintonía con la totalidad. Y sólo esa sintonía puede hacerte saludable e incluso santo. Es interesante que las palabras *salud* y *santo* vienen de la misma raíz: "totalidad". Cuando te sientes uno con la totalidad, toda avidez desaparece. Por otra parte, ¿qué han hecho las religiones? Entendieron mal la avaricia como deseo, de modo que tratan de reprimirla: "No seas avaro". Entonces uno va al otro extremo, a la renuncia. Uno recolecta —la persona ambiciosa— y quien quiere deshacerse de la ambición comienza renunciando. Pero en eso tampoco hay fin.

El maestro jainista Mahavira nunca pudo reconocer a Gautama Buda como iluminado, porque llevaba tres mudas de ropa; sólo tres totalmente necesarias. Una que usas, otra que debe lavarse y una para cualquier urgencia: algún día la ropa puede no regresar de donde se lava, no está seca o ha llovido todo el día. Así que tres mudas parece lo mínimo: una emergencia y se necesitará la tercera.

Mahavira estaba totalmente en contra de la avaricia y lo había llevado al extremo: vivía desnudo. Buda llevaba una escudilla para mendigar. Mahavira no podía aceptarlo por que incluso una escudilla es posesión y un iluminado, de acuerdo con Mahavira, no debería poseer nada. Era una escudilla hecha de coco. Cortas el coco por la mitad, sacas la pulpa y entonces tienes dos escudillas. Es lo más barato posible, porque de otra manera las cáscaras se tiran, no pueden comerse. Tener una escudilla como ésta y llamarla "posesión", no es correcto.

Pero cuando ves la ambición como un deseo y te obstinas en combatirla, entonces todo es posesión. Mahavira vivió desnudo y en vez de una escudilla hacía un cuenco con las manos. Esto es algo difícil: sus dos manos están llenas de comida y él debe comer como los animales porque no puede usar sus manos: necesita utilizar su boca directamente para tomar el alimento del cuenco de sus manos.

Todo mundo come sentado, pero Mahavira cree que cuando lo haces sentado comes más. Así que enseñó a sus monjes que deberían comer de pie con el alimento en sus manos. Y lo que pueda caber en ellas es una ración. Debes comer de pie y todo junto, dulce y salado, todo mezclado. Fue la idea de Mahavira para que el alimento fuera insípido, porque disfrutar el sabor es disfrutar el cuerpo, el mundo material.

Para mí, la ambición no es en lo absoluto un deseo. Por ello, nada puedes hacer respecto a ella. Debes entender la vacuidad que estás tratando de llenar y hacerte la pregunta: "¿Por qué estoy vacío? Toda la existencia está tan llena, ¿por qué yo estoy vacío? Tal vez he perdido la pista. Ya no voy en la misma dirección. Ya no soy más existencial. Esa es la causa de mi vacuidad."

Así que sé existencial.

Vamos, muévete más cerca de la existencia en silencio y paz, en la meditación. Alguna vez podrás ver que estás lleno —sobrelleno, desbordante— de alegría, dicha y bendición. Tienes tanto de eso que puedes darlo al mundo entero y aun así no se acabará. Ese día, por primera vez, no sentirás ambición alguna de dinero, comida ni de nada. No vivirás esa constante codicia que no puede ser satisfecha, debilitada o curada. Vivirás naturalmente y encontrarás lo necesario para vivir.

CREENCIA CONTRA EXPERIENCIA:
entender la diferencia entre conocimiento y comprensión

La verdadera religión sólo puede ser una, como la ciencia. No hay una física musulmana, otra hindú y una cristiana; no tendría sentido. Pero esta división es la que han hecho las religiones: toda la Tierra es una casa de locos.

Si la ciencia física es una, ¿por qué la ciencia del interior no es una? La ciencia explora el mundo objetivo y la religión el subjetivo. Su trabajo es el mismo, sólo cambia su dirección y dimensiones. En una época más iluminada no habrá algo como la religión, sólo dos ciencias: la objetiva y la subjetiva. La primera se relaciona con el mundo físico, la segunda con el ser.

Estoy contra las religiones pero no contra la religiosidad. Pero ésta aún permanece en sus dolores de parto. Todas las viejas religiones usarán su poder para matarla, destruirla, porque el nacimiento de una ciencia del estado consciente será la muerte de todas esas religiones que han explotado a la humanidad durante miles de años. ¿Qué sucederá con sus iglesias, sinagogas, templos? ¿Qué sucederá con su clero, papas, imanes, shankaracharyas, rabinos? Es un gran negocio y estas personas no permitirán tan fácilmente que la verdadera religión nazca.

Pero ha llegado el tiempo en que el control de las viejas religiones se está debilitando. Más y más gente guarda respeto sólo de manera formal al cristianismo, al judaísmo, al hinduismo y al islamismo; pero nadie que tenga inteligencia se interesa ya en sus disparates. La gente va a sinagogas, iglesias y mezquitas por diversas razones, pero no religiosas, sino sociales. Reditúa ser visto en la sinagoga; da respetabilidad y no hace daño. Es como pertenecer al Club Rotario o al Club de Leones. Estas religiones son viejos clubes con argot religioso a su alrededor; pero si miras un poco más a fondo, encontrarás que todo es abracadabra sin sustancia.

Estoy por una religión que no será copia de ninguna otra, sino rebelión contra las viejas religiones. No llevará la antigua labor adelante; detendrá su trabajo completamente y comenzará una nueva: la verdadera transformación de los seres humanos.

El error fundamental de todas las religiones es que ninguna tuvo el coraje suficiente para aceptar que hay cosas que no conocemos. Suponían conocer todo, ser omniscientes. ¿Por qué ocurrió esto? Porque si aceptas que ignoras algo, aparece la duda en tus seguidores. Si eres ignorante respecto de algo, ¿quién sabe?, pudieras ignorar otras cosas también. ¿Qué garantía hay? Para hacer al hombre manejable, deben fingir que son omniscientes.

Lo más hermoso respecto a la ciencia es que no pretende ser omnisciente. Acepta sus límites humanos. Sabe cuánto conoce, pero asimismo, que hay mucho más por conocer. Y los grandes científicos saben algo aún más profundo: las bondades del conocimiento; lo que es posible saber, ellos lo dominarán tarde o temprano, están en camino. Pero los más grandes científicos, como Albert Einstein, estarán conscientes de la tercera categoría, lo incognoscible, lo que nunca será conocido; y nada puede hacerse al respecto, porque el misterio último no puede reducirse a conocimiento.

Somos parte de la existencia, ¿cómo desentrañar su misterio final? Hemos llegado tarde, nadie estuvo presente en el principio como testigo ocular. Y no podemos separarnos del todo de la existencia y convertirnos sólo en observadores. Vivimos, respiramos, somos con la existencia; no podemos separarnos de ella. En el momento de separarnos, morimos. Y sin estar separado, como un observador sin compromiso ni atadura, no puedes conocer el misterio final: es imposible. Algo permanecerá siempre incognoscible. Sí, se le puede sentir, pero no conocer. Quizá pueda experimentarse de distintas formas, pero no conocerse.

Puedes enamorarte, ¿pero puedes decir que conoces el amor? Parecen dos fenómenos totalmente diferentes. Lo sientes. Si tratas de conocerlo quizá se evapore en tus manos. No puedes reducirlo a conocimiento. No puedes hacerlo objeto de conocimiento porque no es un fenómeno mental. Es algo que tiene que ver con tu corazón. Claro, tus latidos lo saben, pero es un tipo muy distinto de comprensión; el intelecto es incapaz de entender esos latidos.

Y hay algo más que corazón en ti: tu ser, fuente de tu vida. Así como conoces por medio de la mente, la parte más superficial de tu individualidad, sabes algo por medio de tu corazón, más profundo que tu mente. La mente no puede entrar en él, es demasiado profundo para que lo comprenda. Pero detrás de tu corazón, aún más adentro, está tu ser, la verdadera fuente de vida. Y esa fuente también tiene una forma de conocer.

Cuando la mente conoce, decimos que es conocimiento.

Cuando el corazón conoce, lo llamamos amor.

Y cuando el ser conoce, hablamos de meditación.

Pero los tres utilizan lenguajes distintos, intraducibles a otro. Y mientras más hondo vas, más difícil es traducir, porque en el centro auténtico de tu ser sólo hay silencio. ¿Y cómo traducir el silencio en sonido? Si lo intentas, lo destruyes. Incluso la música, que se acerca, no puede hacerlo porque es sonido.

La poesía no llega tan cerca como la música, porque las palabras, si bien hermosas, aún son palabras. No tienen vida en sí mismas, están muertas. ¿Cómo puedes traducir la vida en algo muerto? Sí, quizá entre las palabras pudieras tener algún destello, pero es *entre* palabras, entre líneas, no *en* las palabras, en las líneas.

El error fundamental de todas las religiones es que han engañado a la humanidad fingiendo descaradamente que saben todo.

Pero cada día han sido expuestas y, asimismo, su carencia de conocimiento; por tanto, han estado luchando contra todo progreso del conocimiento. Cuando Galileo descubrió que la Tierra se mueve alrededor del sol, el papa se alteró. Él es infalible, representante de Jesús, pero infalible. ¿Qué decir sobre Jesús, el unigénito de Dios y sobre Dios mismo? Pero en la Biblia —libro que llegó del cielo, escrito por Dios— el Sol da vueltas alrededor de la Tierra. Así pues, Galileo generó un problema. Si Galileo tenía razón, Dios estaba equivocado. El unigénito estaba equivocado. Y los representantes del hijo único en estos dos mil años, todos los papas infalibles, estarían, a su vez, equivocados. Sólo un hombre, Galileo, destruyó esa idea, expuso toda la hipocresía. Tuvieron que cerrarle la boca. Estaba viejo, agonizante en su lecho de muerte, pero fue obligado y casi arrastrado hasta el tribunal del papa para disculparse. Le exigieron: "Cambia tu libro, porque el libro santo no puede estar equivocado. Sólo eres un ser humano; puedes estar equivocado pero Jesucristo no; Dios mismo no pudo equivocarse, cientos de papas infalibles no pueden estar equivocados. Estás frente a Dios, su hijo y sus representantes. ¡Simplemente tienes que cambiarlo!"

Galileo debió tener un inmenso sentido del humor, lo que yo considero una de las grandes cualidades de un hombre religioso. Sólo los idiotas son serios; están obligados a ser serios. Para ser capaz de reír necesitas un poco de inteligencia.

Galileo también debió ser inteligente. Fue de los grandes científicos del mundo, pero también debe considerarse una de las personas más religiosas. Dijo:

"Por supuesto Dios no puede estar equivocado, Jesús no puede estar equivocado, todos los papas infalibles no pueden estar equivocados, pero el pobre de Galileo siempre puede estar equivocado. No hay problema al respecto: cambiaré mi libro. Pero deben recordar algo: la Tierra sigue girando alrededor del Sol. Sobre eso no puedo hacer nada; no acata mis órdenes. Cambiaré lo que quieran en mi libro, pero en una nota al pie escribiré lo siguiente: 'La Tierra no acata mis órdenes, aún sigue girando alrededor del Sol.'"

Las religiones del mundo está obligadas a fingir que conocen todo lo existente, exactamente como es; no podría ser de otra forma.

Los jainistas dicen que su profeta, su mesías, es omnisciente. Lo sabe todo, pasado, presente y futuro, así que lo que diga es verdad absoluta. Buda ha bromeado sobre Mahavira, el mesías jainista. Ellos fueron contemporáneos hace veinticinco siglos. Mahavira envejecía pero Buda era joven, capaz de bromear y reír. Él era joven y vivaz; aún no se establecía. Una vez convertido a una religión establecida, tienes intereses creados. El budismo estaba comenzando con Buda. Podía permitirse bromear y reír, así que se burlaba de Mahavira y de su omnipotencia, omnisciencia y omnipresencia. Dijo: "He visto a Mahavira frente a una casa mendigando —ya que Mahavira vivía desnudo y solía mendigar su comida—, lo he visto frente a una casa vacía. No había nadie ahí y, sin embargo, insisten los jainistas en que este hombre conoce no sólo el presente sino el pasado y el futuro." Buda continúa: "Vi a Mahavira caminando delante de mí y pisó la cola de un perro. Era muy temprano en la mañana y no había luz aún. Sólo cuando el perro brincó, aullando, Mahavira se dio cuenta de que había pisado su cola. Este hombre es omnisciente, ¿y no sabe que un perro está durmiendo en su camino y pisará su cola?"

Pero lo mismo ocurrió con Buda cuando se estableció. Trescientos años después de su muerte, cuando sus frases y sentencias se recolectaron y divulgaron por primera vez, los discípulos dejaron totalmente claro que "todo lo escrito aquí es totalmente cierto, y lo seguirá siendo para siempre".

El error básico de todas las religiones es no tener valor suficiente para admitir que su conocimiento tiene límites. No han sido capaces de decir en algún momento: "No sabemos." Siempre arrogantes, continúan diciendo que saben, y creando nuevas ficciones de conocimiento.

En esto la religión verdadera será fundamentalmente diferente.

Sí, en algún momento hubo individuos que tuvieron la calidad de la religión verdadera; por ejemplo Bodhidharma, uno de los seres humanos más amables, quien viajó a China hace catorce siglos. Permaneció nueve años ahí y reunió seguidores. Pero no fue un hombre que participara de la estupidez de las llamadas religiones. Formalmente fue monje budista, China ya se había convertido al budismo. Miles de monjes habían llegado a China antes de Bodhidharma, y cuando escucharon que venía en camino se regocijaron, porque era casi igual a Buda. Su nombre lo había precedido antes de llegar. Incluso el rey, el gran emperador Wu, fue a recibirlo en la frontera entre China e India.

Wu fue responsable de convertir a China al budismo, del paso de Confucio a Gautama Buda. Puso todas sus fuerzas y todos sus tesoros en manos de los monjes budistas. Fue un gran emperador. Cuando encontró a Bodhidharma le dijo: "He estado esperando para verte. Soy viejo y soy afortunado de que hayas venido; todos estos años hemos estado esperando. Deseo hacerte unas cuantas preguntas."

Le dijo: "He dedicado todos mis tesoros, mis ejércitos, mi burocracia —todo lo que tengo— a convertir esta vasta tierra al budismo, y he construido miles de templos a Buda". En uno de ellos había diez mil estatuas de Buda; se excavó una montaña entera para crear ese templo. Y preguntó: "¿Cuál será mi recompensa en el otro mundo?"

Esto es lo que los monjes le habían dicho: "Has hecho tanto en servicio de Gautama Buda que quizá cuando llegues al otro mundo, él mismo te dará la bienvenida. Has acumulado tanta virtud que ya es tuya una eternidad de placeres."

Bodhidharma dijo:

"Todo lo que has hecho no tiene sentido alguno. No has emprendido el camino, ni siquiera dado el primer paso. Caerás en el séptimo infierno, de verdad te lo digo."

El emperador Wu no podía creerlo: "He hecho tanto, ¡y me dices que caeré en el séptimo infierno!"

Bodhidharma sonrió y dijo: "Nada en absoluto de lo que hiciste está libre de codicia, y lo hecho por codicia no puede hacerte religioso. Has renunciado a muchas riquezas, pero no fue incondicionalmente. Estás negociando; es una transacción de negocios. Estás haciendo una adquisición en el otro mundo. Pones el balance económico de este mundo dentro del otro, transfiriéndolo. Eres astuto, porque este mundo es momentáneo —mañana puedes morir— y estos monjes te han dicho que el otro mundo es eterno. Y, ¿qué has hecho? Cediste tesoros momentáneos para ganar tesoros eternos: ¡realmente es un buen trato! ¿A quién tratas de engañar?"

Cuando Bodhidharma habló de esta manera, frente a los monjes, generales y reyezuelos que habían acompañado a Wu y a toda su corte, éste se enojó. Nadie antes le había hablado así. Le dijo a Bodhidharma: "¿Es la forma de hablar de un religioso?"

Bodhidharma dijo: "Sí, es la única manera en que una persona religiosa puede hablar; todas las demás son de gente que quiere timarte. Estos monjes te han estafado haciéndote promesas. No sabes nada de lo que sucede después de la muerte, ni ellos, pero fingen saberlo."

Wu preguntó: "¿Quién eres tú que hablas con tal autoridad?"

¿Sabes qué respondió Bodhidharma? Dijo: "No lo sé. Es un asunto que ignoro. He estado dentro de mí, he ido al centro mismo de mi ser y he salido tan ignorante como antes. No sé." A esto le llamo valor.

Ninguna religión ha tenido el valor de decir: "Sabemos mucho, pero también es mucho lo que ignoramos; quizá en el futuro podamos saberlo. Y más allá de eso, hay un espacio que permanecerá ignorado para siempre."

Si estas religiones hubieran tenido esa humildad, el mundo sería muy diferente. La humanidad no estaría en un caos como éste, ni habría tanta angustia. Alrededor del mundo todos están llenos de angustia. Qué podemos decir del infierno: lo estamos viviendo. ¿Puede haber más sufrimiento en el infierno? Y los responsables de ello son las personas religiosas. Ellas fingiendo aún, juegan el mismo juego. Después de trescientos años de ciencia demoliendo su territorio, destruyendo lo que llaman conocimiento, trayendo a la vista nuevos hechos y realidades, el papa aún es infalible y el shankaracharya hindú aún es infalible.

Una verdadera religión tendrá la humildad de admitir que sólo algunas cosas son conocidas y que muchas más son desconocidas, que algunas permanecerán siempre ignoradas: son el objetivo de toda búsqueda espiritual. Y a éste no puedes hacerlo objeto de conocimiento, pero puedes experimentarlo, beber de él, probarlo: es lo esencial.

El científico continúa separado del objeto que estudia. Permanece fuera del objeto, por ello el conocimiento es posible: el conocedor es diferente de lo conocido. Pero la persona religiosa se mueve dentro de su subjetividad, donde conocedor y conocido son uno. Cuando el conocedor y lo conocido son uno no hay posibilidad de conocimiento. Sí, puedes bailarlo, pero no decirlo. Pudiera estar en el sendero donde caminas, en tus ojos o en la manera de ver; pudiera estar en tu tacto, en la manera de tocar; pero no puedes ponerlo en palabras: son impotentes en lo que respecta a la religión. Y todas las religiones están llenas de palabras. ¡Para mí todas son estupideces! Es su error fundamental.

Esto me lleva a un segundo punto, que todas esas religiones han estado en contra de la duda, realmente temerosas de la duda. Sólo un intelecto impotente teme dudar; de otro modo la incertidumbre es un desafío, una oportunidad de investigar.

Han matado la duda e inculcado en la mente de todos la idea de que si dudas irás al infierno y sufrirás por toda la eternidad: "Nunca dudes." Creer es el quid, fe total, ni siquiera parcial, total. ¿Qué se pide con esto a los seres humanos? Algo totalmente inhumano. Alguien inteligente, ¿puede creer totalmente? Incluso si lo intenta la duda subsiste; de otra manera, ¿contra qué lucha? ¿Contra qué duda intenta creer totalmente?

La incertidumbre no se destruye con la creencia, sino mediante la experiencia.

Las religiones dicen: cree. Yo digo: explora. Ellas: no dudes; yo: duda hasta el final, hasta que conozcas, sientas y tengas la experiencia. Así pues, la duda no debe reprimirse; se evapora por sí misma. Y no hay necesidad de que creas. No crees en el sol ni en la luna, ¿por qué crees en Dios? No necesitas creer en los hechos comunes porque están ahí. La rosa que viste en la mañana, en la tarde se ha ido. Lo sabes, no hay motivo de duda. Esta "creencia" en una flor es sencilla, no va contra la duda. Así que para no confundir una creencia sencilla con otra compleja, tengo una palabra: confianza. Tú confías en la flor del rosal. Florece, emite su aroma y se va. Por la tarde no la encontrarás; los pétalos han caído, el viento se los llevó. Y sabes que de nuevo habrá rosas y aroma.

No necesitas creer. Sencillamente sabes por la experiencia, porque ayer también hubo rosas y desaparecieron. Hoy de nuevo aparecieron, mañana la naturaleza seguirá su curso.

¿Por qué creer en Dios? ¿Hoy o ayer tuviste alguna experiencia de Dios, pero tienes certeza respecto a mañana? ¿Dónde puedes obtener seguridad para mañana?, porque el ayer está vacío como el hoy, y el mañana sólo es una esperanza. Pero es lo que todas las religiones han enseñado: destruye tu duda, cree.

En el momento de destruir la duda aniquilas algo de enorme valor, por que la duda te ayudará a investigar y encontrar. Al desarraigar la incertidumbre cortas la raíz misma de la investigación: ya no investigarás. Por eso rara vez, sólo de vez en cuando, una persona en el mundo tiene la sensación de lo eterno, lo respira y encuentra su pulso; es algo excepcional. ¿Y quién es responsable? Rabinos, papas, shankaracharyas y chamanes, por haber cortado la raíz misma de la investigación.

En Japón cultivaron un árbol raro. Los hay de trescientos o cuatrocientos años y cinco pulgadas de alto. ¡Cuatrocientos años de edad! Si lo ves es vetusto pero como árbol pigmeo, de sólo cinco pulgadas de alto. Los japoneses piensan que es un arte. Lo que han hecho es seguir cortando las raíces. La olla de barro que lo contiene no tiene fondo, de modo que de vez en cuando levantan la olla y cortan las raíces. Así el árbol no puede crecer. Envejece pero no se desarrolla. Se pone cada vez más viejo, pero lo has destruido. Pudo haberse convertido en un gran árbol, porque la mayoría de estos son árboles de bo.

Japón es un país budista y Gautama Buda se volvió iluminado bajo un árbol de bo. También se llama bo en español, porque bajo uno de ellos Gautama Sidharta se convirtió en Buda, logrando *bodhi,* la iluminación. El nombre completo es "árbol de bodhi", pero se le llama árbol de bo. Así que en Japón la mayoría son árboles de bo. Pues bien, ningún Buda puede sentarse bajo esos diminutos árboles de bo. ¡Tú has impedido a quien sabe cuántos volverse budas al cortar esos árboles!

Pero lo que esas personas hacen en Japón muestra algo importante: lo que las religiones han hecho con el hombre. Han estado cortando tus raíces para que no crezcas y sólo envejezcas. Y la primera raíz que cortan es la duda; así, tu afán de saber se detiene.

La segunda raíz que cortan condena tu naturaleza, te vuelve contra ella. Obviamente cuando tu naturaleza es condenada, ¿cómo puedes ayudarle a crecer, fluir y tomar su propio curso como un río? No, las religiones no te permiten ser como un río, moviéndote en zigzag. Todas te han convertido en un tren corriendo sobre rieles, yendo de una estación a otra; la mayoría sólo cambian de vía, no van a ningún lado sin los rieles. A esto llaman disciplina, control, autocontrol.

Las religiones han hecho tanto daño que casi es incalculable: su olla de pecados está llena, desbordante. Sólo necesita ser arrojada al Pacífico, a miles kilómetros de profundidad, tan hondo que nadie la encuentre y recomience el mismo proceso idiota. Las pocas personas inteligentes en el mundo deberían deshacerse de todo lo que esas religiones les han hecho sin su conocimiento; limpiarse de judaísmo, hinduismo, cristianismo, jainismo, budismo; limpiarse por completo; es suficiente con ser humanos.

Acéptate a ti mismo. Respétate a ti mismo. Permite que tu naturaleza tome su propio curso. No obligues ni reprimas. Duda, por que la duda no es pecado, es señal de tu inteligencia. Duda y continúa preguntando hasta que encuentres.

Puedo decirte una cosa: quien indaga, encuentra. Es totalmente cierto. Nadie termina con las manos vacías tras investigar con afán. El mayor daño que las llamadas religiones han hecho a la humanidad, es impedir el hallazgo de la verdadera religión. Todas fingen ser la verdadera. Todas en el mundo han condicionado la mente humana desde la más tierna infancia para hacer creer que se nace dentro de la religión verdadera. Un hinduista cree que su religión es la única verdadera en el mundo, que las otras son falsas. Lo mismo pasa con judíos, cristianos, budistas y musulmanes. Todos están de acuerdo en algo: no hay necesidad de buscar la verdadera religión porque está disponible para ti, naciste en ella.

Llamo a esto el mayor daño porque cuando estás sin la religiosidad auténtica sólo puedes vegetar, no vivir realmente. Permaneces como un ser superficial, no logras profundidad, autenticidad. No sabes nada sobre tus propios abismos. Sabes de ti por medio de lo que dicen otros. La única forma de conocer tu rostro es ante un espejo, porque si el conocimiento de ti mismo depende de las opiniones de otros; no te conoces directamente. Y esas opiniones son las de personas en una situación semejante a la tuya: no se conocen a sí mismas.

Esas religiones crearon una sociedad de ciegos, y continúan diciéndote que no necesitas ojos. Jesús los tenía; ¿es necesario que los cristianos tengan ojos? Según ellos, lo que debes hacer es creer en Jesús; él te guiará al paraíso, sencillamente síguelo. No se te permite pensar, porque el pensamiento puede extraviarte: está destinado a llevarte por rutas diferentes, porque pensar significa agudizar tu duda, tu intelecto. Y eso es muy peligroso para las llamadas religiones, que te quieren adormilado, de alguna manera arrastrándote, sin inteligencia. Pero ellas son ingeniosas para encontrar buenos nombres; llaman "fe" al suicidio de tu inteligencia.

Una religión verdadera no necesita fe de tu parte, requerirá *experiencia.* No te pedirá que deseches tu duda, la agudizará de modo que puedas indagar hasta el fin. La religión verdadera te ayudará a encontrar tu verdad.

Y recuerda, mi verdad nunca podrá ser la tuya porque no hay manera de transferir la verdad de una persona a otra. La de Mahoma es de Mahoma; no puede ser tuya sólo por volverte musulmán. Para ti sólo quedará como creencia. ¿Y quién conoce lo que Mahoma sabía o no? Quizá Jesús fue sólo un fanático y un neurótico. Es algo en lo que muchos psiquiatras y psicólogos concuerdan: Jesús era un caso mental. Declararse uno mismo unigénito de Dios, decir: "Soy el mesías que ha venido a redimir el mundo entero del sufrimiento y el pecado", ¿te parece normal?

Incluso si Gautama Buda poseía la verdad, ignoramos lo que sabía y lo que no. Sí, puedes identificar a quien conoce la verdad si tú también la sabes; entonces la olfateas. De otra manera, sencillamente crees en la opinión pública, en la psicología de masas, por decir lo menos.

La verdad llega a la máxima inteligencia. Pero si desde el principio te enseñaron a creer, estás mutilado, destruido. Si desde el principio te condicionaron para tener fe, has perdido tu alma. Entonces vegetarás, no vivirás. Y es lo que hacen millones de personas en el mundo: vegetar.

¿Qué vida puedes tener? Ni siquiera te conoces a ti mismo. No sabes de dónde vienes, a dónde vas, cuál es el propósito de todo esto. ¿Quién ha impedido que conozcas? No el diablo sino los papas, sacerdotes, rabinos, shankaracharyas: ellos son los verdaderos diablos.

Hasta donde puedo ver, sinagogas, templos, mezquitas, iglesias, están dedicadas al diablo, no a Dios, porque lo que han hecho no es divino. Es un asesinato completo, masacraron la mente humana.

Ninguna religión ha tenido el valor de decir: "Hay cosas sobre las cuales puedes preguntar, pero no esperes respuesta. La vida es un misterio." Podemos vivir mejor, más tiempo y con mayor comodidad, pero no podemos saber qué es la vida. Eso permanecerá como una pregunta hasta el final.

Mi esfuerzo principal aquí, es ayudarte a ser de nuevo ignorante.

Las religiones te han hecho erudito, y ése es el daño. Te han entregado tan fácil y sencillamente todo el catecismo cristiano, que puedes aprenderlo de memoria en una hora y repetirlo como loro. Pero no estarás en camino de conocer la verdad, la real y única que te rodea en lo interior y lo exterior. Este catecismo no te lo darán.

Sin embargo, abandonar el conocimiento es uno de los mayores problemas, porque alimenta al ego, el cual quiere todo el conocimiento bajo su dominio. Y cuando digo que debes abandonar la capacidad de aprender para convertirte de nuevo en niño, mi intención es que empieces desde el punto en que el rabino o sacerdote te distrajo. Debes regresar a ese punto otra vez.

Ser de nuevo inocente, ignorante, sin comprender nada, de modo que las preguntas puedan aparecer otra vez. De nuevo el afán de indagar regresa a la vida, y con él no puedes vegetar. Entonces la vida se convierte en una exploración, una aventura.

Aprendido y natural: recupera el yo con el que naciste

En el pasado, alrededor del mundo la gente era pagana, adoradora de la naturaleza. No había concepto de pecado ni de culpa. La vida se aceptaba como tal. Sin evaluación o interpretación: la razón no interfería.

Cuando la razón comenzó a intervenir, llegó la condena, comenzó la división y el hombre se partió. Así, al condenar algo en tu ser, una parte se vuelve mayor, otra menor y tú pierdes el equilibrio. Pero esto tenía que ocurrir; la razón debía llegar, es parte del crecimiento. Lo que le pasa a cada niño, le sucedió a la humanidad entera.

Cuando el niño nace, es pagano. Cada uno es pagano y feliz en su estado. No tiene idea de qué es correcto y qué está mal; no tiene ideales, criterio ni juicio. Hambriento, pide comida. Somnoliento, duerme. Es en lo que los maestros zen opinan que debe consistir la mayor de las religiosidades: cuando tengas hambre, come; cuando sientas sueño duerme. Deja la vida fluir; no interfieras.

Cada niño nace como pagano, pero tarde o temprano perderá esa simplicidad. Es parte de la vida; debe ocurrir. Así se forma nuestro crecimiento, madurez, destino. El niño debe extraviarla y encontrarla de nuevo. Cuando la pierde se vuelve común, mundano. Al recuperarla se vuelve religioso.

La inocencia de la niñez es barata, es un regalo de la existencia. No la hemos ganado y tendremos que perderla. Sólo así tomaremos conciencia de lo perdido. Y comenzaremos a buscarla. Sólo cuando la busquemos y ganemos, la consigamos y nos convirtamos en ella, conoceremos su enorme valor.

? Siempre he sentido, desde la niñez, que soy más de una persona. ¿Podrías decirme algo sobre esto?

Todos nacemos como individuos, pero con el tiempo maduramos, participamos en la vida y nos convertimos en muchedumbre. No es nada especial, lo estás sintiendo; es la situación de casi todos. La única diferencia es que estás tomando conciencia de ello, lo cual es bueno. La mayoría de la gente no está consciente de esta situación.

Si te mantienes silencioso y escuchas a tu mente, escucharás muchas voces. Te sorprenderás de que puedes reconocerlas muy bien. Una es de tu abuelo, otra de tu abuela, una más de tu padre, la otra de tu madre. Algunas son de maestros, vecinos, amigos, enemigos. Todos se han acumulado dentro de ti y encontrar tu propia voz es casi imposible; la muchedumbre es demasiado densa.

De hecho, has olvidado tu propia tu propia voz hace largo tiempo. Nunca tuviste libertad suficiente para manifestar tus opiniones. Siempre se te enseñó obediencia, a decir que sí a todo lo que dijeran tus mayores, a imitar los actos de maestros o sacerdotes. Nadie te dijo nunca que busques tu voz. "¿Has conseguido alguna voz propia o no?" Así que la tuya ha permanecido tenue y otras son ahora muy fuertes, mandan, ordenan y tú acatas, a pesar de ti mismo. No tenías intención de acatarlas: "Esto no es correcto", pero uno debe obedecer para ser respetado, aceptado y amado.

Naturalmente, sólo una voz y una persona están perdidas para ti: las tuyas. En cambio, una multitud te guía constantemente a la locura. Una voz dice: "Haz esto." Otra: "¡No lo hagas! ¡No escuches esa otra voz!" Y entonces te partes en dos.

Toda esa multitud debe ser apartada. Se le debe decir a la muchedumbre: "Ahora déjenme solo." La gente que ha partido a las montañas o a bosques distantes, realmente no se aleja de la sociedad; intenta encontrar un lugar donde dispersar su muchedumbre interior.

La gente que se ha hecho un lugar dentro de ti, obviamente no desea irse. Pero si quieres ser un individuo por tu propio derecho, deshacerte de este caos y conflicto continuo dentro de ti, debes decirles adiós; aun cuando las voces pertenezcan a tu padre, madre o abuelo. No importa de quién sean. Una cosa es cierta: no son tus voces, son las de gente que ha vivido en su tiempo y no tenían idea de lo que sería el futuro. Ellos cargaron a sus niños con su propia experiencia, la cual no coincidirá con el futuro desconocido. Piensan que están ayudando a sus niños a ser sabios, de modo que su vida resulte más fácil y cómoda, pero hacen exactamente lo incorrecto. A pesar de sus buenas intenciones, destruyen la espontaneidad del niño, su propio estado consciente y su habilidad para estar sobre sus pies, y responder a un futuro, del cual sus ancestros no tenían idea.

El niño enfrentará sus tormentas y situaciones, y él o ella necesitan resplandecer con un estado consciente totalmente nuevo. Sólo entonces la réplica será fructífera; sólo así se puede tener una vida victoriosa, que no sólo sea una larga desesperación ahogada, sino un baile a cada momento, el cual se haga más y más profundo, hasta el último aliento.

Entonces la persona entra en la muerte bailando, y alegremente.

Es bueno darse cuenta de que eres más que una persona. ¡Todo mundo lo es! Y mediante el estado consciente es posible deshacerse de la muchedumbre.

Guarda silencio y encuentra tu propio ser. Si no lo haces, será difícil dispersar la muchedumbre, porque todas estas personas fingen y dicen: "Yo soy tu ser", y no tienes manera de confirmarlo. Así que no inicies ninguna pelea con la muchedumbre. Deja que peleen entre ellos mismos: ¡son tan eficientes para ello! Tú, entretanto, procura encontrarte a ti mismo. Y cuando sepas quién eres, sólo diles que salgan de casa... ¡es tan sencillo! Pero primero debes encontrarte a ti mismo. Sólo cuando el amo está ahí, el verdadero propietario de la casa, es cuando todas las personas que han fingido ser amos, comienzan a dispersarse. Siendo tú mismo, sin continuidad con el pasado, original y fuerte como un león, inocente como niño, puedes alcanzar las estrellas o ir incluso más allá de las estrellas: tu futuro es dorado.

Hasta ahora la gente ha hablado del pasado áureo. Aprendamos el lenguaje del futuro dorado. No hay necesidad de cambiar a todo el mundo, cambia tú y empezará a cambiar el mundo, porque eres parte de él. El cambio de un hombre irradiará a miles y miles de otros. Te convertirás en el punto de despegue de una rebelión que puede dar vida a otro tipo de humanidad.

? Has dicho que el conocimiento no tiene utilidad en el proceso de encontrarnos a nosotros mismos. Así pues, ¿qué incluye el desarrollo del ser?

El ser nunca se desarrolla. Simplemente es. No hay evolución ni tiempo comprometido en ello. Es la eternidad sin "transformación". Espiritualmente, nunca te desarrollas; no puedes. Hasta en lo relativo a la meta final, ya estás ahí. Nunca estuviste en ninguna otra parte.

Entonces, ¿qué es el desarrollo? Un tipo de conciencia de la verdad que eres. La verdad no crece, sólo su reconocimiento y recuerdo crecen.

Por eso no hablo sobre el "desarrollo del ser", pero si de los obstáculos que impiden tu reconocimiento. Y el conocimiento es el mayor de ellos; por ello he hablado sobre él tan extensamente. Es el obstáculo. Si piensas que ya sabes, nunca sabrás: ¿cuál sería el motivo de la búsqueda? Puedes continuar durmiendo y soñando. Si reconoces que no sabes, aceptas la ignorancia y va como flecha al corazón que penetra como lanza. En la penetración misma, en ese estremecimiento uno cobra conciencia.

El conocimiento es como un amortiguador. No permite que seas sacudido y conmocionado. Te protege, es una armadura que te envuelve. Hablo contra el conocimiento para que te deshagas de la armadura y la vida pueda estremecerte dentro de la conciencia.

La vida está ahí, lista para conmocionarte a cada momento. Y tu ser está dentro de ti, listo para que tomes conciencia de él en cualquier momento. Pero entre ambos está el conocimiento. Y si éste predomina, más se retrasará la conciencia de ti mismo.

Hazte incapaz de adquirir conocimiento.

Y nunca pienses en la espiritualidad como proceso de crecimiento. No lo es. Ya tienes dioses y budas desde el principio. No tienes que convertirte en buda: el tesoro está ahí, pero no sabes dónde lo has puesto. Olvidaste la llave o no sabes cómo utilizarla. Estás tan ebrio de conocimiento que no tienes idea de todo lo que eres. El conocimiento es como el alcohol; pone ebria a la gente. Su percepción se empaña y su capacidad de recordar se reduce al mínimo. Entonces comienza a ver cosas que no son y no percibe las que son.

Por eso no he hablado de evolución del ser. Él es como debería ser: perfecto. No necesitas añadirle nada y nada se le *puede* añadir. Es una creación de la existencia. Sale de la perfección, por lo cual es perfecto. Basta con retirar los obstáculos que has creado.

Y toda nuestra sociedad continúa trabajando, esforzándose para erigir obstáculos. Un niño nace y de inmediato le creamos obstáculos. Por ejemplo: "Alguien es más bello que tú, otro es más sano, mira las cualidades e inteligencia de ese otro... y tú, ¿qué estás haciendo?" Hacemos que se compare y con ello surge la idea de inferioridad o superioridad, y ambas son enfermedades, obstáculos. Ahora el niño nunca pensará sobre él mismo; siempre se comparará con alguien más. El veneno de la comparación ha entrado. A partir de ahora la persona permanecerá miserable y la bendición del ser se alejará más y más.

Todos nacemos únicos. No hay comparación posible. Tú eres tú, y yo soy yo. Buda es Buda y Cristo es él mismo, no hay comparación posible. Si comparas creas superioridad e inferioridad: trazas los caminos del ego. Y entonces, por supuesto, surge un gran deseo de competir, de derrotar a otros. Tú permaneces en el temor de lograr algo o no hacerlo, porque es una contienda violenta y todos intentan hacer lo mismo, ser los primeros. Millones de personas tratan de serlo. Sobreviene una gran violencia, agresión, odio, enemistad. La vida se convierte en un infierno. Si te derrotan, eres desgraciado… y hay muchas más probabilidades de ser derrotado que de vencer. Y aun si tienes éxito no estás feliz, porque en ese momento te vuelves temeroso: ahora algún otro puede quitarte tu lugar. Los competidores te rodean, corren violentamente tras de ti.

Antes de tener éxito, temías poder lograrlo o no hacerlo; cuando lo alcanzas —además de dinero y poder— temes que alguien te lo arrebate. Antes estabas tembloroso y ahora también. Quienes fracasan son desgraciados y los que tienen éxito igual.

En este mundo es muy difícil encontrar a una persona feliz. Porque nadie cumple las condiciones para serlo. La primera es dejar de lado toda comparación. Desecha esas estúpidas ideas de superior e inferior. No eres ni superior ni inferior. ¡Simplemente eres tú mismo! No hay nadie como tú con quien puedas compararte. Entonces, súbitamente, estarás en casa.

Pero comenzamos a envenenar las mentes de los niños con conocimiento, a enseñarles cosas que no saben y no han experimentado. Les hablamos sobre Dios: les estamos enseñando una mentira. Ese Dios no es verdadero. No lo *conocen;* los estamos forzando a creer y esta creencia se convertirá en su conocimiento. La creencia no debe convertirse en conocimiento real; sólo será un engaño. Toda su vida pensarán que saben, pero nunca sabrán. Los fundamentos se han colocado sobre una mentira.

Enseñamos a los niños que "tienen un alma inmortal". ¿Qué absurdo les inculcamos? Y no estoy diciendo que no haya alma inmortal o algo como la devoción. Afirmo que estas cosas no deberían enseñarse como creencias. Son experiencias existenciales. El niño debe recibir ayuda para explorar su mundo interior.

En vez de ayudarlos a explorar, les entregamos conocimiento preparado.

Ese conocimiento preparado, que se vuelve el gran problema, ¿cómo desecharlo?

He hablado sobre la estupidez del conocimiento porque es ignorancia disfrazada de conocimiento. Al desecharlo volverás a ser de nuevo niño: fresco, vivo, vibrante, curioso; tus ojos estarán llenos de maravillas y tu corazón palpitará de nuevo con el misterio de la vida. Después comenzará la exploración, y con ella la lucidez. Cada vez más te darás cuenta del estado consciente que has estado arrastrando en tu interior; pero que como estuviste tan atiborrado de conocimiento, ahora cuando entras en ti nunca lo encuentras; en cambio hallas siempre algún contenido flotando en el estado consciente.

El conocimiento es como las nubes en el cielo. En este instante hay muchas, y si miras al cielo no lo verás en absoluto, sólo verás nubes y más nubes. Es la situación de la mente de un hombre cultivado: pensamientos, escrituras, grandes teorías, dogmas, doctrinas... todo flotando como nubes que impiden ver el cielo claro.

Deja que esas nubes desaparezcan. Están ahí porque te aferras a ellas, continúas agarrado a ellas. Afloja tus ataduras, déjalas ir. Después habrá una prístina claridad del cielo que es la libertad, la conciencia, el verdadero conocimiento.

Un gran filósofo occidental, David Hume, siguiendo a los grandes místicos escribió: "¡Conócete a ti mismo!", dijo, "también traté de hacerlo un día. Cerré mis ojos y fui hacia dentro. Encontré unos cuantos deseos, algunos pensamientos, recuerdos, sueños, imaginaciones y cosas así. Pero no encontré nada más. No pude encontrarme a mí mismo."

Es la auténtica descripción de la mente de casi todos, excepto unos pocos budas.

Si vas dentro de ti, ¿qué encontrarás? Contenidos, nubes moviéndose alrededor.

Incluso una persona inteligente como David Hume no podía ver el quid: ¿quién está viendo los contenidos?, ¿quién es esa conciencia que encuentra unos cuantos recuerdos y deseos flotando alrededor? Por supuesto, ese testigo no puede ser un deseo, una imaginación. Ese testigo no puede ser ningún pensamiento. Todo está pasando frente al testigo… ¡y Hume lo estaba buscando! Pues bien, no puedes buscar al testigo como a un objeto. La única manera de conocerlo es desechar todo contenido y vaciarte por completo. Cuando no hay nada que observar, tu capacidad de ver se vuelve hacia sí misma.

Es lo que Jesús llama conversión. Cuando no hay nada que ver, uno comienza a verse a sí mismo. Cuando no hay nada que entorpezca, el estado consciente es puro, y en esa pureza se vuelve consciente de sí mismo.

Cuando uso el término "estado consciente de ti", no quiero decir "estado consciente de tu ser". El estado consciente de tu ser no es la conciencia de ti, es sólo egoconciencia. Si no sabes quién eres, ¿cómo puedes ser consciente de ti? La conciencia de tu ser es una enfermedad. Eres consciente de ti sólo cuando enfrentas a otras personas. Si pronuncias un discurso eres consciente de ti y, debido a esa conciencia, te perturbas, casi te paralizas. O si interpretas una obra, tu conciencia es deseo del ego de realizar algo tan perfecto que todo mundo lo valore.

Cuando hablo de estado consciente de ti, me refiero al momento en que todo desaparece y no hay otro contenido, cuando el espejo se refleja a sí mismo. Es como una velita ardiendo en un cuarto. Se refleja en las paredes, en el mobiliario, en la pintura de la pared, en el techo. Por un momento imagina que las paredes, la pintura, y el techo desaparecen; todo ha desaparecido, sólo queda la velita ardiendo. Ahora, ¿qué reflejará su luz? Se reflejará a sí misma; será autoluminosa.

Es el estado del ser.

Desecha conocimiento, comparación, falsas identidades. ¡Todo este proceso es negativo! Desecha eso, desecha esto. Continúa desechando hasta que no quede nada por desechar y, entonces, ahí estará, tu estado consciente puro.

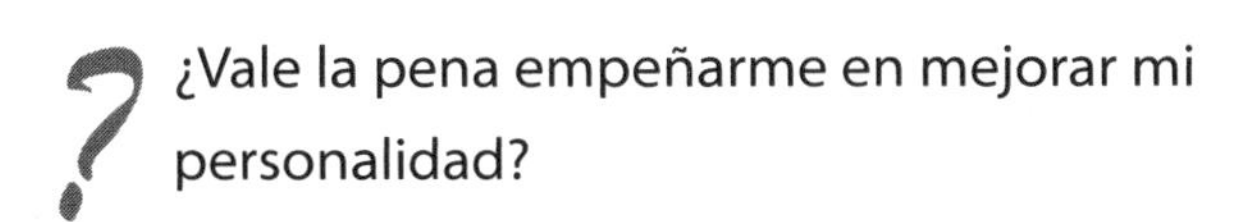

¿Vale la pena empeñarme en mejorar mi personalidad?

Hay que desechar la personalidad de modo que tu individualidad sea descubierta. Lo que llamamos personalidad no eres tú; es la máscara que la gente ha puesto sobre ti. No es tu realidad auténtica, tu rostro original. Me preguntas: "¿De verdad vale la pena empeñarme en mejorar mi personalidad?" Te respondo: ¡Pon tu empeño en destruirla! Descubre tu individualidad y haz una distinción muy clara: individualidad es lo que traes desde tu nacimiento, es tu ser esencial; y la personalidad es lo que la sociedad ha hecho de ti, lo que quisieron hacer de ti.

Ninguna sociedad ha sido capaz de liberar a sus niños para que sean ellos mismos, parece riesgoso. Pueden llegar a ser rebeldes o a no seguir la religión de sus antepasados; pueden pensar que los grandes políticos no son en realidad grandes y no confiar en nuestros valores morales. Encontrarán su propia moral y su propio estilo de vida. No serán réplicas ni repetirán el pasado, serán los seres del futuro.

Esto ha inducido el temor de que pudieran extraviarse, y antes de que eso suceda cada sociedad trata de darles cierta manera de vivir, cierta ideología de lo bueno y malo, cierta religión y sagradas escrituras. Éstas son maneras de crear la personalidad, que funciona como una prisión.

Pero millones de personas en el mundo sólo conocen su personalidad; no saben de nada más. Se han olvidado completamente de ellas mismas, incluso de cómo llegar a serlo. Se han hecho actores, hipócritas. Hacen lo que nunca quisieron hacer y no lo que anhelan hacer. Su vida está tan dividida que nunca están en paz. Pero su naturaleza se afirmará a sí misma una y otra vez, y no los dejará tranquilos. Y su mencionada personalidad continuará reprimiéndolos, obligándolos a ir más hondo en el inconsciente. Este conflicto te divide a ti y a tu energía, y una casa dividida no puede sostenerse mucho tiempo. Ésta es la desgracia total de los seres humanos, porque no hay baile, canto, alegría.

La gente está enzarzada en una guerra contra sí misma. No tiene energía ni tiempo de hacer nada más que pelear consigo misma. Debe luchar contra su sensualidad y su sexualidad, y contra su individualidad. Y luchar por algo que ellos no quieren ser, que no es parte de su naturaleza, de su destino. Así que puede fingir ser falsa por un tiempo, pero una y otra vez lo real se impone.

La vida entera continúa, va hacia arriba y hacia abajo, y la gente no puede comprender quién es: ¿represor o reprimido?, ¿opresor u oprimido? Haga lo que haga, no puede destruir su naturaleza. Ciertamente puede reprimirla y destruir su alegría, su baile, su amor. Puede hacer de su vida un caos, pero no destruir por entero su naturaleza. Y tampoco puede deshacerse de su personalidad, porque ésta incluye a sus antepasados: padres, maestros y sacerdotes; todo su pasado. Es su herencia y se aferra a ella.

Toda mi enseñanza es que no te aferres a tu personalidad. No es tuya y nunca lo será Concede a tu naturaleza total libertad. Y respétate a ti mismo, enorgullécete de ser tú mismo, seas lo que seas. ¡Ten algo de dignidad! No seas destruido por los muertos.

Gente que ha estado muerta durante miles de años ocupa un lugar en tu cabeza, son tu personalidad, ¿y tú quieres mejorarla? ¡Pues llama a unos cuantos muertos más! Cava más tumbas, desentierra más esqueletos, entrégate voluntariamente a toda clase de fantasmas. Serás respetado, honrado, recompensado por la sociedad. Tendrás prestigio, se pensará que eres un santo. Pero rodeado de muertos, no serás capaz de sonreír —eso estará fuera de lugar—; tampoco de bailar, cantar, amar.

La personalidad es una cosa muerta. ¡Deséchala!, pero de golpe. No en fragmentos o despacio, hoy un pedacito y mañana otro, porque la vida es corta y el mañana no es seguro. Lo falso es falso. ¡Descártalo totalmente!

Incluso el ser humano real debe ser rebelde... ¿y rebelde contra quién? Contra su propia personalidad.

Un estadounidense de origen japonés, fue durante largo tiempo cliente de un restaurante griego, porque descubrió que ahí se hacía un arroz frito particularmente delicioso. Cada tarde iba al restaurante y ordenaba "aloz flito". Esto siempre ocasionaba que el dueño se desternillara de risa en el piso. Algunas veces llamaba a dos o tres amigos sólo para oír como el cliente japonés ordenaba su "aloz flito".

Eventualmente el orgullo del cliente resultó tan herido que tomó clases de dicción sólo para decir "arroz frito" correctamente. La siguiente vez que fue al restaurante dijo con claridad: "Arroz frito, por favor". Incapaz de dar crédito a sus oídos, el dueño del restaurante griego dijo: "¿Señor, podría repetirlo?"

El japonés replicó: "¡Escuchaste lo que dije, gliego bastaldo!"

¿Por cuánto tiempo continuarás fingiendo? La realidad emergerá un día u otro y es mejor que sea pronto. No hay necesidad de mejorar tu dicción, sólo desecha tu personalidad. Sé tú mismo. No importa cuán crudo y rústico parezcas al principio, pronto comenzará a emerger tu propia gracia, tu belleza.

La personalidad puedes continuar refinándola, pero sólo estás puliendo una cosa muerta que destruirá no sólo tu propio tiempo, energía y vida, sino también a la gente a tu alrededor. Todos influimos en todos. Cuando los demás hacen algo, tú también comienzas a hacerlo. La vida es muy contagiosa. Todo mundo mejora su personalidad, por eso la misma idea ha pasado por tu mente.

Pero no hay necesidad de hacerlo. No eres parte de una manada ni de una masa. Respétate a ti mismo y a otros. Siéntete orgulloso de tu libertad. Cuando lo estés querrás que los demás sean libres, porque tu libertad te ha dado mucho amor y bendición. Te gustaría que todos fueran libres, amorosos y bendecidos.

Esto sólo será posible si eres original; no algo que se adjunta y que es falso; sino algo que crece dentro de ti, con raíces en tu ser y que trae flores a su tiempo. Y tener flores propias es la única manera significativa de vivir.

En cambio, la personalidad no tiene raíces; es plástica, falsa. Desecharla no es difícil, sólo requiere un poco de valor. Y mi sentimiento respecto a miles de personas es que todas tienen mucho valor, pero no lo usan. Una vez que comienzas a usarlo, fuerzas latentes dentro de ti se vuelven activas, y crecen tu valor y rebeldía. Te conviertes en una revolución tú mismo, algo digno de celebrarse, pues has cumplido tu destino: trascendiste la masa común, la muchedumbre durmiente.

? ¿Qué significa "sólo sé tú mismo"? ¿Cómo puedo ser yo mismo cuando no sé quién soy? Sé muchas de mis preferencias, posibilidades, antipatías y tendencias, las cuales parecen resultar de una biocomputadora programada llamada mente. ¿Ser uno mismo significa vivir fuera de todo contenido de la mente tan alerta como sea posible?

Sí, exactamente eso significa: vive con conciencia de los programas que han condicionado tu mente, conciencia de los impulsos, deseos, recuerdos e imaginaciones... de todo lo que la mente puede hacer. Uno debe separarse de ello: *verlo,* pero no *serlo,* observarlo.

Algo esencial es recordar que no puedes observar tu propia vigilancia. Si "vigilas tu vigilancia", entonces el *observador* eres tú y no eres ya el observado. Así que no puedes ir más allá de la vigilancia. El punto es que no puedes trascender tu ser; no puedes ir más allá de ti. Puedes observar con mucha facilidad cualquier pensamiento, emoción, sentimiento. Sólo hay algo que no puedes observar: tu propia vigilancia. Si te las arreglas para observarla, significa que has cambiado: la primera vigilancia se ha convertido en pensamiento; ahora eres el segundo observador. Puedes continuar desplazándote hacia atrás, pero no puedes salir de la vigilancia porque esa eres tú; no puedes ser otra cosa.

Así, cuando afirmo "sólo sé tú mismo", quiero decir: "Sólo sé una conciencia no programada, sin condicionamiento." Así llegaste al mundo y así es como una persona iluminada lo deja: ella vive en el mundo pero se mantiene totalmente separada.

Uno de los grandes místicos, Kabir, escribió un hermoso poema al respecto. Todos sus poemas son perfectos, pero uno de ellos dice: "Devolveré el alma que se me dio en el momento de mi nacimiento, tan pura y limpia como me fue dada. La devolveré así cuando muera." Está hablando sobre la conciencia, diciendo que se ha mantenido sin contaminación. Todo el mundo estuvo ahí para contaminarla, pero se ha mantenido vigilante.

Sólo necesitas vigilar, y nada te afectará. Esta invulnerabilidad conservará tu pureza, la cual ciertamente, tiene la frescura de la vida, la alegría de la existencia: preserva todos los tesoros que te fueron conferidos.

Pero te vas atando a las pequeñas cosas que te rodean y olvidas lo que eres. Olvidas el mayor descubrimiento en la vida y la mayor peregrinación extática a la verdad. No necesitas ser asceta ni estar contra la vida; tampoco renunciar al mundo e irte a las montañas. Puedes permanecer donde estás, continuar lo que estás haciendo. Sólo en algo debes evolucionar: hagas lo que hagas, hazlo con lucidez, incluso el menor acto de tu cuerpo o mente; y así cada acto te hará consciente de la belleza, el tesoro, la gloria y eternidad de tu ser.

Exterior e interior: en busca del lugar donde se encuentran

Muchas civilizaciones antes que la muestra alcanzaron altas cumbres, pero se destruyeron a sí mismas porque medraron en un profundo desequilibrio. Desarrollaron una formidable tecnología, pero olvidaron que incluso el progreso tecnológico más avanzado, no hará a la gente más dichosa, pacífica, amorosa, compasiva.

Nuestro estado consciente no ha crecido al mismo ritmo que nuestro progreso científico; ello ocasionó que muchas civilizaciones se destruyeran. Creamos monstruos en el ámbito mecánico, y al mismo tiempo seguimos retardados, inconscientes, casi dormidos. Es muy peligroso dar tanto poder a gente inconsciente.

Es lo que ocurre en la actualidad. Los políticos son del tipo más bajo en lo que al estado consciente se refiere. Son inteligentes, astutos y mezquinos también; todos sus esfuerzos lo destinan a ser más poderosos. Su único deseo es tener más poder, no más paz; no desean ser verdad o amor.

¿Para qué necesitas más poder? Para dominar a otros o destruirlos. Todo el poder se acumula en manos de personas inconscientes. Así que, por un lado, los políticos en todas las civilizaciones desarrolladas y desaparecidas —sería más apropiado decir suicidas— tuvieron todo el poder. Por otro lado, el genio de la inteligencia humana estuvo buscando más y más tecnología, mejoras científicas, y todos descubrieron que finalmente cayeron en manos de políticos.

La destrucción de nuestra Tierra no vendrá de otro planeta; nosotros estamos cavando nuestras tumbas. Podemos estar conscientes de ello o no, pero todos somos sepultureros y cavamos nuestras propias tumbas. En este momento unos pocos países tienen armas nucleares. Pronto muchas naciones más serán potencias nucleares. Se está perdiendo el control, con tantas naciones en posesión de tal poder de destrucción: una sola de ellas podría destruir el planeta entero. Un loco o un político, cuyos nombres puedes comenzar a ordenar alfabéticamente, pueden destruir toda la civilización sólo para mostrar su poder. Y la destrucción no sólo afectará a la humanidad. Con ella morirá todo lo que la acompaña: animales, árboles, flores, aves. Todo lo que está vivo podría desaparecer.

La razón es un desequilibrio en nuestra evolución. Desarrollamos tecnología científica sin preocuparnos en lo más mínimo de que nuestro estado consciente evolucionará con la misma proporción. De hecho, nuestro estado consciente debería ir un poco adelante de nuestro progreso tecnológico.

Si nuestro estado consciente estuviera en estado de iluminación... el poder nuclear en las manos de un Gautama Buda no sería peligroso. Se orientaría como una fuerza creativa, porque la fuerza siempre es neutral; con ella puedes destruir o crear algo. Pero en este momento nuestros poderes son enormes y la humanidad muy pequeña. Es como si hubiéramos puesto bombas en manos de un niño para que jugara con ellas.

Los seres humanos hemos andado en medio de esta confusión desde el principio. Es el desequilibrio entre lo interior y lo exterior.

El exterior es más fácil de entender porque es objetivo. Por ejemplo, Thomas Alva Edison creó la electricidad y toda la humanidad la utiliza. No es necesario que cada uno la descubra de nuevo. El crecimiento interior es un fenómeno totalmente diferente. Gautama Buda pudo volverse un iluminado, pero eso no significa que cualquiera pueda lograrlo. Cada individuo debe encontrar la verdad por sí mismo. Pues lo que sucede exteriormente continúa acumulándose y apilándose; todo progreso en la ciencia permite a cada científico pararse en los hombros de sus predecesores. Pero la evolución del estado consciente no cumple la misma ley. Cada individuo la descubre por sí mismo; no puede pararse en los hombros de nadie más.

Todo lo objetivo puede compartirse, enseñarse en escuelas y universidades. Pero no ocurre lo mismo con la subjetividad. Yo podría saber todo respecto al mundo interior, pero no puedo transferírtelo. Es una de las leyes fundamentales de la existencia: la verdad interior debe ser descubierta por cada individuo mediante su propio esfuerzo. No puede comprarse en el mercado ni robarse. Nadie puede regalártela. No es mercancía ni objeto material; es experiencia inmaterial.

Uno puede dar pruebas de esta experiencia mediante la propia individualidad: presencia, compasión, amor, silencio. Pero sólo son señales de que algo ha ocurrido dentro de la persona, la cual puede animarte, decirte que no vas a tu interior en vano: "Hallarás tesoros, como yo los he encontrado." Cada maestro es un argumento, una prueba, un testigo. Pero la experiencia sigue siendo individual.

La ciencia se vuelve social, la tecnología igual; pero la esfera de lo subjetivo se mantiene individual. El problema fundamental es: cómo crear un equilibrio.

En uno de los bosques más bellos de Alemania, la famosa Selva Negra, los árboles estaban muriendo sin razón aparente, el gobierno trató de ocultar los hechos, pero no lo logró por mucho tiempo. El bosque estaba muriendo y no debido a "causas naturales". El motivo eran ciertos gases de las fábricas que mezclados con la atmósfera caían a la tierra como lluvia ácida. Así, cada árbol comenzaba a morir, se envenenaba. En ese momento la mitad de la Selva Negra estaba muerta.

Hay una capa de ozono alrededor de la Tierra que protege la vida. No todos los rayos del sol son buenos y la capa de ozono refleja algunos. Son rayos mortales; si entran en la atmósfera destruyen la vida. Sólo pasan a través del ozono los que fortalecen la vida. Pero estúpidamente hemos hecho agujeros en esa capa. Una manera de hacerlo es con el envío de cohetes a la luna, un simple ejercicio de estupidez. Cuando los cohetes van fuera de la atmósfera hacen agujeros y cuando regresan hacen otros. Con ello los rayos mortales del sol entran en la atmósfera.

Si esta civilización es destruida, se podrá pensar que fue un desastre natural. Pero no será así, nosotros lo habremos creado. Debido a esta acumulación de bióxido de carbono y otros gases, la temperatura de la atmósfera terrestre ha comenzado a elevarse y eso crea nuevos problemas. El hielo en los polos Sur y Norte se está derritiendo por la temperatura cada vez más alta. Cualquiera que investigue el fenómeno cientos de años después podría pensar que fue un desastre natural. Pero no será cierto. Habrá sido consecuencia de nuestra propia estupidez.

Podemos aprender mucho de lo que está ocurriendo, y pensar introspectivamente sobre civilizaciones desparecidas por guerras o calamidades, aparentemente naturales. Pero no necesariamente fueron naturales. Aquellas civilizaciones debieron hacer algo estúpido que ocasionó esos desastres. Las ha habido altamente desarrolladas, pero todas cayeron en la misma confusión que nosotros.

Todas cayeron en la oscuridad en que nosotros estamos entrando. Su estado consciente no estaba perdido porque no lo tenían. Sólo poseían el mismo estado consciente superficial que nosotros.

¿Qué hacemos para evitar el desastre que cada día se acerca más? La muerte de esta Tierra no está tan lejos. Si acaso quedan unas cuantas décadas, y es un cálculo optimista; para los pesimistas debería ocurrir mañana. Pero incluso si le damos cien años, ¿qué harás para que el estado consciente humano se eleve y evitemos el suicidio global que está por ocurrir? Porque está llegando desde varias direcciones. Las armas nucleares están en la lista. En cualquier momento podría haber una guerra, sólo con oprimir un botón. No habrá oportunidad de enviar ejércitos y aviones para responder. Si los océanos se llenan con todo el hielo que los Himalayas retienen, más el de los polos Norte y Sur, los Alpes y otras montañas, nos ahogaremos.

La única manera de evitarlo es con más meditación. Pero es un mundo tan loco que a veces parece casi imposible.

Si en los años venideros sobreviene un nuevo estado consciente, quizá las consecuencias de lo que está ocurriendo pueden evitarse. Debería hacerse cualquier esfuerzo por evitarlo. Es un periodo particularmente oscuro y se volverá más y más oscuro, a menos que todos sean una luz en su propio interior y la irradien. A menos que todos comiencen a compartir su luz y su fuego con quienes estén hambrientos y sedientos de ellos, el amanecer no llegará. Debemos estar alerta para hacer cualquier esfuerzo necesario para ayudar a que el estado consciente evolucione.

Es una gran lucha contra la oscuridad, pero también una oportunidad maravillosa, un desafío y una posibilidad emocionante. No debes tomarlo con demasiada seriedad, puedes hacerlo amorosa, danzarinamente, con todas tus canciones y tu alegría, porque sólo de esa manera será posible traer el amanecer y disipar la oscuridad.

Hay una ley cósmica que dice: "Sólo a partir del fango puede crecer el loto." Políticos y sacerdotes de todas las religiones, gobiernos y burócratas, todos están creando suficiente fango. Ahora es necesario cultivar lotos. No tienes que ahogarte en su fango; sólo siembra semillas de loto.

La semilla de loto es un milagro; transforma el fango en la flor más bella. En Oriente el loto ha sido adorado por dos razones. La primera sale del fango. La palabra *humano* significa lodo. La palabra árabe *admi* también, porque Dios hizo al hombre de lodo. Pero existe la posibilidad de crecer como una flor de loto que es grande y abre sus pétales nada más cuando el sol se eleva, las aves comienzan a cantar y todo el cielo se vuelve colorido. Conforme la oscuridad llega y el sol se pone, cierran de nuevo sus pétalos. Es un amante de la luz.

La segunda es que sus pétalos, incluso sus hojas, son tan aterciopelados que en la noche acumulan las gotas de rocío. Con el sol de la mañana, esas gotas brillan como perlas, aún más bellas, crean arco iris alrededor. Pero lo más bello de todo es que aunque están descansando sobre los pétalos y las hojas, no los tocan: basta una leve brisa para que se deslicen sin dejar huella.

La flor de loto ha sido un símbolo en Oriente, donde se dice que debes vivir en el mundo pero intocado por él: permanecer en el mundo sin que él permanezca en ti. Debes pasar por el mundo sin llevarte ninguna impresión, golpe o rasguño. Si para cuando mueras puedes decir que tu conciencia es tan pura e inocente como la recibiste al nacer, habrás llevado una vida religiosa, espiritual. Por ello la flor de loto se ha convertido en símbolo de la vida espiritual. Crece del lodo y se mantiene intocada. También simboliza la transformación: el fango se convierte en la flor más bella y aromática que conoce el mundo. Gautama Buda estaba tan enamorado del loto que hablaba acerca del "paraíso del loto".

Con profunda meditación y gratitud por la existencia, es posible que este planeta siga creciendo con más estado consciente y más flores; puede convertirse en un paraíso del loto.

Pero se requiere una enorme lucha, una gran transformación en el estado consciente del hombre, y todos están llamados a llevarla a cabo. Contribuye con todo lo que puedas. Toda tu vida debe entregarse a dicha transformación. No tendrás otra oportunidad, otro desafío para tu propio crecimiento y el de este maravilloso planeta: es el único vivo; su muerte sería una gran tragedia que puede evitarse.

? La visión científica de la realidad objetiva y la experiencia subjetiva de la existencia parecen dos dimensiones totalmente separadas y desvinculadas. ¿Es por la naturaleza de las cosas o sólo por una ilusión de nuestra mente?

El enfoque científico de la existencia y el religioso han estado separados y desvinculados. La razón fue la insistencia de las viejas religiones en las supersticiones y sistemas de creencias; y el rechazo a la investigación y la duda. De hecho, no hay separación entre ciencia y religión, aunque esta última insiste en la creencia y eso es algo que la ciencia no puede aceptar.

La creencia encubre tu ignorancia, nunca te revela la verdad, sólo proporciona dogmas y credos para crear una ilusión de conocimiento a través de ellos. Pero ese conocimiento es engaño. Todo lo que esté basado en una creencia es falso. La religión insiste continuamente en ella, en tanto el punto de partida de la ciencia es la duda; por ello sobrevino la separación, que se volvió insalvable. Y se mantendrá si la religión no enfrenta el desafío de la duda.

Desde mi perspectiva, sólo hay ciencia en dos dimensiones. Una se enfoca a la realidad exterior, la otra a la interior. Una es objetiva, otra subjetiva. Sus métodos y conclusiones no son diferentes: ambas comienzan con la duda.

La duda ha sido tan condenada que olvidas su belleza, su riqueza.

El niño no nace con creencias sino en un estado consciente muy curioso, con dudas, escéptico. La duda es natural, la creencia anormal. Ésta es impuesta por padres, sociedad, sistemas educativos, religiones. Todas estas personas han estado al servicio de la ignorancia durante miles de años. Mantienen a la humanidad en tinieblas, y hubo una razón para ello. Si la humanidad no conoce nada de la realidad, puede ser explotada, esclavizada fácilmente, mantenida pobre, dependiente. Todas estas cosas están relacionadas.

Las viejas religiones no estaban interesadas en la verdad. Hablaban sobre ella, pero su preocupación era mantener a la gente lejos de la verdad. Hasta ahora han tenido éxito, pero en la actualidad todas esas religiones están en su lecho de muerte. Y mientras más rápido mueran, mejor.

En principio, ¿por qué necesitas una creencia? No crees en la rosa. Nadie te pregunta: ¿crees en la rosa? Sencillamente te reirás y dirás: "La cuestión de creer no viene al caso; conozco la rosa." El conocimiento no necesita la creencia.

Pero el ciego cree en la luz; debe hacerlo pues no ve. Y la creencia mantiene ciega a la persona religiosa. Si no tuviera la creencia, si le dijeran que es ciego y que sus ojos tienen que curarse, entonces quizá podría ver. Cuando ves la luz, la cuestión de creer no viene al caso: lo sabes. Cualquier creencia sólo revela tu ignorancia, tu ceguera, pero te da la falsa sensación de que sabes.

Si tú indagas, meditas, vas dentro de ti mismo, encontrarás una realidad formidable pero no a Dios. Encontrarás el estado consciente en su máximo florecimiento eterno, pero no a un viejo con larga barba —para estas fechas la barba debió crecer bastante; ¡por siglos ha estado sentado ahí! Todas las religiones se han espantado de la indagación y por eso ocurrió su separación de la ciencia. Y todas las religiones han estado en contra de la ciencia. Porque tarde o temprano la ciencia probará —lo ha hecho ya— que su método de duda te lleva más cerca de la realidad: abre los secretos de la vida. Saber qué es la realidad te hace realmente inteligente.

Pero la ciencia hasta ahora sólo se ha interesado en el mundo objetivo que te rodea. Condeno a las religiones porque han mantenido a la humanidad en tinieblas, pero asimismo a los científicos porque están haciendo algo estúpido: están conscientes de todo y preguntan sobre todo en el mundo, excepto acerca de ellos mismos. El científico en el laboratorio es la única persona fuera de investigación. Todo lo demás se investiga profundamente, sin prejuicio alguno. Pero se olvida al investigador.

¿Es posible una investigación sin investigador?, ¿ observar la realidad objetiva sin observador? Es lo que la ciencia ha hecho trescientos años. Las religiones son criminales, pero la ciencia también debe cargar con su parte de ese crimen, aunque no tan grande, porque sólo tiene trescientos años. La ciencia no puede decir nada respecto al mundo subjetivo, a favor o en contra, porque no lo ha investigado.

Las religiones deben desaparecer completamente —son una especie de cáncer en el alma humana —y la ciencia debe extender su investigación para hacerla completa y no representar sólo a la mitad; dejar de mirar al objeto, olvidando a la persona que mira. La ciencia necesita cultivar una nueva dimensión hacia dentro. La duda será el método para ambas, así que no hay problema para vincularlas: es el centro. Desde ahí podrás moverte dentro de la realidad objetiva, lo que la ciencia ha hecho hasta ahora. Pero también puedes moverte desde la misma duda dentro de ti, lo cual no ha intentado la ciencia. Y como no lo ha hecho, el mundo subjetivo quedó en manos de las religiones. Mismas que fingen investigar en el mundo subjetivo, del estado consciente; pero es sólo una jactancia, porque se basan en la creencia. Una vez creyente, tu investigación ha terminado porque destruyes el problema y con ello matas la búsqueda.

Desde la creencia no puedes moverte hacia la investigación. Cada investigación, objetiva o subjetiva, requiere una mente abierta y la duda proporciona esta cualidad. Y recuerda, para que no haya confusión, que la duda no significa descreencia, porque ésta es nueva creencia. Karl Marx y sus seguidores comunistas dicen que no hay Dios. Es su creencia. Ni Marx ni Lenin y ningún otro comunista, se preocuparon jamás por investigar si Dios realmente existe. En realidad, aceptaron la idea de igual manera en que cristianos, hinduistas, musulmanes y judíos creyeron que hay Dios. Yo no hago distinción entre ateos y teístas: ambos viajan en el mismo barco.

Tampoco distingo entre cristiano, hinduista y comunista. En la superficie parece haber una gran diferencia. Los comunistas no creen en Dios; las religiones sí. Pero eso es superficial; si miras más adentro, si rascas un poco más, te sorprenderás: la descreencia es tan ignorante como la creencia. Ambas han aceptado algo como artículo de fe, sin investigación alguna. Por esto digo que el comunismo es una religión atea. Los musulmanes tienen su Meca, los judíos su Jerusalén y los comunistas su Kremlin: ¡hasta parece iglesia! Quizá lo fue antes de la revolución. Ciertamente, no fue construida por los comunistas. Debe haber sido la iglesia más grande de Rusia. La tomaron para montar ahí sus oficinas centrales. Pero la arquitectura muestra que es una iglesia.

No sólo la arquitectura del Kremlin sino las mentes que desde ahí dominaron, fueron exactamente iguales a las de papas, ayatollahs, shankaracharyas, ¡no hay diferencia! En lo fundamental estarían de acuerdo. Los comunistas creen en *El capital* y los cristianos en la Biblia, ¿pero cuál es la diferencia? Los libros difieren, pero las personas y las mentes creyentes son lo mismo.

Debido a que la ciencia ha negado, extrañamente, la existencia del científico, continúa experimentando con ratas, monos y cualquier otra cosa del mundo. La investigación científica ha llegado a moléculas, átomos y electrones. Pero el científico ha olvidado una cosa: que él también existe. Sin el científico, ningún laboratorio tiene sentido. ¿Quién está experimentando? Ciertamente hay un estado consciente, una capacidad para observar.

Es un hecho muy sencillo, pero durante trescientos años la ciencia no ha aceptado este simple hecho. Los declaro culpables, porque si los científicos se hubieran aceptado también como objeto de investigación científica, las religiones hubieran muerto hace mucho tiempo. Si aún existen, la ciencia debe aceptar su responsabilidad en este hecho.

La mera palabra *ciencia* explica mi enfoque: significa comprensión. Cualquier conocimiento o comprensión necesita tres cosas: un objeto que conocer, un sujeto que conozca y —lo que aparece entre sujeto y objeto— el conocimiento.

Si los seres humanos no estuvieran en la Tierra, árboles y rosales estarían ahí, aunque nadie supiera que son rosas y árboles. Las nubes llegarían, pero nadie sabría que es época de lluvias. El sol saldría, pero no habría amanecer porque no habría nadie para describirlo. Un conocedor es el fenómeno más valioso de la naturaleza y, debido a que la ciencia lo ha negado, las religiones tienen absoluta libertad para insistir en sus viejas creencias.

Mi trabajo es ayudar a que todas las religiones mueran pacíficamente. El área que han ocupado debe pertenecer a la ciencia. Podemos conservar dos nombres, "ciencia" para la realidad objetiva y "religión" para la subjetiva, pero en realidad no son necesarios. Es mejor un solo nombre: ciencia; con dos dimensiones, una moviéndose hacia fuera y la otra hacia dentro.

El método científico comienza con la duda y persiste hasta que ésta es imposible. Cuando se enfrenta a la realidad, la duda fracasa.

Las religiones han reprimido la duda. No me he cruzado con un solo líder religioso que no tenga, en lo profundo de su ser, una duda aún viva. Todas sus creencias pudieron haberla reprimido, pero no destruirla. Puedes mirar dentro de tu mente. Crees en Dios, ¿pero no tienes dudas al respecto? De hecho, si no las tienes, ¿por qué deberías creer? No estás enfermo, ¿entonces por qué cargas con un montón de medicinas? La creencia prueba la existencia de la duda; además, permanece sólo en la superficie, así, empuja la duda más hondo en tu inconsciente, pero no puede destruirla.

La creencia no tiene poder, es impotente. La duda es una inmensa energía. La creencia es ya algo muerto, un cadáver. Tú puedes cargar un cadáver tanto como quieras, pero recuerda que es una carga innecesaria. Pronto comenzará a apestar y, finalmente, hará de ti un cadáver también. No es bueno estar en compañía de los muertos. Es peligroso. La creencia debe desaparecer de todos los lenguajes. La duda debe ser entronizada y la creencia destronada.

La duda vincula de inmediato lo objetivo y lo subjetivo. Son dos polos de la misma realidad y la duda es el puente.

¿Por qué elogio tanto la duda? Porque te hace investigar, propicia preguntas, te lleva a nuevas aventuras. No permite que sigas ignorante. Te estimula hasta que encuentras la luz.

La gente me pregunta una y otra vez: "¿Crees en esto? ¿crees en eso?" Y les respondo que es una pregunta sin sentido. Sé algo o no lo sé. La creencia no tiene lugar en mi ser, en ninguna parte. Si no sé, intentaré saber: eso es la duda, la investigación. Y si sé, no necesito creer; sé por mi propia autoridad. ¿Por qué debería creer en Jesucristo o en Gautama Buda? No hay necesidad.

La ciencia debe abrir las puertas de los mecanismos que las religiones han mantenido cerradas. Hay un vasto universo fuera de ti, infinito. Puedes continuar explorándolo, no hay fin. Pero hay otro aún más grande dentro de ti, y tan cerca, ¡justo dentro de ti! Y también puedes continuar explorándolo. Sabrás quién eres, pero no será el final; la experiencia continuará profundizándose hasta el infinito.

Una persona puede ser científica y religiosa, y entonces será un ser humano total. He definido a la nueva humanidad de muchas maneras, desde distintos ángulos. Incluye también esto en la definición de nueva humanidad: estaremos completos, enteros, al tanto del mundo exterior y del interior. Y en el momento de conocer ambos, sabrás que no son dos, sino la misma energía extendiéndose en dos polos. Uno se convierte en el objeto y el otro en el sujeto. Me gustaría llamarlo la ciencia del interior. Y a lo que hoy es conocido como ciencia, lo llamaría ciencia del exterior. Pero interior y exterior son dos caras de la misma moneda. El exterior no puede existir sin el interior, y éste sin aquél. Así que no hay separación ni problema de relación.

El problema de vincular ciencia y religión aparece porque tendemos a pensar en la ciencia como en una mitad, y a aceptar las religiones falsas que dependen de la creencia y no de la investigación.

Debes investigar como tu única responsabilidad para conocerte a ti mismo. Te han enseñado responsabilidades, pero no ésta. Te han dicho que debes ser responsable ante tus padres, ante tu esposa y esposo, niños, país, iglesia, humanidad y Dios, la lista es casi interminable; pero, la responsabilidad fundamental no está en ella.

¡Me gustaría quemar la lista! No eres responsable ante ningún país, iglesia o Dios. Sólo eres responsable por el conocimiento de ti mismo. Y el milagro es que al cumplir esta responsabilidad, después cumplirás cualquier otra sin esfuerzo. Al llegar a tu propio ser, ocurre una gran transformación en tu vida. Toda tu perspectiva sobre ella sufre un cambio radical. Comienzas a sentir nuevas responsabilidades, no como algo que debe cumplirse, sino como una alegría.

Entonces, no harás nada por el mero sentido del deber, de la responsabilidad, porque es lo que esperan de ti. Lo harás todo por tu felicidad, tu propio sentido del amor y la compasión. No será cuestión de deber, sino de compartir. Tendrás tanto amor y tanta dicha que te gustará compartirlas.

Así que enseño una sola responsabilidad, hacia ti. Todo lo demás seguirá espontáneamente sin esfuerzo alguno de tu parte. Y cuando las cosas ocurren sin esfuerzo, tienen una enorme belleza.

La ciencia debe aceptar que ha desatendido la parte más importante de la existencia: el estado consciente del ser humano. Y una vez que comience a moverse dentro del hombre, las religiones comenzarán a desaparecer solas. Perderán sentido. Cuando el conocimiento esté disponible, ¿quién va a creer? Cuando la experiencia esté disponible, ¿quién creerá? Si la experiencia está disponible, ¿quién leerá la Biblia, el Corán? Cuando tienes comida disponible, no creo que desees leer un libro de cocina. Eso lo puedes hacer después o quizá no necesites hacerlo.

Tienes dentro de ti la llave secreta y ahora es responsabilidad de la ciencia ayudarte a encontrarla. Mi visión de la religiosidad es científica. Por eso yo no ofrezco ningún sistema de creencias, sino métodos, exactamente como la ciencia. Ellos exploran los objetos con sus métodos; nosotros exploramos nuestro estado consciente con los nuestros.

Nuestros métodos se llaman meditaciones. Son totalmente científicos. Ninguna oración es científica, porque primero debes creer en un Dios y sólo entonces puedes orar: una oración tiene que ser dirigida.

La meditación no se dirige a nadie; es un método para escarbar dentro de ti. ¡Y tú estás ahí! No hay necesidad de creer que existes. De hecho, aunque lo desearas, no puedes negarte a ti mismo. La mera negativa demostrará tu existencia. Es lo único innegable. Todo lo demás puede negarse. Quizá es un espejismo en el desierto, un sueño, quizá alucinas, estás hipnotizado y ves cosas que no están ahí. Todo en el mundo puede negarse, excepto tú. Eres la realidad fundamental, innegable, indudable.

Y hacer este hallazgo es una experiencia científica.

En el mundo por venir, la nueva humanidad no tendrá que preocuparse por vincular religión y ciencia, cómo acercarlas, evitar que peleen y se destruyan, no será necesario. Podemos crear una nueva ciencia con la misma metodología con que las otras han sido creadas. Podemos establecer la meditación como método científico, lo cuál no es difícil, todos pueden llevarla a cabo. No se requiere un gran laboratorio, ¡tú eres el laboratorio! Y nada más, sin tubos de ensayo, mecheros y sustancias: nada más.

Todo lo que necesitas para conocerte, se te entregó desde tu nacimiento. Sólo se requiere un giro de 180 grados.

? Si la verdad de nuestro propio ser está dentro de nosotros, ¿por qué tan poca gente la ha encontrado? ¿Y cómo reconocer la diferencia entre esa verdad y el revoltijo que vemos al mirar en nuestro interior?

Nuestra ignorancia es la única razón. No es que no la tengamos —siempre ha estado ahí—, pero la hemos olvidado. Nos hemos vuelto inconscientes de ella, nuestros ojos se han nublado. La visión ha perdido la claridad cristalina necesaria para poder redescubrirla.

¿Te has dado cuenta? A veces tratas de recordar el nombre de alguien. Lo conoces y aun así no te viene a la mente. Lo sientes como una pérdida. Dices que lo tienes en la punta de la lengua: "Lo sé." Pero si alguien insiste: "Si lo sabes, ¿por qué no lo dices?", respondes: "No me viene a la cabeza."

¿Te has dado cuenta? Sabes el nombre y sabes que lo sabes, pero hay una brecha. Y no está vacía, no es pasiva. Esa brecha es intensamente activa. Está buscando en sí misma el nombre perdido.

Y otra cosa que notarás: alguien sugiere un nombre y tú dices: "No, ése no es." ¡Esto es maravilloso! Tú no sabes cuál es, pero sí sabes que ése no es. Dices: "No, no es." Alguien sugiere otro nombre. La brecha es dinámica, sabe lo que es falso, lo que no es cierto, pero olvidó la verdad.

Entonces, si alguien te está enseñando un dios falso, inmediatamente lo sabrás. No habrá problema al respecto. Si alguien te da algo falso, inmediatamente lo identificarás. No sabes lo que es cierto, la verdad, pero de inmediato adviertes lo que no es cierto, porque la verdad está oculta dentro de ti. Pudieras haberla olvidado, pero no que está ahí.

Por eso, en cuanto escuchas la verdad, algo en ti la percibe. No es una cuestión de tiempo. Otros que no pueden percibirla pensarán que estás hipnotizado, que debes razonar, pensar sobre ella, reflexionar y sólo entonces creer.

Pero en cuanto escuches la verdad, su mera cualidad de serlo es tal, que de inmediato llena tu brecha, porque tu propia verdad ha sido provocada.

La verdad que escuchas no viene de fuera. El exterior es sólo una oportunidad para que el interior se abra. De inmediato sabrás que esto es cierto. No puedes discutir al respecto, ni probar lo contrarío, sabrás que no has sido convencido. Estarás transformado por ello, no por haber sido convencido. Es una conversión, no una convicción.

Inteligente y sabio: desenredar los nudos de la mente

La mente no permanece inmóvil. Necesita estar pensando y preocupándose continuamente. Funciona como una bicicleta: si pedaleas, avanza. si dejas de pedalear, te caes. La mente es un vehículo de dos ruedas como una bicicleta, y tu pensamiento es como un pedaleo constante.

Incluso si estás silencioso, comienzas a preocuparte. "¿Por qué estoy callado?" La mente hará todo para crear inquietud y pensamientos, porque sólo puede existir de una manera: a la carrera. Corriendo detrás de algo o desde algo, pero siempre de prisa, en la carrera está la mente. Al detenerte, la mente desaparece.

Justo ahora estás identificado con la mente. Piensas que lo eres. De ahí viene el temor. Si te identificas con la mente, al detenerte estás acabado, dejas de ser. Y no conoces nada más allá de la mente.

Lo cierto es que no eres tu mente. Eres algo más allá. Por tanto es absolutamente necesario que la mente se detenga, para saber por primera vez que no eres ella... porque aún estás ahí.

La mente se ha ido; estás ahí y con mayor alegría, gloria, luz, estado consciente y ser.

La mente estaba fingiendo y tú has caído en la trampa.

Lo que debes entender es el proceso de identificación: uno puede llegar a identificarse con algo que no es uno.

Hay una antigua parábola de Oriente: una leona estaba saltando de un cerro a otro y justo en medio parió un cachorro. Éste cayó dentro del camino por donde pasaba un gran rebaño de ovejas. Naturalmente se mezcló y vivió con ellas, se comportó como oveja. No tenía idea, ni siquiera en sueños, de que fuera un león. ¿Cómo podía tenerla? Alrededor de él había ovejas y sólo ovejas. Nunca rugió como león; una oveja no ruge. Nunca había estado solo como león; una oveja no está sola nunca, siempre está con el rebaño, que es acogedor y seguro. Si ves una oveja caminando, verás que lo hace tan cerca de otra que tropiezan entre ellas. Temen mucho quedarse solas.

Pero el león comenzó a madurar. Fue un fenómeno extraño. Estaba identificado mentalmente con una oveja, pero biológicamente no: la naturaleza no acata lo que dice tu mente. Se volvió un hermoso león, pero debido a que las cosas ocurrieron tan lentamente, las ovejas se acostumbraron a él, exactamente como él se iba acostumbrando a ellas.

Las ovejas pensaron que estaba un poco loco, naturalmente. No se comportaba tan correctamente —era un poco chiflado: ¡fingir que era un león!— pero continuó creciendo. No se suponía que sería así. Ellas sabían que no era un león; lo habían visto desde su nacimiento, criado, dado su leche. No era vegetariano por naturaleza —ningún león lo es—, pero éste lo era, porque las ovejas lo son.

Solía comer pasto con gran placer. Ellas aceptaron pequeñas diferencias, como que fuera un poco grande y pareciera león. Una oveja muy sabía había dicho: "Es como un fenómeno de la naturaleza. Sólo una vez en la vida ocurre."

Y el león mismo aceptó esa verdad. Su color, su cuerpo eran diferentes: debía ser un fenómeno, algo anormal. ¡Pero la idea de que fuera un león era imposible! Todas esas ovejas que lo rodeaban y los psicoanalistas de ovejas le dieron explicaciones. "Sólo eres un fenómeno de la naturaleza. No te preocupes. Estamos aquí para cuidarte."

Pero un día un león viejo pasó por ahí y vio al león joven de pie mucho más alto que el rebaño de ovejas. ¡No podía creerlo! Nunca había visto algo como eso, ni jamás lo había oído en una historia: un león en medio de un rebaño de ovejas y ninguna tenía miedo. ¡Y este león caminaba exactamente como oveja y pastaba en la dehesa!

El viejo león no daba crédito a sus ojos. Olvidó que estaba atrapando una oveja para su desayuno. Se olvidó totalmente de su desayuno. Fue un poco extraño que decidiera pescar al joven león y descubrir lo que ocurría. Pero era viejo y el joven león se escapó. Aunque creía que era una oveja, cuando había peligro se olvidaba de la identificación. Corrió como león y el viejo león tuvo muchas dificultades para atraparlo.

Por fin, el viejo león lo sujetó. No paraba de gritar y llorar, y exclamaba: "Perdóname, soy sólo una pobre oveja. Por favor déjame ir."

El león viejo dijo: "¡Eres un idiota! Deja ya esa insensatez y ven conmigo a la laguna." Cerca había una laguna, donde llevó al joven león. Éste aún se resistía, ¿pero qué puedes hacer contra un león si eres oveja? Puede matarte si no lo sigues; así que lo siguió. La laguna estaba silenciosa y sin ondas, casi como un espejo.

El viejo león dijo al joven: "Mira mi rostro y mira tu rostro, mi cuerpo y tu cuerpo en el agua."

¡En un segundo hubo un gran rugido! Todas las colinas hicieron eco. La oveja desapareció; era un ser totalmente diferente: se reconoció a sí mismo. La identificación con una oveja no era realidad, sólo un concepto mental. Ahora había visto la realidad. El viejo león dijo: "Ahora no tengo nada más que decir. Has entendido."

El joven león sentía una extraña energía nunca experimentada, como si hubiera estado latente. Podía sentir un poder enorme, y siempre había sido una débil, humilde oveja. Toda esa humildad y debilidad sencillamente se evaporaron.

Es una antigua parábola sobre maestro y discípulo. La función del maestro consiste en llevar al discípulo a que vea quién es, a descubrir que lo que creía sobre sí mismo no es verdad.

Tu mente no fue creada por la naturaleza. Siempre conserva esta distinción: a tu cerebro lo creó la naturaleza, es un mecanismo que pertenece a tu cuerpo, pero tu mente fue creada por la sociedad en que vives: religión, iglesia, ideología de tus padres, el sistema educativo en que fuiste enseñado y todo lo demás.

Por eso hay una mente cristiana y otra hinduista, una musulmana y otra comunista. Los cerebros son naturales, pero las mentes son un fenómeno creado. Depende de a qué rebaño de ovejas perteneces. ¿Fue el hinduista? Entonces naturalmente te comportarás como tal.

La meditación es el único método que puede hacerte consciente de que no eres la mente y eso te da una enorme maestría.

Puedes elegir lo correcto y lo incorrecto con tu mente, porque estás distante, eres un observador. No estás pegado a la mente... y darte cuenta de eso es tu temor. Te has olvidado por completo de ti mismo, te has convertido en ella. La identificación es completa.

Cuando digo: "Sé silencioso. Mantente quieto, alerta y observa tus procesos de pensamiento", puedes comenzar a alucinar y sentirte temeroso; puede parecerte la muerte. En cierta forma estás en lo correcto, pero no es tu muerte, es la de tus condicionamientos que, combinados, se llaman "tu mente".

Una vez que distingues con claridad —que separas la mente del cerebro—, de manera inmediata y simultánea ves que la mente está en medio; a cada lado de ella están el cerebro y tu estado consciente.

El cerebro es sencillamente un mecanismo. Puedes hacer con él lo que desees. El problema es la mente porque otros la han creado por ti. No eres tú, ni siquiera te pertenece, es prestada.

Los sacerdotes, los políticos —la gente que está en el poder, que tiene intereses creados— no quiere que tú sepas que estás por encima de la mente, más allá de ella. Todo su esfuerzo ha consistido en mantenerte identificado con la mente, porque ellos la manejan. Estás siendo engañado de manera muy sutil. Quienes manejan tu mente están fuera de ti.

Cuando el estado consciente se identifica con la mente, el cerebro está indefenso, se vuelve mecánico. Lo que desea la mente, el cerebro lo hace. Si te separas de ella, pierde su poder; de otro modo predomina.

? Parece aterrador pensar en que la mente pierda su poder. ¿Cómo puede una persona funcionar sin ella?

Una persona iluminada puede usar la mente de modo más eficiente que el mayor intelectual, por la simple razón de que está fuera de ella y tiene una visión general. Tal vez las partes del cerebro que no funcionan en los estados comunes comienzan a hacerlo cuando tu estado consciente va más allá de tu razón normal, conforme trasciendes los confinamientos de tu racionalidad. Las otras partes del cerebro funcionan sólo con tu trascendencia.

Ésta es la experiencia de quienes se han convertido en iluminados. Cuando digo esto, lo digo con mi propia autoridad. No lo creería si Buda lo dijera. Tal vez estuviera mintiendo, tal vez estuviera mal aconsejado; quizá no y lo que dijo no era correcto. No tendría intención de mentir pero pudo estar confundido; pudo haber cometido un error.

Pero esto lo sé por mi propia experiencia: es tan enorme el cambio que no puede pasar desapercibido. Es como si la mitad de tu cuerpo estuviera paralizada; y un día de pronto ya no lo está. Ambos lados de tu cerebro funcionan totalmente. ¿Puedes ignorarlo? Si una persona que ha estado paralizada, de pronto descubre que ya no lo está, ¿puede ignorarlo? No, no hay posibilidad de que eso suceda.

Sé perfectamente bien la diferencia entre el momento anterior a que me llegara la iluminación y el inmediato posterior. Sé con total certeza que algo dentro de mi mente —que no me había dado cuenta de que existiera— despertó y comenzó a funcionar. Desde entonces no hay problema para mí. Vivo sin preocupaciones, sin apuros ni tensión.

Estas cualidades son consecuencia de las partes de la mente que no están funcionando. Y cuando toda la mente funciona y estás fuera de ti, eres el amo. La mente es el mejor sirviente que puedes encontrar y, asimismo, el peor amo. Pero por lo común la mente es el amo, pero sólo la mitad de ella. ¡El amo y la mitad paralizada! Cuando te vuelves el amo la mente sirve y está totalmente saludable y recuperada.

El iluminado está "fuera de su mente", pero la controla por completo. Sólo su lucidez es suficiente. Si observas todo minuciosamente, tendrás un pequeña experiencia de persona iluminada; no la experiencia completa, pero sí una probada de su sabor. Si observas tu enfado minuciosamente, desaparece. Si sientes una urgencia sexual: obsérvala con cuidado y desaparece.

Si al observar las cosas se evaporan, ¿qué sucederá con la persona que siempre está por encima de la mente, sencillamente consciente de toda ella? Todas esas cosas que te gustaría desechar se evaporan. Y recuerda, todos tienen energía. La ira es energía; al evaporarse se convierte en compasión. Es la misma energía. Mediante la observación la ira se ha ido, era la forma que rodeaba a la energía, pero ésta permanece. Ahora la energía de la ira es compasión. Cuando el sexo desaparece, la enorme energía del amor queda. Y cada cosa desagradable que desaparece en tu mente, deja un gran tesoro tras sí.

El iluminado no necesita desechar nada ni practicar nada. Todo lo que está mal desaparece por sí mismo, porque no puede resistirse a la lucidez. Y todo lo bueno evoluciona por sí mismo, porque la lucidez lo nutre.

El iluminado ha convertido la mente en un estado consciente no mecánico. Puedes destruir el cerebro y con ello acabar con la mente, pero no puedes destruir el estado consciente, porque no depende del cerebro o del sistema cerebral. Puedes destruir el cuerpo y el cerebro, pero si eres capaz de liberar tu estado consciente de ambos, sabes que permanecerá intacto. No te habrás hecho ni una abolladura.

Hay una ley intrínseca: los pensamientos no tienen vida propia. Son parásitos y viven de la identificación con ellos. Cuando dices "estoy enojado", conviertes la energía de la vida en enojo, porque te has identificado con esa emoción. Pero cuando dices "Estoy observando el enojo proyectándose en la pantalla de la mente dentro de mí", ya no le das vida ni energía. Podrás ver que al no identificarte con el enojo, éste resulta impotente. No te afecta ni te cambia. Está absolutamente vacío y muerto. Pasará de largo y dejará el cielo claro y la pantalla de la mente vacía.

Lentamente comienzas a salir de tus pensamientos. Es el proceso completo de observación y testimonio. En otras palabras —George Gurdjieff solía llamarlo "no identificación"—, ya no te identificas con tus pensamientos. Sencillamente te mantienes aparte, indiferente, como si fueran los pensamientos de cualquier otro. Has roto tus conexiones con ellos. Sólo entonces puedes observarlos.

La observación requiere tomar distancia. Si estás identificado no la hay. Es como si te colocaras demasiado cerca del espejo: no puedes ver tu rostro. Se requiere cierta distancia para ver tu rostro en él.

Si los pensamientos están muy cerca de ti, no puedes observarlos. Te impresionan y te hieren: el enojo te hace enojar, la codicia codiciar, y la lujuria ser lujurioso; porque no te distancias en lo más mínimo. Estás tan cerca de ellos que estás obligado a pensar que tú y tus pensamientos son uno.

La observación destruye esta unidad y crea una separación. Mientras más observas, mayor es la distancia. A mayor distancia, menos energía toman de ti tus pensamientos. Y no tienen otra fuente de energía. Pronto comenzarán a morir y desaparecerán. En esos momentos tendrás los primeros destellos de la no mente.

? En Occidente, el psicoanálisis ha crecido gracias a Freud, Adler, Jung y Wilhelm Reich para resolver problemas originados en la mente: frustraciones, conflictos, esquizofrenia y locura, por ejemplo, comparándolo con tus técnicas de meditación, ¿podemos explicar sus aportaciones, limitaciones y deficiencias para resolver problemas humanos provenientes de la mente?

Lo primero que debemos entender de la mente es que ningún problema de ella se resuelve sin trascenderla. Puedes posponer el problema, sobrellevarlo con cierta normalidad, atenuarlo, pero no resolverlo. Puedes hacer que una persona funcione con más eficiencia en la sociedad mediante el psicoanálisis, pero éste jamás resolverá un problema. Y cuando un problema se pospone o traslada, se crea otro. Cambia de lugar, pero permanece. Una nueva erupción vendrá tarde o temprano, y cada vez que el viejo problema haga erupción, será más difícil de posponer y desplazar.

El psicoanálisis es un alivio momentáneo, por que no puede concebir nada que trascienda la mente. Un problema se resuelve cuando vas más allá de él. Si no puedes, entonces *tú* eres el problema. ¿Quién lo resolverá entonces? ¿Cómo eliminarlo? El problema eres tú, no algo separado de ti.

Yoga, tantra y todas las técnicas de meditación se basan en una premisa diferente. Dicen que los problemas están ahí, alrededor de ti, pero tú nunca lo eres. Puedes trascenderlos, mirarlos como un observador ve un valle desde la colina. Su testimonio puede resolver el problema. En realidad, con sólo atestiguarlo se soluciona la mitad, porque si lo observas de manera imparcial y sin comprometerte, puedes hacerte a un lado y mirarlo. La mera claridad que proviene de este testimonio te da la pista, la llave secreta. Y casi todos los problemas existen por que no hay claridad para entenderlos. No necesitas soluciones, sino claridad.

Un problema entendido correctamente está resuelto, pues surge de una mente que no entiende. Creas el problema porque no entiendes. Así que lo básico no es resolverlo, sino promover más entendimiento. Y si hay más entendimiento y claridad, el problema puede enfrentarse imparcialmente, como si perteneciera a alguien más. Si creas distancia entre el problema y tú, se resolverá.

La meditación crea distancia, da perspectiva y permite ir más allá del problema. El nivel del estado consciente cambia. Mediante el psicoanálisis te mantienes en el mismo nivel, nunca cambia y te ajustas a él. Tu lucidez, tu estado consciente y tu capacidad de atestiguar no cambia. Conforme avanzas en la meditación te ubicas cada vez más alto. Puedes empezar a ver hacia abajo tus problemas. Están en el valle y tú en la colina. Desde esta perspectiva, cualquier problema se ve diferente. Y cuanto más crece la distancia, más los observas como si no te pertenecieran.

Recuerda una cosa: si un problema no te pertenece, puedes dar un buen consejo para resolverlo. Si pertenece a otra persona en dificultades, tú siempre eres sabio. Pero si el problema es tuyo, no sabes qué hacer. ¿Qué ha sucedido? El problema es el mismo, pero ahora estás involucrado en él. Cuando es el problema de alguien, tienes una distancia desde la cual mirarlo con imparcialidad. Todos son buenos consejeros para otros, pero cuando le sucede a uno, toda la sabiduría desparece porque la distancia no existe.

Alguien ha muerto y la familia está angustiada: puedes darle un buen consejo, decir que el alma es inmortal, que nada muere, que la vida es eterna. Pero cuando alguien que tú amabas, que significa algo para ti, fue cercano e íntimo, muere, sólo lloras. No puedes darte el mismo consejo a ti mismo: que la vida sea inmortal y nadie muera, ahora parece algo absurdo.

Así que al aconsejar a otros puedes verte como un tonto. Cuando dices a alguien, cuyo ser amado ha muerto, que la vida es inmortal, pensará que eres estúpido. Para él dices insensateces. Sabe lo que significa perder a una persona amada. Ninguna filosofía puede dar consuelo. Y sabe por qué dices eso: no es tu problema. Puedes permitirte ser sabio; él no.

Con la meditación trasciendes tu ser común. Una nueva perspectiva surge en ti, desde donde puedes mirar las cosas de una forma nueva. La distancia se ha creado. Los problemas están ahí, pero están muy lejos, como si le sucedieran a otro. Ahora puedes darte un buen consejo, pero no lo necesitas. La mera distancia te hará sabio.

La técnica entera de la meditación consiste en crear distancia entre los problemas y tú. En este momento, como eres, estás tan enmarañado en tus problemas que no puedes pensar ni contemplar, ver a través de ellos ni atestiguarlos.

El psicoanálisis sólo ayuda a reajustar. No es una transformación y ese es uno de los problemas; el otro es que el psicoanálisis te vuelve dependiente. Necesitas un experto y él hará todo. Llevará tres, cuatro, incluso cinco años si el problema es muy profundo, y te convertirás en dependiente, no crecerás. Por el contrario, te volverás cada vez más dependiente. Necesitarás a este psicoanalista diario, dos o tres veces a la semana. Y si pierdes una cita te sentirás extraviado. Si suspendes el psicoanálisis te sentirás perdido. Se convierte en un intoxicante, en una droga. Comienzas a ser dependiente de alguien que es experto. Puedes decirle a esa persona tu problema y él lo resolverá. Se discutirán y saldrán a la luz las raíces inconscientes de tus dificultades. Pero será otra persona quien lo hizo, la solución la habrá logrado otro.

Recuerda, un problema resuelto por otro no te dará más madurez. Si acaso se la dará a esa otra persona, no a ti. Pudieras volverte más inmaduro y en cuanto haya un problema necesitarás un consejo experto, profesional. Y no pienses que los psicoanalistas maduran mediante tus problemas, porque ellos van con otros psicoanalistas. Tienen sus propios problemas. Resuelven los tuyos pero no los propios. De nuevo, la cuestión de la distancia.

Cada psicoanalista va con otro con sus propios problemas. Es como en la profesión médica. Si el doctor está enfermo no puede diagnosticarse a sí mismo. Está tan cerca de la enfermedad que tiene miedo, así que irá con alguien más. Si eres cirujano no puedes operar tu propio cuerpo, ¿o sí? No hay distancia. Es difícil operar el propio cuerpo. Pero es también difícil si tu esposa está realmente enferma y se le debe practicar una operación delicada:

tu mano temblaría. La cercanía es tan grande que estarás preocupado y no podrás ser un buen cirujano. Tendrás que llamar a otro para que opere a tu esposa.

¿Qué está sucediendo? Eres cirujano, has hecho muchas operaciones, pero no puedes intervenir a tu hijo o esposa porque la distancia no es suficiente: como si no hubiera ninguna, y sin distancia no puedes ser imparcial. Así, un psicoanalista puede ayudar a otros, pero si tiene problemas tendrá que oír consejos, ser psicoanalizado por otro.

Y es extraño que una persona como Wilhelm Reich se volviera loco al final. No podemos concebir a Gautama Buda demente, ¿o tú sí? Si Buda se hubiera vuelto loco, entonces sería claro que no hay salida a esta desventura. Es inconcebible, Buda demente.

Repasa la vida de Sigmund Freud: padre y fundador del psicoanálisis, habló de problemas con mucha profundidad. Pero en la medida en que él mismo estaba preocupado, no resolvió ninguno. ¡Ni un solo problema resolvió! El temor fue un problema tan grave para él como para cualquiera. Era muy tenso y nervioso. El enojo también fue un grave problema para él, tanto como para cualquiera. Podría enojarse tanto que caería en la inconciencia de un arranque aunque supiera mucho de la mente humana, porque como él mismo estaba preocupado, su conocimiento parecía no servirle.

Jung también caería en la inconciencia si tuviera una ansiedad profunda; tendría un ataque. ¿Cuál es el problema? La falta de distancia. Había pensado los problemas, pero no incrementó su estado consciente. Pensaban intelectual, profunda y lógicamente; y algunas veces sus conclusiones pudieron ser correctas, pero no es el punto. Ellos no crecieron en el estado consciente de ninguna forma trascendente. Y aunque trasciendas, los problemas no pueden resolverse; sólo pueden ajustarse.

Freud decía, en los últimos días de su vida, que el hombre es incurable. Sólo puede existir como un ser ajustado, no hay otra esperanza. ¡Nada más! El hombre no puede ser feliz, dijo Freud. Si acaso podemos buscar que no sea tan infeliz y eso es todo. ¿Qué tipo de solución puede encontrarse con una actitud semejante? Después de cuarenta años de experiencia con seres humanos concluyó que no puede ayudarse al ser humano, que por naturaleza somos desdichados y así seguiremos.

Pero la meditación no dice que el ser humano sea incurable; nuestro escaso estado consciente es el problema. Crece en estado consciente, increméntalo y el problema disminuirá. Es cuestión de proporción: a un mínimo de estado consciente corresponde un máximo de problemas; a un máximo de estado consciente, un mínimo de problemas. Con estado consciente total, los problemas sencillamente desaparecen, justo como el sol se eleva en la mañana y el rocío se desvanece. Con estado consciente total no hay problemas, porque no pueden aparecer. El psicoanálisis puede ser una cura provisional, pero los problemas persistirán, porque no previene.

La meditación va a lo más profundo. Te cambiará tanto que los problemas no aparecerán. El psicoanálisis se ocupa de problemas. La meditación se ocupa de ti directamente, no de los problemas. Por eso los mayores psicólogos orientales —Buda, Mahavira o Lao Tsé—no hablaban de problemas. Y la ciencia occidental piensa que la psicología es una disciplina nueva. ¡No es así!

Fue apenas en la primera parte del siglo XX que Freud demostró científicamente que el inconsciente existe. Buda habló de ello veinticinco siglos antes. Pero nunca ha afrontado ningún problema porque, dice, son infinitos. Si continúas atento a cada problema, nunca serás capaz de afrontarlos.

Afronta a la persona y olvida los problemas, al ser en sí mismo, y ayúdalo a crecer. Conforme crezca y se vuelva más consciente, los problemas continuarán desvaneciéndose; no necesitas preocuparte por ellos.

Por ejemplo, un esquizofrénico es una persona dividida. El psicoanálisis buscará hacer manejable esta división, ajustar a este hombre para que funcione y viva pacíficamente en sociedad. El psicoanálisis afrontará el problema, la esquizofrenia. Si este hombre fuese a Buda, no le hablaría sobre la condición esquizofrénica. Diría: "Medita de modo que el ser interior se vuelva uno. Cuando así ocurra, la división en la periferia desaparecerá." La división está ahí, pero no es la causa, sino el efecto. En algún lugar en lo profundo del ser hay una dualidad que ha creado esa fractura en la periferia. Puedes continuar reparando la fractura, pero la división interna perdurará; entonces la fractura aparecerá en algún otro sitio y tú la reparas, pero en algún otro lugar reaparece. Así que si tratas un problema psicológico, otro surge de inmediato y después aparece un tercero. Es bueno en la medida en que los profesionales se ocupan, porque viven de ello. Pero esto no ayuda. Tenemos que ir más allá del psicoanálisis. Sólo si recurrimos a métodos de crecimiento del estado consciente, crecimiento interno del ser, el psicoanálisis puede ayudar.

Ahora bien, esto ya está sucediendo; el psicoanálisis ya es obsoleto. Los sagaces pensadores de Occidente estudian cómo expandir el estado consciente y no sólo cómo resolver problemas; buscan la forma para que la gente esté alerta y lúcida. El ahora ha llegado, las semillas han retoñado. El énfasis debe ser recordado.

No me preocupan tus problemas. Hay millones y es inútil continuar resolviéndolos, porque eres su creador y sigues intocable. Resuelvo un problema y creas diez. No pueden ser derrotados, porque el creador se mantiene tras ellos. Si continúo resolviendo sólo perderé mi energía.

Aparto tus problemas y sencillamente trataré contigo. El que los crea debe cambiar. Y una vez hecho esto, los problemas en la periferia disminuirán. Aunque supuestamente nadie coopera con ellos y nadie ayuda a crearlos o los disfruta —puedes sentir que la palabra "disfrutar" es extraña—, recuerda bien que disfrutas tus problemas y por eso los creas

Toda la humanidad está enferma. Hay razones, causas fundamentales, que seguimos pasando por alto. En cuanto un niño está enfermo se le atiende; cuando está sano nadie le presta atención; cuando está enfermo sus padres lo aman o al menos fingen. Pero en cuanto está bien, nadie se preocupa por él. Nadie piensa en darle un beso o un abrazo. Él aprende el truco. Y el amor es una necesidad básica, como la atención es un alimento básico. Para el niño, la atención es incluso más necesaria que la leche. Sin ella algo morirá dentro de él.

Quizá hayas escuchado acerca de la investigación en laboratorios donde se experimenta con plantas: crecen más rápido si les prestas atención, mirándolas con amor. Se usan dos plantas para el experimento. A una se le da atención y amor —sonriendo, acercándosele amorosamente— y a la otra no. Todo lo demás se les proporciona a ambas: agua necesaria, fertilizantes, sol, pero a una no se le presta atención: cuando pasan a su lado ni siquiera la miran. Se ha visto que la primera crece más rápido, da flores grandes; el crecimiento de la otra se retrasa y sus flores son pequeñas.

La atención es energía. Cuando alguien te mira amorosamente te da alimento, un alimento muy sutil. Así que cada niño necesita atención, y tú sólo le das atención cuando está enfermo o hay algún problema. Así que si el niño necesita atención creará problemas, se convertirá en creador de problemas.

El amor es una necesidad básica. Tu cuerpo crece con alimento, tu alma lo hace con amor. Pero si tú sólo puedes obtener amor cuando estás enfermo o tienes problemas, porque de otra manera nadie te lo dará, aprenderás y comenzarás a crear problemas.

¿Lo has observado alguna vez? En tu casa los niños juegan silenciosa y apaciblemente. Entonces, si algún invitado llega, comienzan a crear problemas: se debe a que tu atención se dirige a los invitados y ya no a los niños. Quieren tu atención, la de los invitados, la de todos. Ellos harán algo, crearán algún conflicto. Esto es inconsciente, pero se convierte en una pauta. Y cuando has crecido, continúas haciéndolo.

Un psicoanalista es un prestador profesional de atención. Durante una hora te mira atentamente. Cualquier cosa que digas, hasta un disparate, lo escucha como si estuviera escuchando las escrituras. Y te persuade de hablar más, decir lo que sea, importante o irrelevante, para sacar tu mente. Entonces te sientes bien.

La mayoría de los pacientes se enamoran de sus psicoanalistas. Y proteger la relación cliente-terapista es un gran problema, porque tarde o temprano se convierte en relación de amantes. ¿Por qué? ¿Por qué una paciente se enamora de su psicoanalista? O, ¿por qué un paciente se enamora de su psicoanalista mujer? La razón es que por primera vez en sus vidas se les presta mucha atención. Su necesidad de amor se satisface.

A menos que tu ser fundamental cambie, nada lograrás con resolver problemas. Tienes un potencial infinito para crear nuevos líos. La meditación es un esfuerzo para hacerte independiente, primero; y después para cambiar tu tipo y calidad de estado consciente. Con una nueva calidad de estado consciente los viejos problemas no pueden existir, simplemente desaparecen. Eras un niño pequeño, tenías diferentes problemas. Cuando te hiciste mayor, sencillamente desaparecieron. ¿Dónde se han ido? Nunca los resolviste, simplemente desaparecieron. Incluso ya no puedes recordarlos. Creciste y esos problemas desaparecieron.

Un poco después, tuviste otros problemas; cuando te hiciste mayor no estaban ahí. No es que seas capaz de resolverlos —nadie es capaz de resolver todos los problemas—, sencillamente los perdiste con el tiempo. Cuando seas mayor, reirás de esos problemas tan urgentes y destructivos por los que varias veces pensaste en suicidarte. Y ahora que has envejecido, sencillamente ríes. ¿Dónde se han ido esos problemas? ¿Los has resuelto? No, simplemente creciste. Esos problemas pertenecían a una etapa particular del crecimiento.

El caso es similar conforme creces más profundamente en tu estado consciente. Entiendes y los problemas continúan desapareciendo. En algún momento eres tan consciente que los problemas no aparecen. La meditación no es análisis, es crecimiento. No se ocupa de problemas, sino del ser.

LÍDER CONTRA SEGUIDOR:
entender la responsabilidad
de ser libre

Hay una frase profética de Friedrich Nietzsche: "Dios está muerto y el hombre es libre." Él mostró una enorme perspicacia al respecto, pero muy poca gente ha sido capaz de entender la profundidad de su declaración, que es piedra angular en la historia de la conciencia. Si hay un Dios, el hombre nunca puede ser libre: es una imposibilidad. Con Dios, el hombre continuará siendo esclavo y la libertad una palabra vacía. Sólo sin Dios la libertad comienza a tener sentido.

Pero la sentencia de Nietzsche es sólo la mitad; nadie ha intentado completarla. Parece completa, pero Nietzsche no estaba consciente de que hay religiones en el mundo que no tienen Dios, incluso en ellas, el hombre no es libre. No pensaba en budismo, jainismo, taoísmo, o religiones más profundas. Por la misma razón que Nietzsche, Lao Tsé, Mahavira y Gautama Buda negaron a Dios, porque vieron que con Dios el hombre es sólo un títere. Así, todos los esfuerzos por ser un iluminado carecen de sentido; no eres libre, ¿cómo puedes serlo? Y hay alguien omnipotente, todopoderoso, que puede despojarte de la iluminación. ¡Puede destruirlo todo!

Pero Nietzsche no estaba consciente de esas religiones sin Dios. Durante miles de años hubo gente que entendió que la existencia de Dios es el gran obstáculo para la libertad del hombre y por eso lo eliminaron. Pero aun así el hombre no es libre.

Lo que intento ayudarte a entender es que sólo con matar a Dios, no puedes hacer libre al hombre. Tendrás que matar además a la religión.

La religión también debe morir, seguir a Dios. Es necesario crear una religiosidad sin Dios y sin religión; que no haya nadie arriba más poderoso que tú, y que no haya religión organizada que cree diferentes clases de jaulas: cristiana, musulmana, hinduista, budista. Jaulas hermosas.

Con Dios y la religión muertos, algo más desaparecerá automáticamente: el clero, las diferentes formas de líder religioso. Entonces ya no tendrán función. No tendrán religión organizada en la cual se pueda ser papa, shankaracharya o Ayatollah Jomeini. Ya no tendrán Dios al cual representar; su función habrá concluido.

Buda, Mahavira y Lao Tsé abandonaron a Dios de la misma manera que Friedrich Nietzsche, sin estar conscientes de que si la religión permanece, incluso sin Dios, el sacerdote se las arreglará para mantener al hombre en la esclavitud.

Para completar la idea de Friedrich Nietzsche, la religión debe morir. No sirve de nada una religión organizada si no hay Dios. ¿Para quién existe? Iglesias, templos, mezquitas, sinagogas tienen que desaparecer. Y con ellos rabinos, obispos y todo tipo de líderes religiosos se vuelven sencillamente desempleados, inútiles. Pero entonces ocurre una revolución formidable. La humanidad se vuelve completamente libre. Pero antes de entender las implicaciones de esta libertad debes conocer las limitaciones de la idea de Nietzsche. Si su idea está completa, ¿qué tipo de libertad será asequible? Dios está muerto, el hombre es libre... ¿libre para qué? Su libertad será sólo como la de otro animal. No es correcto llamarla libertad: es libertinaje. No es libertad porque no trae aparejada responsabilidad alguna ni conciencia. No ayudará al hombre a elevarse sobre sí mismo, a convertirse en algo mayor de lo que es bajo su esclavitud. A menos que la libertad te lleve más alto que cuando eras esclavo, no tiene sentido.

Es posible que tu libertad te lleve más abajo, porque la esclavitud tiene cierta disciplina, moralidad, principios; tiene una religión organizada para ocuparse de ti y mantenerte temeroso del castigo y el infierno, ávido de recompensas y del cielo; y para mantenerte apenas por encima de un animal salvaje, que es libre, pero al que esa libertad no lo ha hecho un ser superior. No le ha dado ninguna cualidad de conciencia que pueda valorar.

Nietzsche no tenía idea de que dar libertad no es suficiente; quizá es peligroso, porque pudiera rebajar al hombre a la animalidad. En nombre de la libertad pudiera perder su rumbo hacia estados más altos de conciencia.

Cuando Dios muere, la religión como cuerpo organizado muere, y el hombre es libre de ser él mismo. Por primera vez puede explorar su ser más íntimo sin estorbos, sumergirse en las profundidades de su ser, elevarse a las alturas de su estado consciente. No hay nadie para obstruirlo, su libertad es total. Pero esta libertad sólo es posible si rescatamos algo que llamo "calidad de la religiosidad", de modo que ésta armonice con la libertad humana: fomente el crecimiento humano.

Por "religiosidad" entiendo que el ser humano, como es, no es suficiente. Podemos ser más, inmensamente más. Sea lo que sea el ser humano, sólo es una semilla. No conocemos el potencial que portamos dentro de nosotros.

La religiosidad sencillamente significa un reto para crecer, para que la semilla alcance su punto máximo de expresión, estalle en miles de flores y emita el aroma oculto en ella. Ese aroma lo llamo religiosidad. No tiene nada que ver con las llamadas religiones, con Dios o el clero: sólo contigo y tus posibilidades de crecimiento.

Así que utilizo la palabra "religiosidad" sólo para recordarte que Dios puede morir y las religiones desaparecer, pero la religiosidad es algo entretejido en la existencia. Es la belleza de un amanecer, de un ave en vuelo, de un loto que se abre. Es todo lo que es verdadero, sincero y auténtico, amable y compasivo. Incluye lo que te impulsa hacia arriba, que no te detiene donde estás, sino que siempre está recordándote que debes ir aún más lejos. Cada lugar donde descansas es sólo un refugio para la noche; en la mañana vamos de nuevo en peregrinación perpetua, y estás solo, eres totalmente libre.

Así que es una gran responsabilidad, inaccesible para quien cree en Dios, en el sacerdote, en la Iglesia, porque alguien así, busca ceder su responsabilidad a otra persona. El cristiano piensa que Jesús es el salvador, así que es responsable por él: "Él vino y nos libró de nuestra desventura, de este infierno." La libertad simplemente te hace responsable de todo lo que eres y serás.

Por ello he conservado la palabra "religiosidad". Es bella. No significa organización, no es hinduista, musulmana o cristiana: es como un aroma para guiarte adonde vas.

Y no hay dónde detenerse. En la vida no hay punto y aparte, ni siquiera punto y coma, apenas hay comas. Por un momento puedes reposar, pero el descanso sólo es para acumular energía y seguir adelante, hacia arriba.

Pastor y oveja: cortar los hilos del titiritero

La sola idea de Dios te da un sentido de alivio: no estás solo, alguien se ocupa de los temores; este universo no sólo es caos, es realmente un cosmos; hay un sistema detrás de él; no es un revoltijo ilógico de cosas, no es anárquico, alguien lo gobierna; el rey está ahí ocupándose de cada detalle, ni siquiera una hoja se mueve sin su anuencia. Todo está planeado, y tú eres parte de un gran destino. Quizá no conoces el significado, pero está aquí porque Dios está ahí. Dios trae un enorme alivio. Uno comienza a sentir que la vida no es accidental, que hay cierto trasfondo de significado o destino, que Dios proporciona.

No hay Dios; su idea sencillamente manifiesta que el hombre no sabe por qué está aquí. Sencillamente manifiesta que el hombre no tiene ayuda, ni sentido asequible para él. Mediante la idea de Dios puede creer en un significado y vivir su inútil vida pensando que alguien se ocupa de ella.

Sólo imagina: vuelas en un avión, alguien llega y dice: "No hay piloto." Súbitamente cunde el pánico. ¿No hay piloto? Están perdidos. Entonces alguien dice: "El piloto debe estar ahí, invisible, puede ser que no lo veamos, pero está ahí; de otra manera, ¿cómo este bello mecanismo funciona? Sólo piénsalo, todo va tan maravillosamente: ¡debe haber un piloto! Quizá no somos capaces de verlo, no hemos orado lo suficiente o nuestros ojos están cerrados, pero el piloto está ahí. Si no, ¿cómo es esto posible? Este avión despegó, está volando perfectamente bien, los motores zumban. Todo prueba que hay un piloto."

Si alguien puede convencerte, te relajas de nuevo en tu asiento. Cierras los ojos, puedes dormirte y comienzas a soñar otra vez. El piloto está ahí, no debes preocuparte.

El piloto no existe, es una creación humana. El hombre ha creado a Dios a su propia imagen. Es una invención del hombre, no un descubrimiento. Y Dios no es la verdad, es la más grande mentira que hay.

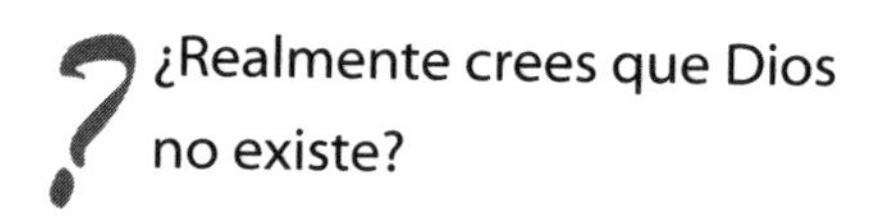

¿Realmente crees que Dios no existe?

Yo no creo que Dios no existe, estoy seguro de que no existe. Y gracias a Dios que no existe, porque su existencia habría creado tantos problemas y dificultades, que la vida hubiera sido casi imposible. Tal vez no hayas visto el tema como lo voy a referir, quizá nadie ha intentado jamás verlo desde este ángulo.

Los cristianos dicen que Dios creó el mundo. De hecho, la hipótesis de Dios es necesaria para la creación. El mundo está ahí, alguien debió crearlo. Quien haya sido, ese creador es Dios. Pero, ¿adviertes las implicaciones? Si el mundo es creado, entonces no puede haber evolución: la evolución significa que la creación continúa.

Piensa en la historia cristiana: Dios creó el mundo en seis días y en el séptimo descansó; desde entonces ha estado descansando. Toda la creación se completó en seis días. Ahora bien, ¿cómo puede darse la evolución? ¡La creación significa que ha concluido! Se ha llegado al punto final en el sexto día y después de eso no hay posibilidad de evolución.

La evolución implica creación incompleta, por tanto, posibilidad de evolucionar. Pero Dios no pudo crear un mundo así: eso iría contra la naturaleza de Dios. Él es perfecto y lo que haga es perfecto. Él no evoluciona, tampoco el mundo, todo está paralizado y muerto. Por esta razón la Iglesia se opuso a Charles Darwin: él propuso una idea que mataría a Dios tarde o temprano. Los líderes de la Iglesia fueron perspicaces en un sentido: vieron las implicaciones remotas de la idea de la evolución.

Por lo común, no vincularías creación con evolución. ¿Qué conexión hay entre Dios y Charles Darwin? Hay una. Darwin dijo que la creación es un proceso continuo y la existencia siempre es imperfecta; puede evolucionar, alcanzar nuevas cimas y dimensiones, abrir nuevas puertas y posibilidades.

Dios terminó su trabajo en seis días, y no hace mucho: sólo 4004 años antes de que Jesucristo naciera. Debió ser un lunes primero de enero, porque nos arreglamos para encajar a Dios en todo lo que hemos creado. Él sigue nuestro calendario. Si me preguntas, te diré que debió ser lunes 28 de diciembre, día de los inocentes: totalmente apropiado para crear una existencia completa y preparada.

Si la evolución se vuelve imposible, la vida pierde el significado y el futuro o sólo tiene pasado.

No es anormal que la gente religiosa esté constantemente orientada al pasado: es lo único que tiene. Todo ha sido ya hecho, nada queda por hacer, el futuro está vacío, en blanco, y todavía debes vivir en ese futuro. Todo lo que tenía que pasar, pasó hace 4004 años, antes de que Jesús naciera. Después no ha habido evolución ni desarrollo. Dios creó el mundo como un alfarero crea una olla, una cosa muerta a partir del lodo. Pero recuerda que el alfarero puede destruir la olla en cualquier momento. Si le das el poder de creación a Dios, simultáneamente le otorgas el poder para des-crear. Son las implicaciones que no se han indagado. Dios puede des-crear. El día de los inocentes llega cada año el 28 de diciembre y él puede des-crear. Eso le tomaría seis días de nuevo.

La mera idea de que has sido creado te convierte en cosa y te despoja de tu ser.

Sólo puedes ser si no hay Dios. Él y tú como ser no pueden coexistir. Por esto digo que estoy seguro de que Dios no existe, porque veo seres por todas partes.

La presencia de seres es prueba suficiente de que Dios no existe y no puede existir. La persona que comienza creyendo en Dios inadvertidamente pierde su cualidad de ser para convertirse en cosa. Así pues, hay cosas cristianas, hinduistas y musulmanas, pero no seres. Han desechado su ser por voluntad propia, se lo han dado a Dios. La ficción ha cobrado vida y lo vivo se ha convertido en ficción. Sencillamente pongo las cosas del lado correcto.

Cuando digo que Dios no existe lo hago sin rencor. Me importa un bledo si existe o no; no es mi problema. Cuando digo que no existe, mi objetivo es devolverte tu perdida cualidad de ser, mostrarte que no eres una cosa creada por alguien de manera arbitraria.

¿Por qué decidir, cierto día, 4 004 años antes de que Jesús naciera, crear el mundo? ¿Qué suscitó la idea de la creación? ¿Hubo algo más que lo obligó? ¿Alguna serpiente lo persuadió? ¿Por qué cierto día y no antes? Quiero analizar el asunto. Es arbitrario y caprichoso. Si la historia es verdadera, Dios está loco. ¿Qué estuvo haciendo toda la eternidad que la idea de la creación le llegó tan tarde?

La mera idea nos hace arbitrarios y caprichosos, mientras la evolución no lo es. La evolución es eterna; siempre ha estado transcurriendo. No hay tiempo en que no hubiera existencia y nunca lo habrá: la existencia significa eternidad.

Dios hace todo ridículo, pequeño, arbitrario, sin sentido, caprichoso. Sólo existía ese viejo, y él debe haber sido realmente viejo —muy viejo— cuando esta idea de la creación le llegó, y él solo la completó en seis días. Por eso la Iglesia estaba en contra de Charles Darwin: "Estás diciendo que su obra no está aún completa, evoluciona. Estás contra la Biblia, las sagradas escrituras. Contra Dios y la idea de la creación."

Charles Darwin dijo simplemente: "No estoy contra ningún Dios, no conozco ningún Dios." Fue una persona temerosa y cristiana. Solía rezar; de hecho, comenzó a hacerlo tras escribir sobre la teoría de la evolución. Se volvió temeroso: quizá estaba haciendo algo contra Dios. Había creído que Dios creó el mundo, pero la naturaleza mostraba una historia diferente: que todo evoluciona, la vida nunca permanece igual.

Así, si alguien cree en Dios, no puede creer que tú eres un ser. Sólo las *cosas* son creadas, tienen principio y fin; los seres son eternos.

Por este hecho, dos religiones en India, jainismo y budismo, desecharon la idea de Dios, porque conservarla era desechar la idea del ser, que es mucho más significativa. Les hubiera gustado mantener ambas, pero fue lógicamente imposible. Si aceptas que has sido creado, aceptas la otra parte de ello, que el mismo hombre caprichoso, cualquier día, puede des-crearte. Así qué significado puedes tener: ¿ser sólo un juguete en manos de un viejo mago? Cuando quiere juega con los juguetes pero ¿si lo desea los destruye? Realmente fue un paso formidable, valiente de parte de Mahavira y de Buda, elegir el ser y desechar la idea de Dios, y haberlo hecho hace 25 siglos. Sencillamente vieron que no podrías lidiar con ambas, porque se oponen. Pero no estaban conscientes de la evolución, descubrimiento posterior. Ahora sabemos que la creación va en contra de la idea de evolución.

Creación y evolución están mutuamente enfrentadas. La primera significa completud y la segunda crecimiento constante. Éste sólo es posible si las cosas son imperfectas y así permanecen. Crecen como pueden y siempre hay la posibilidad de crecer más.

Hay unas cuantas cosas que se deben considerar.

Si fuiste creado, no puedes tener libertad. ¿Has visto alguna máquina o a una "cosa" teniendo libertad?

Todo lo creado está en manos de su creador, como un títere. Él tiene las cuerdas en sus manos; tira de una cuerda y... tú debes haber visto un espectáculo de títeres. Se tira de las cuerdas —el hombre está detrás del escenario, pero sólo ves a los títeres— y los títeres bailan y pelean, pero todo es falso. El titiritero es la realidad.

Estas marionetas no tienen libertad para pelear, amar, casarse; todo eso ocurre en un espectáculo. No tienen libertad para bailar o para decir "¡No! No voy a bailar". No pueden decir que no. Y en ninguna de las religiones puedes decir que no: no a Dios, al mesías, a su libro sagrado; nunca, nunca pienses en decir no.

¿Por qué? Si no puedes decir que no, ¿cuál es el significado del sí? Es un corolario: "sí" tiene significado cuando eres capaz de decir "no". Si debes decir que sí, no hay otra opción. He escuchado que cuando Henry Ford comenzó a fabricar automóviles solía ir al salón de exhibiciones y hablar con los consumidores.

Él decía: "Puedes elegir cualquier color a condición de que sea negro", porque en ese tiempo sólo había disponibles autos negros. Eres libre, tu respuesta condicionada es sí. ¿Qué tipo de libertad es ésa?

Las marionetas no pueden tener libertad. Y si Dios te ha hecho, eres una marioneta. Es mejor rebelarse contra Dios y convertirse en un ser, que someterse y formar parte de un espectáculo de títeres, porque cuando te aceptas como títere te has suicidado.

Ves títeres en todo el mundo, con colores, nombres y rituales diferentes. Los hinduistas dicen que sin la voluntad de Dios incluso una hoja de árbol no puede moverse. ¿Qué hay de ti? Todo sucede de acuerdo con Dios. De hecho, ha determinado todo en el momento de crearlo; está predestinado. Así pues, es muy raro que la gente inteligente continúe creyendo en esas tonterías.

Sólo ve las tonterías: por un lado Dios te ha creado; por el otro, cuando haces algo incorrecto serás castigado.

Si Dios te creó y determinó tu naturaleza y no puedes ir contra ella, no tienes libertad alguna. Con Dios no hay posibilidad de tener libertad; entonces, ¿cómo puedes cometer un crimen, ser un pecador? ¿Y cómo puedes ser un santo?

Todo está determinado por él. Él es responsable; no tú.

Pero la gente continúa creyendo ambas cosas a la vez: Dios ha creado al mundo, al hombre, a la mujer y todo: ¿aun así cargas con toda la responsabilidad?

Si hay algo equivocado en ti, Dios es responsable y debería ser castigado. Si eres asesino, entonces Dios creó un asesino y él debería ser responsable por Adolfo Hitler, José Stalin y Mao Tsetung. Él creó a estas personas.

Pero no, la mente religiosa pierde inteligencia, se oxida, olvida que estas son cosas incompatibles; Dios y la libertad son incompatibles. Si eres libre, entonces no hay Dios.

Quizá no hayas pensado sobre esto. ¿Cómo puedes ser libre con un creador que continuamente te observa, y dirige? En primer lugar él ha puesto todo en ti como en un programa fijo. Y tú lo seguirás; no puede ser de otra manera, no puedes hacer otra cosa. Igualmente alimentas a la computadora y sólo así puede responder. Si comienzas a preguntarle cosas que no has programado, la computadora no puede responder. Es un mecanismo: primero la alimentas y cuando lo necesites te proporcionará información.

Si hay un creador, tú sólo eres una computadora. Él ha puesto cierta información en ti, te ha programado y luego tú respondes. Si eres un santo, no debes atribuirte crédito, estaba en el programa. Si hay un dios que ha creado el mundo, nadie es responsable excepto él. ¿Y ante quién es responsable? No hay nadie encima de él. Tú no eres responsable porque él te creó; él no es responsable porque no hay nadie ante quien deba responder. "Dios" significa que en el mundo no hay responsables; y la responsabilidad es el centro mismo de tu vida.

Entonces, aceptar a Dios no es ser religioso, porque sin responsabilidad, ¿cómo ser religioso? Sin libertad, ¿cómo ser religioso? Sin un ser independiente en ti, ¿cómo serlo? Dios es la idea más antirreligiosa.

Si lo examinas desde cualquier ángulo, quienes creen en Dios no pueden ser religiosos.

De modo que cuando digo que no hay Dios trato de salvar la religiosidad.

No hay peligro que provenga del diablo, el verdadero peligro viene de Dios. El diablo es sólo su sombra. Si Dios desaparece, la sombra desaparecerá. El verdadero problema es Dios.

Cuando digo que Dios es el mayor enemigo de la religiosidad, se escandalizará la llamada "gente religiosa", porque piensa que orar y adorar a Dios, entregarse a él es religión. Nunca ha pensado en responsabilidad, libertad, crecimiento, estado consciente y ser; nunca se ha preocupado con las verdaderas cuestiones religiosas. Esas personas no se dan cuenta de que pierden todo lo que es valioso y bello, lo que puede convertirse en una bendición para ellas. La llamada persona religiosa comienza concentrándose en una ficción y olvida su propia realidad, se olvida de sí misma y piensa en alguien ahí arriba, en el cielo. Ese alguien es no existencial, pero tú puedes centrarte en cualquier cosa no existencial y olvidarte de ti mismo en ese proceso. Y ahí es donde surge la religión verdadera dentro de ti.

Por esto la oración no tiene nada que ver con la religión. ¿Qué haces al orar? Primero creas una figura de tu propia imaginación y luego le hablas. Estás efectuando un acto demente. En todas las iglesias, sinagogas, templos y mezquitas del mundo, esas personas hacen algo loco. Pero toda la Tierra está llena de gente loca.

Las han hecho durante siglos y tú aún los aceptas como religiosos, y te escandalizas si digo que no lo son. Ni siquiera son normales, no digamos religiosos. Ellos están debajo de lo normal. Practican algo tan estúpido que si continúan haciéndolo, sea cual sea la poca inteligencia que les quede, poco a poco se echará a perder. Tal vez hasta ya ocurrió.

Para mí, la religiosidad es un fenómeno maravilloso, no algo ficticio. Es ingresar en el corazón mismo de la realidad, conocer la existencia desde su centro mismo. Pero debes desechar tus ficciones, éstas nunca te permitirán entrar en ti porque se proyectan en el exterior y tú te identificas con ellas. Lo sabes. Miras una película o un programa de televisión y sabes perfectamente bien, aunque varias veces las lágrimas acudan a tus ojos, que sólo es una pantalla de televisión y que no hay nadie ahí. Olvidas que eres un observador; te identificas tanto con alguien que si tiene un gran sufrimiento llora. ¡Y eso es lo que personas que se dicen religiosas han estado haciendo! Se han comprometido con dioses y diosas imaginarios de todas clases y tipos, y se han olvidado completamente de ellos mismos. Adoran algo que no está ahí, pero lo hacen con tal intensidad, que han forjado una alucinación.

Es posible para un cristiano ver a Jesús con los ojos abiertos; es posible para un hinduista ver a Krishna con los ojos abiertos. La verdadera dificultad sería que Jesús se apareciese a un hinduista —nunca, ni por error— o Krishna a un cristiano. Que lo hicieran sólo por un momento, no provocaría mucho daño, pero Jesús y Krishna nunca cometerían ese error. El cristiano no lo permitirá, porque sólo alucina a Jesús, no a Krishna. Lo que proyectas aparece en la pantalla.

Igual sucede con la película que aparece en la pantalla: es la que proyectas. No es posible proyectar una y ver otra en pantalla. Por eso Krishna no se aparece a un cristiano, musulmán o judío. Y Jesús sólo a los cristianos.

Y continuamos fortaleciendo e imponiendo nuestra imaginación y alucinaciones. ¿Qué has sacado de eso? Tras miles de años de alucinación, ¿qué has logrado aparte de esta humanidad alrededor y de este caos? ¿Es el resultado de miles de años de prácticas religiosas, disciplinas, ritual, oración? Millones de iglesias, sinagogas, templos en el mundo, ¿y éste es el resultado? ¿El ser humano que ves, la gente real, ha salido de este esfuerzo?

Así debiera ser, pero hemos desperdiciado todos estos años en una estupidez total, llamada religión. Hemos desperdiciado mucho tiempo en el cual pudimos crecer a alturas desconocidas, llegar a profundidades inescrutables; a la libertad de espíritu, compasión del alma, integridad e individualidad. Todos estos miles de años desperdiciados, persiguiendo a un Dios falso, sin ningún valor y me preguntas: "¿De verdad no crees?"

No se trata de creer o no. ¡No hay en quien creer o no! No hay Dios.

Así que por favor recuerda: no comiences a decir que soy un descreído. No soy ni creyente ni descreído. Sencillamente digo que todo es una mera proyección de la mente humana y es tiempo de parar este juego contra nosotros mismos. Es tiempo de despedirnos de Dios para siempre.

? ¿De dónde viene el fundamentalismo religioso? ¿Cuál es la psicología subyacente y en qué cambia en relación con otras formas de religión que parecen más tolerantes y amorosas?

La religión es un fenómeno muy complejo y debe entenderse su complejidad. Hay siete tipos de religión en el mundo. El primero se orienta por la ignorancia. Dado que la gente no tolera su ignorancia, la oculta. Es difícil aceptar que uno no sabe, porque va contra el ego. Así la gente cree. Sus sistemas de creencia funcionan para proteger sus egos. Las creencias parecen ayudar, pero en el largo plazo son muy dañinas. Al principio protegen, al final son muy destructivas. La orientación misma descansa en la ignorancia.

Una parte importante de la humanidad continúa en el primer tipo de religión, que consiste sencillamente en evitar la realidad, la brecha que uno siente en el propio ser, el agujero negro de la ignorancia. La gente del primer tipo es fanática. No tolera que haya otras religiones en el mundo. Su religión *es la* religión. Como son tan temerosas de su ignorancia, si hay otras religiones deben ser suspicaces porque la duda aparece, no estarán tan seguros. Para obtener certeza se vuelven obstinados: no pueden leer las escrituras de otros, escuchar otros matices de la verdad y tolerar otras revelaciones de Dios. La suya es la única revelación y su profeta el único. Cualquier otro es absolutamente falso. Estas personas hablan en términos de absolutos, mientras una con entendimiento lo hace siempre en términos relativos.

Dichas personas han hecho mucho daño a la religión. Por ellas la religión se ve un poco estúpida. Recuerda no ser víctima de este primer tipo. Casi noventa por ciento de la humanidad vive en este tipo, y no está en mejor camino que si es irreligioso. Tal vez es peor, porque una persona irreligiosa no es fanática: es más abierta, dispuesta a escuchar, persuadir y argumentar, buscar e indagar. Pero el primer tipo de persona religiosa ni siquiera escucha.

Cuando era estudiante en la universidad, solía estar con uno de mis profesores. Su madre era una hinduista muy devota, carente de educación pero muy religiosa.

Una fría noche de invierno, al calor de la chimenea, yo leía el Rig Veda. Ella vino y me preguntó: "¿Qué estás leyendo tan tarde en la noche?" Sólo para embromarla le dije: "Es el Corán." Saltó hacia mí, me quito el Rig Veda y lo arrojó al fuego mientras decía: "¿Eres musulmán? ¡Cómo has podido traer el Corán a mi casa!"

Al día siguiente le dije a su hijo, mi profesor: "Tu madre parece musulmana", porque este tipo de cosas las hacen sobre todo los musulmanes: quemaron uno de los grandes tesoros del mundo antiguo, la biblioteca de Alejandría. El fuego duró meses, la biblioteca era tan grande que ardió durante seis meses. Y el hombre que la quemó fue un califa musulmán. Su lógica fue la del primer tipo de religión. Llegó con el Corán en una mano y una antorcha ardiendo en la otra, preguntó al bibliotecario: "Tengo una sola pregunta. En esta gran biblioteca hay millones de libros —esos libros contenían todo lo que la humanidad había aprendido hasta ese momento, y era más de lo que sabemos ahora. Contenía información sobre Lemuria y todas las escrituras de la Atlántida, continente que desapareció en el mar. Fue la biblioteca más antigua y una gran reserva. De haber perdurado, la humanidad hubiera sido diferente, porque aún estamos descubriendo muchas cosas ya entonces descubiertas—, si la biblioteca contiene sólo lo que tiene el Corán, no es necesaria, es superflua. Si contiene más que el Corán, está equivocada. Entonces ha de ser destruida de inmediato." De cualquier forma debía ser destruida. Si contiene lo mismo que el Corán, es superflua. ¿Para qué administrar esa enorme biblioteca? Si dices que contiene más cosas que el Corán, entonces esas cosas están equivocadas. Sosteniendo el Corán en una mano, prendió fuego con la otra a la biblioteca. Mahoma debió gritar y llorar ese día en el cielo, porque en su nombre la biblioteca estaba siendo destruida.

Ese es el primer tipo de religión. Permanece alerta, porque ese hombre obstinado existe en todos. En hinduistas, musulmanes, cristianos, budistas y jainistas. Y todos deben estar alertas para no ser atrapados. Sólo entonces puedes elevarte a otros tipos de religión.

El problema con este primer tipo es que casi siempre nos educan en él. Nos condiciona de modo casi normal. Un hinduista es educado con la idea de que los otros están equivocados. Incluso si se le enseña a ser tolerante, lo es hacia quienes "no saben". Un jainista es educado con la creencia de que sólo él está en lo correcto: todos los otros son ignorantes, tropiezan y andan a tientas en la oscuridad.

Este condicionamiento es tan profundo que puedes olvidar lo que es y debes estar encima de él. Uno puede acostumbrarse a cierto condicionamiento, y a pensar que es su naturaleza o la verdad. Así que uno debe mantenerse alerta y vigilante para no dejarse atrapar por él.

Algunas veces trabajamos duro para transformar nuestras vidas, pero seguimos creyendo en el primer tipo de religión. La transformación no es posible porque la intentas en un contexto tan bajo que no puede ser religioso. El primer tipo de religión lo es sólo de nombre; no debería llamarse así.

La premisa del primer tipo de religión es la imitación: imita a Buda, a Cristo, a Mahavir, pero no seas tú mismo. Y si eres muy obstinado, puedes obligarte a ser alguien más.

Nunca serás nadie más, en el fondo no puedes serlo. Permanecerás como tú mismo. Pero puedes obligarte tanto que casi comenzarás a ser alguien más.

Cada persona nace con una individualidad única y un destino propio. La imitación es un crimen. Si tratas de convertirte en

Buda, podrás mirar, caminar y hablar como él, pero perderás la vida que estaba lista para ti. Alguien como Buda ocurre sólo una vez. No es la naturaleza de las cosas repetir. La existencia es tan creativa que nunca repite nada. No puedes encontrar otro ser humano en el presente, pasado o futuro, que sea exactamente como tú. Nunca ha ocurrido. El ser humano no sólo es un mecanismo como los autos Ford producidos en línea. Tú eres un alma individual. La imitación es venenosa. Nunca imites a nadie, de otro modo serás víctima del primer tipo de religión, que no lo es para nada.

Sigue el segundo tipo, orientado por el temor.

El hombre es temeroso. El mundo es extraño y el hombre quiere estar seguro. En la niñez el padre y la madre protegen. Pero hay millones que nunca crecerán más allá de su infancia. Continúan atascados en algún lado, necesitan un padre y una madre. Por esto Dios es llamado "Padre" o "Madre". Necesitan un padre divino que los proteja, no están suficientemente maduros para ser ellos mismos.

Tal vez hayas visto niños pequeños con osos de peluche o su juguete especial o su frazada, todo lo que tiene un valor especial para ellos. Tú no puedes reemplazar el oso de peluche. Podrás decir que encontraste uno mejor, pero eso no importa. Hay una relación de amor entre el niño y *su* oso de peluche. Es único, no puedes remplazarlo. Se ensucia, huele mal, se rompe, pero el niño continúa cargándolo. No puedes darle uno nuevo y flamante. Incluso los padres lo toleran y respetan porque el niño se siente ofendido si no lo hacen. Si la familia viaja, el oso de peluche irá como miembro de la familia. Se sabe que es insensato, pero para el niño tiene importancia.

¿Qué significado tiene el oso de peluche para el niño? Está ahí, fuera del niño, es parte de la realidad. Ciertamente no es sólo imaginación, algo subjetivo; tampoco es un sueño, está realmente ahí. Pero no es sólo eso: muchos sueños del niño están depositados en él. Es un objeto, pero hay mucha subjetividad en él. Para el niño casi está vivo, habla con el oso, algunas veces se enoja y lo arroja lejos. Luego le dice "discúlpame" y lo toma de nuevo. Tiene personalidad casi humana. Sin el oso de peluche el niño no puede dormir. Sosteniéndolo y abrazándolo va a dormir; se siente seguro. Con un oso de peluche el mundo está bien. Sin el oso, súbitamente se queda solo.

Muchos niños crecen físicamente, pero nunca espiritualmente y necesitan osos de peluche toda su vida. Tus imágenes de Dios en templos e iglesias son osos de peluche.

Así, cuando un hinduista entra en su templo, ve algo que un musulmán no puede ver. Éste ve una estatua de piedra, el hinduista ve su oso de peluche. Está ahí no sólo objetivamente, mucha subjetividad del adorador se proyecta ahí en una pantalla.

O pudieras ser hinduista y un templo jainista no te infundirá ningún tipo de reverencia. Algunas veces incluso pudieras sentirte ofendido porque las estatuas de Mahavira están desnudas. Pero entonces llega un jainista con enorme respeto: es su oso de peluche y se siente protegido.

Así que cuando sientes temor comienzas a recordar a Dios, un subproducto de tu temor. Cuando te sientes bien, no lo consideras. No hay necesidad.

Así, el segundo tipo de religión está orientado por el temor. Es algo casi neurótico, porque la madurez sólo llega a ti cuando te sabes solo y debes enfrentar la realidad como es. Los osos de peluche transitorios no te ayudarán. Si algo va a ocurrir, ocurre, y el oso de peluche no puede protegerte. Puede sobrevenir la muerte, continúa llamando a Dios, pero la protección no llegará a ti. Estás llamando a nadie, clamas por temor. Quizá llamar te da valor.

Sí, tal vez la oración te da cierto valor, pero no hay Dios ni nadie que responda a tu oración; pero si piensas que alguien está ahí para escucharla, puedes sentirte un poco aliviado y relajado.

Esta religión orientada por el temor es la de los "no": no hagas esto ni eso, porque el temor es negativo. Los diez mandamientos están orientados por el temor —no hagas esto, no hagas eso—, encerrándose uno mismo en la seguridad, sin tomar riesgo ni permitiéndote tomar una ruta, de hecho no permitiéndote vivir. Si el primer tipo de religión es fanático, el segundo es negativo. Proporciona cierta rigidez, cada vez más estricta. Es una búsqueda de seguridad que no es posible, porque la vida es inseguridad, peligro y riesgo.

La palabra clave para la religión orientada por el temor es "infierno", y por supuesto, represión: "No hagas esto." La persona es temerosa y nunca está libre de lo que reprime. De hecho, cae más en su poder porque al reprimir una cosa, va más adentro en su inconsciente. Alcanza las raíces y envenena todo el ser.

Recuerda: la represión no es el camino hacia la libertad. Es peor que la expresión, porque mediante ésta una persona será libre un día u otro. Pero mediante la represión uno siempre permanece obsesionado. Sólo la vida da libertad. Las partes no vividas de la vida permanecen atractivas, y la mente continúa vagabundeando alrededor de lo que ha reprimido.

Una religión verdadera te quita el miedo. Si te proporciona temor, entonces no es realmente religión.

El tercer tipo de religión se basa en la codicia.

Es una religión de "haz", así como la orientada por el temor es de "no hagas". Y como la religión orientada por la palabra clave "infierno", la de la codicia tiene como palabra clave "cielo". Todo está dispuesto para que el mundo —el otro mundo— esté completamente seguro y tu felicidad garantizada después de la muerte.

La religión de la codicia es formal, ritual, ambiciosa. Está llena de deseos. Observa los conceptos musulmán, cristiano o hinduista del paraíso. Los grados pueden ser diferentes, pero lo extraño es que todo lo que uno debe negarse a sí mismo en esta vida, lo proporciona el cielo en grandes cantidades. Se supone que debes ser célibe para alcanzar la gloria, donde hermosas jóvenes de dieciséis años están disponibles. Los musulmanes dicen que no se debe tomar ninguna bebida alcohólica. ¡Pero en su cielo tienen ríos de vino! Esto parece absurdo. Si algo es incorrecto, es incorrecto. ¿Cómo puede volverse bueno en el cielo? Omar Khayam está en lo correcto: "Si en el cielo están disponibles ríos de vino, entonces déjennos practicar aquí, porque sin práctica será difícil vivir en el paraíso. Dejen que esta vida sea un pequeño ensayo, de modo que desarrollemos el gusto y la capacidad." Omar Khayam parece más lógico. De hecho está bromeando respecto al concepto musulmán del paraíso, pero dice que es insensato: la gente se vuelve religiosa por ambición.

Una cosa es cierta: lo que acumules aquí te será quitado. Y la persona ambiciosa quiere acumular algo que no le pueda quitar la muerte. El deseo perdura. Ahora la persona acumula virtud, la moneda del otro mundo. Continúa amontonando virtud para que vivas en el otro mundo para siempre y en la lujuria.

Este tipo de persona es básicamente mundana. Su concepto del otro mundo es una proyección de éste. Ella "hará" porque tiene deseos, ambición y ansia de poder, pero no actúa de corazón. Será una manipulación.

> El mulá Nasrudín y su joven hijo conducían por el campo un invierno. Nevaba y su carro se descompuso. Encontraron una granja y fueron bienvenidos a pasar la noche. La casa estaba fría y el ático donde pasarían la noche estaba como refrigerador. Quedándose en ropa interior, el mulá saltó a una cama de plumas y se cubrió con las mantas hasta la cabeza. El joven estaba algo avergonzado.
>
> "Perdóname, padre". dijo, "¿No crees que deberíamos decir nuestras oraciones antes de ir a la cama?"
>
> El mulá se asomó entre las cobijas: "Hijo", respondió, "he estado orando por adelantado para situaciones como ésta".

Las cosas están en la superficie. Ambición, temor e ignorancia están en la periferia. Son tres tipos de religión mezclados. No puedes encontrar a una persona que sea totalmente del primer tipo, del segundo o del tercero. Donde está la ambición hay temor; donde está el temor hay ambición; y donde hay ambición y temor, surge la ignorancia, porque no pueden existir una sin la otra. Así pues, no hablo de tipos puros. Clasifico simplemente para que puedas entender bien. En realidad están mezclados.

Estos tres son los tipos más bajos de religión. No deberían llamarse religiones.

Después hay un cuarto tipo: la religión de la lógica, el cálculo, la inteligencia. Es la del "haz" más el "no hagas". Mundana, materialista, oportunista, intelectual, teórica, literal, tradicional. Es la del erudito que intenta demostrar la existencia de Dios mediante la lógica. Este tipo crea la teología y no es tampoco religión. Pero todas las iglesias están basadas en la teología. Cuando un Buda, Mahoma, Krishna o Cristo existen en el mundo, entonces los expertos, eruditos y versados se reúnen astutos alrededor de ellos. Comienzan a trabajar duro para comprender: "¿Qué significa Jesús?" Crean una teología, un credo, un dogma, una iglesia. Son exitosos porque son muy lógicos. No pueden darte ninguna luz ni verdad, pero sí estupendas organizaciones: la Iglesia católica, la Iglesia protestante. Te dan teologías maravillosas, nada de experiencia real. Toda su edificación está hecha de cartas: una pequeña brisa y la casa se derrumba. Construyen como si uno tratara de navegar en un barco de papel. Parece verdadero, pero es un barco de papel. Está condenado. La lógica es un barco de papel. La vida no puede ser entendida mediante la lógica. De ésta puede nacer una filosofía, pero no una religión verdadera.

Las cuatro anteriores son conocidas por lo general como religiones.

La quinta, sexta y séptima son las religiones verdaderas. La quinta se basa en la inteligencia, no en la lógica. Hay un mundo de diferencia entre intelecto e inteligencia.

El intelecto es lógico; la inteligencia es paradójica. El primero analítico y la segunda sintética. El intelecto divide, corta en piezas para entender algo. La ciencia se basa en el intelecto: disecciona, divide, analiza. La inteligencia une las cosas, hace de las partes un todo, porque éste es uno de los mayores descubrimientos: la parte existe a través del todo, no al revés. Y el todo es más que la suma de las partes.

Por ejemplo, puedes tener una rosa, ir con un científico y preguntarle: "Quiero entender esta flor." ¿Qué hará? La diseccionará, separará sus elementos. Cuando vayas de nuevo encontrarás que ya no hay flor. En su lugar habrá unas botellas etiquetadas. Los elementos han sido separados, pero una cosa es cierta: no habrá ninguna botella cuya etiqueta diga "belleza".

La belleza no es material y no pertenece a las partes. Una vez diseccionada, la integridad de la flor se pierde y también la belleza, porque pertenece al conjunto, es la gracia que viene del conjunto. Es más que la suma de las partes. Puedes diseccionar a un ser humano, en el momento de hacerlo la vida desaparece. Después sólo tienes un cuerpo muerto, un cadáver. Puedes descubrir cuánto aluminio, acero y agua había; puedes descubrir todo el mecanismo —pulmones, riñones, todo— pero una cosa ya no está ahí y esa es la vida, lo más valioso.

¿Dónde está esa fragilidad, vitalidad y vibración de la vida? Cuando estaba en la rosa tenía una disposición diferente y la vida estaba presente latiendo en su corazón. Todas las partes están ahí pero no son lo mismo. No lo son, porque las partes existen en el todo.

El intelecto disecciona, analiza. Es el instrumento de la ciencia. La inteligencia es el instrumento de la religión, reúne. Por esto, a una de las mayores ciencias de la espiritualidad la hemos llamado Yoga, que significa metodología para reunir, para juntar las cosas. Dios es la mayor totalidad, todas las cosas juntas. No es una persona, sino una presencia por la que el todo funciona con gran armonía: árboles, aves, Tierra, estrellas, luna, sol, ríos, océano, todo junto. Esa unidad es Dios. Si la disecciones, nunca lo encontrarás. Disecciona a un hombre; no puedes encontrar la presencia que lo hacía vivir. Disecciona el mundo; no encontrarás la presencia de Dios.

La inteligencia es el método para reunir cosas. Una persona inteligente es muy sintética. Siempre busca un todo más grande, porque ahí está el significado. Siempre busca algo más alto donde lo bajo se disuelva y funcione como una parte, como una nota en la armonía del todo y dé su contribución a la orquesta del todo pero no separado de él. La inteligencia se mueve hacia arriba, el intelecto hacia abajo, va hacia la causa.

Por favor presta atención; este asunto es delicado.

El intelecto va a la causa; la inteligencia a la meta, se mueve hacia el futuro y el intelecto en el pasado. Éste reduce todo a su mínimo denominador. Si preguntas qué es el amor, el intelecto dirá que nada sino sexo, mínimo denominador. Si le preguntas qué es la oración, dirá que sólo sexo representado.

Pregunta a la inteligencia qué es el sexo y dirá que es la semilla de la oración. Es el amor potencial. El intelecto reduce a lo mínimo. Pregunta al intelecto qué es el loto y dirá que nada, sólo una ilusión; la realidad es el lodo, porque de él proviene el loto y a él regresará. El lodo es real, el loto es sólo una ilusión. El lodo permanece, el loto va y viene. Pregunta a la inteligencia por el lodo y dirá: "Es la potencialidad de ser un loto." Entonces el lodo desaparece y millones de lotos florecen.

La inteligencia va cada vez más alto y busca alcanzar el pináculo de la existencia. Las cosas sólo pueden explicarse por medio de lo más alto, no de lo más bajo. Mediante lo más bajo justificas. Y cuando lo más bajo se vuelve tan importante, toda belleza, verdad, y bien, se pierden. Y comienzas a gritar: "¿Cuál es el significado de la vida?"

En Occidente, la ciencia destruyó cada valor y redujo todo a materia. Ahora están preocupados por el sentido de la vida, porque el significado existe en el todo más alto. Mira, estás solo, sientes: "¿Cuál es el sentido de la vida?" Después te enamoras y cierto sentido aparece. Ahora dos se han vuelto uno, hay algo un poco más alto. Una persona sola está un poco más bajo que la pareja. Dos que han sido unidos se han mezclado: fuerzas femenina y masculina. Ahora es más que un círculo.

Por ello en India tenemos el concepto de *Ardhanarishwar.* Shiva se representa mitad hombre y mitad mujer. Este concepto dice que el hombre es la mitad y la mujer también es mitad. Cuando un hombre y una mujer se enamoran profundamente surge una realidad más alta: ciertamente más grande y compleja porque se han encontrado dos energías. Entonces nace un niño; ahora hay una familia: hay más significado. El padre siente un significado en su vida: el niño debe educarse. Él ama al niño, trabaja duro. Está trabajando para su hijo, por su amada y por su hogar. Trabaja, pero lo arduo de su labor ha desaparecido. No se agobia por él. Cansado llega bailando a su casa. Ver la sonrisa de su hijo lo hace inmensamente feliz. Una familia es una unidad más alta que la pareja, y así sucesivamente. Y Dios no es sino la comunión de todo, la familia más grande de todas. Tú te vuelves parte de una unidad más grande que tú. El significado surge de inmediato en cuanto te haces parte de una unidad más grande.

Cuando un poeta escribe un poema, el significado aparece porque no está solo, ha creado algo. Cuando un bailarín danza el significado surge. Cuando una madre da a luz ocurre igual. Solo, alejado de todo, aislado como una isla, careces de significado. Con todo lo demás, estás lleno de significado. Mientras mayor sea el conjunto, mayor el significado. En este nivel de entendimiento, Dios es el conjunto más grande en que se puede pensar, y sin Dios no puedes lograr el significado mas alto. No es una persona, no está sentado en alguna parte. Estas ideas son estúpidas. Dios es la presencia total de la existencia, el ser, el terreno mismo del ser. Dios existe cuando hay unión, cuando hay yoga. Tú estás caminando solo; Dios rápidamente se duerme; entonces ves a alguien y sonríes: Dios ha despertado porque el otro ha venido. Tu sonrisa ya no está aislada, es un puente. Has tendido un puente. El otro también ha sonreído, ha habido respuesta. Entre ambos surge ese espacio llamado Dios, un pequeño latido. Cuando vas hacia el árbol y te sientas a un lado, completamente inconsciente de su existencia, Dios se duerme de prisa. Súbitamente miras el árbol y hay un enardecimiento del sentimiento por él: Dios ha surgido. Donde quiera que hay amor, está Dios; dondequiera que hay respuesta, está Dios. Es el espacio; existe dondequiera que hay unión. Por eso digo que el amor es la posibilidad más pura de Dios, porque es la unión más sutil de energías.

De ahí la insistencia de algunas tradiciones místicas en que el amor es Dios: "Olvida a Dios, el amor basta. Pero nunca olvides el amor, porque Dios solo no basta." La inteligencia es discriminación, entendimiento. La verdad es la palabra clave, *sat*. Quien se mueve mediante la inteligencia se mueve hacia *sat*, la verdad.

Más alta es la religión del sexto tipo, que llamo de la meditación.

La meditación es lucidez, espontaneidad. Libertad no tradicional sino radical, revolucionaria, individual. La palabra clave es *chit,* conciencia. La inteligencia aún es la forma más alta y pura del intelecto. Por la misma escalera que el intelecto desciende, la inteligencia va hacia arriba, pero la escalera es la misma que arrojas en la meditación. Ahora no hay más movimiento en la escalera, ni hacia arriba ni hacia abajo. Sólo un estado de no movimiento, un ahogamiento y hundimiento dentro de uno mismo.

El intelecto se orienta hacia el otro, la inteligencia también. El intelecto aparta al otro, la inteligencia lo acerca, pero ambos se orientan al otro. Si lo entiendes correctamente, los primeros cuatro tipos son seudorreligiones. La verdadera religión comienza con el quinto tipo, el más bajo pero real.

Y el sexto tipo, pues, es el de la meditación, conciencia, *chit.* Uno simplemente se mueve dentro de sí mismo. Todas las direcciones y dimensiones se descartan. Se busca ser uno mismo. Ahí es donde existe el zen, en el sexto tipo. La misma palabra "zen" viene de *dhyana,* que significa meditación.

Luego viene el tipo más alto, el séptimo: la religión del éxtasis, *samadhi,* que es iluminación. Si el quinto tipo tiene como palabra clave *sat,* verdad, y el sexto *chit,* conciencia; la séptima y más alta tiene *anand,* dicha, éxtasis. Juntas son la palabra clave *satchitananda:* verdad, conciencia, éxtasis.

El séptimo tipo es alegría, celebración, canto, baile, éxtasis: *anand.* La meditación se vuelve muy placentera, porque una persona puede ser meditativa y volverse triste y silenciosa, y pudiera perder la dicha. La meditación puede hacerte silencioso, absolutamente inmóvil, pero si el baile no llega ti, algo se está perdiendo. La paz es buena y bella, pero le falta la dicha. Cuando la paz comienza a bailar, se vuelve activa, desbordante, es la dicha. Cuando está encerrada en una semilla, es la paz. Y cuando la semilla retoña, y no sólo eso, sino que el árbol florece y la semilla se ha vuelto flor, entonces ocurre la iluminación. Es el tipo más alto de religiosidad.

La paz debe bailar y el silencio cantar. Pero, a menos que tu comprensión más íntima se convierta en risa, algo faltará y algo deberá hacerse aún.

Poder y corrupción: raíces de las políticas internas y externas

Uno de los fundamentos del fascismo es que los individuos no son importantes; el grupo determina qué es lo real. Pero se presenta un problema: ¿dónde pondrás un alto a eso? Si el grupo es real y los individuos no, o sólo lo son como parte de un grupo, entonces la Iglesia es mucho más real, porque es un grupo más grande; así, la nación es mucho más real porque es aún más grande; luego la humanidad entera es todavía más real porque su grupo es mucho más grande: el individuo se pierde completamente. Y cuando se presenta un conflicto entre individuo y grupo, por supuesto el primero debe sacrificarse, porque no es real. Existe sólo como parte del grupo.

Es la manera de destruir cualquier posibilidad de revolución completa, total. Y todas las sociedades aman el fascismo. No quieren individuos, porque su mera existencia es un signo de interrogación sobre muchas cosas que la sociedad continúa haciendo.

Un individuo está obligado a ser rebelde, a estar inconforme. Puede decir sí sólo a las cosas que siente que merecen recibir un sí, pero depende de su propio sentimiento, entendimiento intuitivo, e inteligencia. No puede ser forzado a ceder. Puede entregarse por amor, pero no fue hecho para entregarse; preferiría morir que hacerlo. No puede ser un esclavo obediente, no sabe cómo obedecer. Cuando siente algo y se compromete con algo, obedece totalmente, pero en realidad está obedeciendo a su propia luz interior, no a ningún mandamiento exterior.

Ser un individuo es ser no político. La política entera depende de quienes no son individuos, sólo falsos individuos que aparentan estar separados pero no lo están, dependen del grupo para su seguridad, salud, respetabilidad, poder y prestigio: para su ego.

El individuo real no tiene ego, pues no necesita depender de la sociedad. La sociedad te da el ego y si quieres estar en un viaje del ego dependes de otra gente; sólo ellos lo nutren. El individuo conoce su ser real, por tanto no necesita al ego. Ser individuo es ser entero y saludable.

El psicoanálisis se ha vuelto muy importante y significativo porque hemos quitado la individualidad a la gente. Les hemos dado egos falsos que no la satisfacen. Son como la comida chatarra: colorida, atractiva, pero no proporciona nutrición alguna. Y el hombre que vive con el ego está siempre perdiéndose a sí mismo, sintiéndose vacío, sin significado. Quiere llenar su ser con algo: pudiera volverse obsesivo con la comida como una manera de sentirse lleno. O con el dinero o el poder. Todas estas son formas para sentirse de algún modo con algún significado. Pero nada tiene éxito. Puedes tener esperanza sólo mientras las cosas están lejos; cuando las consigues, de pronto ves que has estado persiguiendo sombras.

No te sientes vacío porque no tienes mucho dinero. Lo sientes porque no has encontrado aún a tu ser real, tu individualidad auténtica. La individualidad se origina en ti mismo.

Un individuo es un universo en sí mismo. Pero no hay sociedad que quiera individuos, durante siglos la individualidad ha sido destruida y una cosa plástica la ha reemplazado. Esa cosa de plástico se llama personalidad.

La gente está muy confundida entre la personalidad y la individualidad. Piensan que son lo mismo y no es así. Nunca lograrás la individualidad si no desechas tu personalidad. La individualidad nació contigo, es tu ser; la personalidad es un fenómeno social, te ha sido dada. Cuando estás sentado en una cueva en los Himalayas no tienes personalidad alguna, tienes individualidad. La personalidad puede existir sólo en relación con otros. Conforme más gente te conoce, más personalidad tienes, por tanto el deseo es tener nombre y fama. Mientras más te respeta la gente, más disfrutas la personalidad: se vuelve más fuerte.

De ahí el gran anhelo de respetabilidad. Puedes lograrla con dinero o renunciando a él, comiendo mucho o muy poco, o mediante ayuno; o bien acumulando cosas o conocimiento. Pero la idea es que estás mirando en los ojos de otros para ver cómo se sienten respecto a ti. Puedes volverte virtuoso, moral, sólo para obtener una personalidad, pero ésta no te llenará. Y con los siglos la individualidad ha sido destruida, mientras la gente carga personalidades.

La gente que ha perdido contacto con su ser, demasiado encerrada en su personalidad sin individualidad alguna, está lista para hacerse parte de un grupo. Se siente muy a gusto así, porque entonces no tiene responsabilidad. Puede relajarse sin ansiedad. Ahora el grupo toma la responsabilidad.

Por eso la gente es hinduista, cristiana, musulmana. Las ideologías dan seguridad, sentimiento de pertenencia y quitan el de soledad. El cristiano sabe que millones de personas también lo son. El hinduista sabe que no está solo, millones lo acompañan, ¿cómo puede equivocarse? ¡Debe estar en lo correcto! No sabe qué es correcto y qué equivocado, pero la multitud a su alrededor le da la sensación de que sí sabe; es una sensación falsa, obviamente.

La verdad no tiene nada que ver con la masa, siempre ha sido alcanzada por individuos. Buda, Jesús, Mahoma, Moisés, Zaratustra la alcanzaron, pero mediante profundos estados de meditación, olvidados del mundo y los demás, completamente solos, hundidos en su propio estado consciente y alcanzando el más hondo núcleo de él. Entonces supieron lo que es la verdad.

Pero la multitud te mantiene lejos de ti mismo, es un escape para tu ser real. La multitud te mantiene interesado en otros; nunca te permite un encuentro contigo mismo.

Si te vuelves parte de un grupo deshaciéndote de tu individualidad, estás suicidándote. Y es lo que la gente hace: está cansada de sí misma, quiere suicidarse. Pudiera ser que no tenga valor suficiente para hacerlo realmente, pero esos grupos le dan maneras de suicidarse psicológicamente: "Hazte parte del grupo."

Y un grupo puede tener mente pero no alma. Católicos, musulmanes e hinduistas tienen un cierto tipo de mente. La gente sin individualidad adquiere la mente de la masa. En el ejército todo esfuerzo se dirige a destruir al individuo y darle un uniforme, un número. De esa manera destruyen tu individualidad. Un nombre te hace único, el "número 2" absorbe tu individualidad.

Frank es un caso totalmente diferente: si Frank o Robert mueren, una persona muere; si el número 2 muere, ¿a quién le importa? Frank no puede ser remplazado por nadie más, ¿pero el número 2? No hay problema. Puedes colocar un número en cualquiera y se convierte en ese número. En el ejército, el individuo es destruido científica y tecnológicamente. Tu nombre desaparece, eres un número. Tu cabello se corta de la misma manera, obedeces órdenes estúpidas todo el año: izquierda, derecha, media vuelta… ¿y para qué?

En el ejército no hay "por qué". Sencillamente se te dice qué hacer, como a un objeto, y debes hacerlo. De hecho, mientras más estúpida es una cosa, mejor: te preparan para el trabajo. Cumples órdenes por años y un día te dicen "¡Dispara a ese hombre!" y le disparas, como un robot, sin preguntar por qué: has olvidado cómo preguntar. En el ejército aparece la mente del grupo, no un alma de grupo. Recuérdalo.

El alma siempre es individual, la mente grupal. Observa cualquier mente con cuidado y encontrarás que pertenece a algún grupo. Si crees en Dios, significa que perteneces a cierto grupo que cree en él; ellos te han dado la idea, el condicionamiento. ¿Cuáles son tu creencias? ¿De dónde vienen? Proceden de la mente social, de la Iglesia, del Estado; puedes encontrar su fuente. Puedes observar tu mente y verás que todo lo que portas en ella y piensas que es tuyo, no lo es. Todo viene de diferentes fuentes —padres, maestros, sacerdotes, políticos—, otros te lo han dado. Hay algo como una mente cristiana, musulmana, judía, budista; pero no hay un alma budista o cristiana.

Las mentes pertenecen a grupos. En el ejército es evidente que los individuos han perdido las suyas. En cambio, el regimiento la tiene. Y en menor medida es el mismo caso en la sociedad. Pero el alma siempre es individual; nadie puede dártela. Ya está en ti; sólo debe ser descubierta.

La mayor aventura que afronta un ser humano es el movimiento de la mente a la no mente, de la personalidad a la individualidad. La no mente tiene individualidad; la mente es social.

? Se dice que el poder corrompe y el poder absoluto corrompe absolutamente, ¿estás de acuerdo?

He pensado desde todos los ángulos posibles sobre la famosa sentencia de Lord Acton y encuentro que siempre brinda nueva luz. Dice que el poder corrompe, y que el poder absoluto corrompe de modo absoluto. No lo creo, no veo que esté ocurriendo así. Pero Lord Acton hablaba desde la experiencia de toda su vida; él mismo fue político, de modo que su afirmación no carecía de fundamento.

Aun así, me atrevo a disentir porque entiendo que el poder ciertamente corrompe, pero sólo a una persona potencialmente corruptible. Él pudo no haber sido conocido como corrupto, porque no tuvo la oportunidad, el poder. Pero éste en sí mismo no corrompe a una persona que no tiene potencial para serlo. Así que el poder no corrompe a la persona, sólo la revela. El poder hace real lo que era potencial.

Si miras en el espejo y ves un rostro feo, ¿dirás que el espejo corrompe?

El pobre espejo simplemente refleja. Si tienes un rostro feo, ¿qué puede hacer el espejo al respecto?

He escuchado sobre una loca quien, cuando pasa frente a un espejo, de inmediato lo destruye. Es fea, pero cree que los espejos son la razón de su fealdad. Si no hubiera espejos no sería fea. ¡Lógica perfecta! En sentido estricto no es totalmente ilógica. Si estuviera en un mundo sin espejo y ojos, porque los ojos también son espejos, ¿crees que sería fea? Sola en un mundo sin ningún espejo, sin ojos que la reflejen, sólo sería ella misma, ni fea ni bonita. Pero sería la misma. El único cambio sería que no podrían ver su reflejo. Nada ha cambiado, sólo se habrían eliminado los reflejos.

Lo mismo es cierto respecto al famoso dicho de Lord Acton, "El poder corrompe": así parece.

Me gustaría decir que el poder refleja. Si estás potencialmente listo para corromperte, el poder te da esa oportunidad. Y si tienes un potencial absoluto —como Hitler, Stalin, Mussolini—, ¿qué puede cambiar el poder al respecto? Simplemente estará a tu disposición. Tú puedes hacer mucho con él. Si eres una persona corruptible, harás lo que siempre quisiste cuando no tenías poder para hacerlo. Pero si no lo eres, el poder no te corromperá. Lo utilizarás, pero no será para la corrupción, será para la creación. No será destructivo sino una bendición para la gente. Y si tienes el potencial de ser una bendición para la gente, el poder absoluto será una bendición absoluta en el mundo.

Pero la vida humana tiene varios aspectos extraños. Sólo la persona potencialmente corruptible busca el poder. La persona potencialmente buena no lo desea. La voluntad de poder es la necesidad de ser corrupto, porque sin poder no será capaz de lograr lo que desea. Adolfo Hitler quiso ser arquitecto, pero todas las escuelas lo rechazaron porque no tenía potencial. Apenas podía dibujar una línea recta. Quiso convertirse en artista —si no era arquitecto, sería artista—, pero ninguna escuela de arte lo aceptaría si la de arquitectura no lo hizo. Es claro que para el arte, en particular para la pintura, necesitaría un talento que no poseía. Decepcionado y rechazado, comenzó a buscar el poder.

La voluntad de poder de Adolfo Hitler era realmente fuerte. Un hombre que no fue capaz de convertirse en arquitecto o pintor, se volvió tan poderoso que el destino de la humanidad estuvo en sus manos. Y una de las primeras cosas que hizo después de volverse poderoso, absolutamente poderoso, fue comenzar a diseñar edificios: arquitectura. Diseñó muchas estructuras feas, y el gobierno debió construirlas porque, aunque ningún arquitecto estuviera dispuesto a aceptar esos diseños que no merecían ni una segunda mirada, venían de Adolfo Hitler y no podían rechazarlos. Hubiera significado la muerte o la prisión, porque era el único lenguaje conocido: "Estás conmigo o no estás." Pero sus diseños eran prueba suficiente de que ese hombre no tenía talento para concebir edificios.

Después de que Adolfo Hitler se volvió poderoso, en sus momentos de esparcimiento pintaba; por supuesto, todos debían apreciar sus pinturas. Ninguna de ellas merecía ese nombre; eran un despilfarro de lienzo y color, sin ningún significado. No sólo eso, eran feas: una pintura suya en tu recámara te habría provocado pesadillas.

El poder lleva a la realidad lo que estaba oculto en ti.

Pero extrañamente, la persona buena no necesita ser poderosa, porque el bien se manifiesta con otro poder. El bien tiene su propio poder intrínseco. El mal requiere un poder exterior que lo respalde.

Kahlil Gibrán escribió una hermosa historia. Ha escrito tantas historias hermosas que parece que no hay quien se le compare. Ésta es una muy pequeña, y en ello radica la belleza de Kahlil Gibrán. No escribe largas historias que pueden convertirse en películas; las suyas constan de unas cuantas líneas, pero penetran en los abismos del ser humano.

La historia es: Dios creó el mundo y todo lo necesario. Miró alrededor y sintió que faltaban dos cosas: belleza y fealdad. Así que fueron las últimas que creó. Naturalmente, dio hermosos ropajes a la belleza y ropas feas a la fealdad. Luego las envió del cielo a la Tierra.

Fue un largo viaje. Cuando llegaron se sentían cansadas y sucias, por lo cual lo primero que hicieron fue tomar un baño. Era temprano en la mañana, el sol estaba elevándose; fueron a un lago, arrojaron sus ropas y ambas se metieron rápido. Era realmente refrescante y frío, lo disfrutaron.

La belleza se fue nadando lejos dentro del lago, y cuando vio hacia atrás se sorprendió; la fealdad se había perdido. Entonces comprendió lo que había ocurrido: la fealdad tomó sus ropas y había huido. La historia concluye diciendo que, desde entonces, la fealdad se oculta con bellos ropajes, y la belleza está obligada a usar ropas feas. La belleza corre tras la fealdad, pero aún no ha sido capaz de encontrarla.

Es una historia hermosa. La fealdad necesita algo tras lo cual ocultarse, para ayudarla a fingir y tener una máscara falsa. La belleza no ha pensado en ello para nada; ni siquiera se le había ocurrido que la fealdad robara su ropa y huyera.

Cuando tienes una bondadosa pulsación en el corazón, no sientes necesidad de ser presidente o primer ministro. No tienes tiempo que perder en el feo juego de la política. Estás lleno de energía, esa energía que viene con la bondad. Crearás música, compondrás poesía, esculpirás en mármol; harás algo para lo que no requieres poder. Todo lo necesario se te ha provisto. Es la belleza del bien, intrínsicamente poderoso.

Dejo esto muy claramente entendido: puedes estar seguro de que si algo o alguien requiere poder de fuera no es bueno sino impotente: vivirá una vida prestada.

Así que en la vida se presenta esta extraña situación: la gente mala alcanza buenas posiciones, se vuelve respetada y digna de honores; no sólo en su época sino a lo largo de la historia, que está llena con sus nombres.

En la historia escrita no encontrarás los nombres de Gautama Buda, Mahavira, Lao Tsé, Chang Tzu y Lieh Tzu, ni siquiera en las notas a pie de página. Y Alejandro el Grande, Genghis Khan, Tamerlán, Nadirshah, Napoleón Bonaparte y Adolfo Hitler, constituyen la mayor parte de la historia. De hecho, debemos escribir toda la historia de nuevo, porque los nombres de estas personas deben borrarse por completo. Incluso su recuerdo puede tener efectos perversos en la gente. Una humanidad mejor no dará a estos nombres ni siquiera espacio en las notas al pie; no hay necesidad. Son pesadillas; es mejor que sean olvidados del todo para que no te sigan como sombras.

Es necesario redescubrir a la gente que ha vivido en la Tierra, para hacerla bella de cualquier forma; a la que compartió su alegría, su baile, su música, pero viviendo anónimamente. La gente ha olvidado del todo incluso sus nombres, no tiene idea de cuantos místicos han vivido y no son conocidos. La razón de que se recuerden unos pocos nombres, no es que hayan sido místicos;

hay razones adicionales. Sólo piensa: si Jesús no hubiera sido crucificado, ¿habrías escuchado alguna vez su nombre? No ha sido Jesús —sus cualidades, su bondad—, sino la crucifixión la que lo convirtió en figura histórica. Conoces a Gautama el Buda porque fue hijo de un gran rey. Cuando renunció a su reino, por supuesto, todo el país pronunció su nombre. Pero no porque fuera religioso e iluminado, sino porque renunció a un gran reino, el mismo con el que tal vez has soñado. "Este hombre es atrevido: ¡desprecia todo el reino sin siquiera mirar atrás!" Por eso la historia ha recordado su existencia. En algún lado mencionan su nombre como el rey que renunció a su reino. Si hubiera sido hijo de un hombre pobre nadie habría oído sobre él. Ha habido muchos cuyos nombres no se conocen en absoluto. Incluso mientras vivieron sólo unas cuantas personas llegaron a sentir que su presencia era diferente.

La bondad tiene un poder intrínseco que ha sido su propio beneficio, su propia bendición.

? ¿Puedes hablar más sobre el significado del poder en un sentido espiritual? No como parte de la política, sino como la energía de la bondad y la vida en sí misma.

En el plano espiritual, poder y fuerza nunca se vuelven uno. El poder irradia de ti; la fuente está en el interior. La fuerza es violencia, interferencia, intrusión en la libertad de los otros. Por lo general, la gente no distingue entre las dos palabras. Las usan casi como sinónimos.

El amor es poder, pero no fuerza. Un presidente tiene fuerza, no poder. El poder nunca hiere a nadie, siempre es energía saludable. Te colma como las flores. Es un aroma que te alcanza en silencio, sin hacer ruido. Es decisión tuya recibirlo o no.

El poder mantiene tu dignidad intacta, de hecho la fortalece. Te hace más individuo, te confiere más libertad. No te impone condiciones. La fuerza es lo opuesto al poder, porque es violencia en contra de otro. Pero estas palabras se vuelven sinónimos, y debe haber alguna razón para ello. Es porque en la vida experimentamos el poder trocándose en fuerza.

Por ejemplo, tú amas a alguien; eso es poder. Pero te casas, eres esposo y ella esposa; es un contrato social, un negocio. Ahora el poder es sustituido por la fuerza. Usarás las mismas palabras, pero no significan lo mismo. Todavía dirás "te amo", pero sabes que son palabras vacías. Estuvieron vivas, tuvieron sustancia, hubo jugo en ellas, pero ahora están secas. Debes decir "te amo". No viene de tu corazón, sino de tu cabeza. El espacio ha cambiado. Aún besarás a tu esposa, pero sólo será un ejercicio para los labios, detrás de ellos no hay nadie. Pudieras estar lejos, pensando en tu secretaria. Tu esposa también lejos pensando en su jefe. El poder, que era un resplandor, ha desaparecido. En su lugar hay fuerza. El amor se ha ido; la ley ha entrado en la vida.

Debido a este cambio del poder a la fuerza, las palabras se han convertido en sinónimos, incluso para los lingüistas, quienes deberían saberlo mejor.

La diferencia es muy sutil. La fuerza es siempre de la espada, y la espada pudiera llegar a ser un arma nuclear. El poder es siempre del amor. Llega a misterios más profundos y espacios ignorados. Al final, abre las puertas a ambos amantes hacia algo trascendental.

Puede ayudarlos a fundirse con el universo. En el momento de amor, cuando su poder se encuentra, son dos cuerpos pero no dos almas. Es estos momentos comienzan a sentir una profunda sincronía con la existencia misma —con la hierba, el árbol, las aves, las nubes, las estrellas—, algo de lo que sólo el corazón es capaz. No es una cuestión de razonamiento, sino de experiencia.

Así que en ese sentido, el poder es espiritual. La fuerza es animal.

El amor es el milagro más grande en la existencia. No hay poder más alto que el amor. Pero no es una fuerza. La misma palabra "fuerza", su mismo sonido, indica que interfieres en el ser de alguien. Lo estás destruyendo, reduciendo a estado de cosa.

De modo que recuerda: el poder nunca se vuelve fuerza. Se hace más y más grande; se vuelve universal, pero sigue siendo poder. Es una bendición, una ventaja. La fuerza es fea, inhumana. No te engañe el hecho de que en los diccionarios signifiquen lo mismo, no fueron escritos por iluminados; de otra manera las palabras tendrían significados y connotaciones diferentes, y el lenguaje tendría pureza. Pero la gente inconsciente continúa escribiendo diccionarios y libros sobre lingüística. Nunca han conocido el poder; sólo la fuerza. Naturalmente, para ellos las dos palabras son sinónimos, para mí son antónimos.

Mantén la separación y nunca seas atraído por la fuerza. Llénate de poder, que es tuyo. Y expándelo para que otros lo compartan.

Perdido y encontrado: en busca de la normalidad

Todos quieren ser extraordinarios. Es la búsqueda del ego: ser alguien especial, único, incomparable. Y la paradoja es que mientras más tratas de ser excepcional, más normal te ves, porque todos intentan serlo. Es un deseo tan común. Si te vuelves común, la mera intención de serlo resulta extraordinaria: rara vez alguien quiere ser nadie, sólo un espacio hueco, vacío. Esto es en realidad extraordinario en cierta manera, porque nadie lo desea. Y cuando te vuelves común te vuelves extraordinario, y súbitamente descubres que sin buscarlo te has hecho único.

De hecho todos somos únicos. Si puedes detener por un momento tu carrera hacia las metas, te darás cuenta de que eres único. Tu cualidad de único no es nada por inventar, ya está ahí. *Ser* es ser único. No hay otra manera de ser. Cada hoja de árbol, cada guijarro son únicos. No podrás encontrar dos guijarros idénticos en la Tierra entera.

Así que no hay necesidad de ser "alguien". Sólo sé tú mismo y de pronto serás incomparable. Por eso digo que es una paradoja: quienes buscan ser alguien fracasan y los que no se preocupan, lo logran.

Pero no te confundas con mis palabras. Te repito: el deseo de ser extraordinario es muy común, todos lo tienen. Y el entendimiento para ser común es realmente extraordinario, porque rara vez ocurre: Buda, Lao Tsé, Jesús, lo tienen.

Tratar de ser único está en la mente de todos, y fracasan completamente. ¿Cómo puedes ser más único de lo que eres? Esa cualidad ya está ahí, descúbrela. No estás para inventarla, está oculta en ti; debes traerla a la existencia, eso es todo. Esta cualidad de ser único no puede cultivarse. Es tu tesoro, lo has estado cargando siempre. Es el núcleo mismo de tu ser. Sólo cierra los ojos y mira en ti mismo; debes detenerte un momento, descansar y mirar.

Pero si corres tan rápido por conseguir esa cualidad, la perderás.

Uno de los principales discípulos de Lao Tsé, Lieh Tzu, contó que una vez un idiota buscaba fuego con un vela en la mano. Lieh Tzu dijo: "Si hubiera sabido lo que es el fuego, hubiera cocinado su arroz más rápido." Él siguió hambriento toda la noche buscando el fuego sin encontrarlo, con una vela en su mano: ¿cómo puedes buscar en la oscuridad sin una vela?

Estás buscando la calidad de único y la tienes en la mano; si lo entiendes puedes cocinar más rápido tu arroz. Yo lo he cocinado y lo sé. Estás hambriento sin necesidad: el arroz está ahí, la vela está ahí y es el fuego. No hay necesidad de tomar la vela y buscar. Si la tomas en tu mano y continúas buscando por todo el mundo, no lo encontrarás porque no sabes lo que buscas. De otra manera podrías ver que lo cargabas en la mano.

Esto le sucede, algunas veces, a la gente que usa gafas. Las tienen encima y las buscan. Tal vez tienen prisa y se olvidan por completo de que tienen los lentes puestos. Hasta puede entrar en pánico. Quizá has tenido experiencias así en tu vida; la misma búsqueda te provoca tanto pánico y preocupación, que tu visión ya no es clara y algo que está justo frente a ti, no puedes verlo.

Es el mismo caso. No busques la cualidad de único, ya lo eres. No hay manera de hacer una cosa más única. Las palabras "más única" son absurdas, "única" es suficiente. Es como la palabra "círculo". Los círculos existen, no hay algo "más circular". Es absurdo. Un círculo siempre es perfecto, el "más" no se necesita.

No hay grados de circularidad: un círculo simplemente lo es, el menos o el más son inútiles. La calidad de único es la calidad de único, menos o más no se aplican. Tú ya eres único. Uno se da cuenta cuando está listo para volverse común, que es la paradoja. Pero si lo entiendes no hay problema al respecto, la paradoja está ahí, es bella y no hay problema en ella. Una paradoja no es un problema. Lo parece, pero si la entiendes es bella, un misterio.

Vuélvete común y serás extraordinario; intenta volverte extraordinario y seguirás siendo normal.

¿Puedes hablar sobre la diferencia entre normalidad y mediocridad?

La mediocridad es el estado general de la humanidad actual. Es un retardamiento de la inteligencia. Nadie quiere que seas inteligente, porque mientras más inteligente seas, más difícil será explotarte. Todos los intereses creados quieren que seas mediocre. El mediocre es como un árbol cuyas raíces han sido cortadas continuamente de modo que no pueda crecer. Una persona así, nunca conoce la realización, el florecimiento, el aroma. Pero es el estado común. Y para conservar mediocre a la persona se debe poner en su mente una cosa extraña: que es extraordinario.

George Gurdjieff solía contar una historia:

Había un pastor que era mago y tenía ovejas. Para cuidarlas y no preocuparse de que los animales salvajes las devoraran en el bosque, ideó una estrategia. Las hipnotizó y les dijo: "No son ovejas, son leones." Después de ese día, las ovejas comenzaron a comportarse como leones. La persona que se sabe mediocre se rebelará contra la mediocridad porque es fea. Pero la sociedad le da de muchas maneras a la gente la sensación de que es extraordinaria. Por ello, es muy difícil encontrar a una persona que no cree, en el fondo, que es especial, el unigénito de Dios. Pudiera no decirlo, porque sabe lo que pasa si dice que es el unigénito de Dios. Entonces no se salvaría de la crucifixión y nadie sabe si la resurrección sucede o no. Así que lo mantiene en secreto. Esto le ayuda a seguir siendo mediocre. Si comprende que lo es, ese mero entendimiento destruirá esa cualidad. Entender que eres mediocre es un gran salto dentro de la inteligencia.

La persona común es la persona natural. La naturaleza no produce gente especial. Produce gente única, pero no especial. Todos son únicos a su manera.

Del pino grande y el rosal pequeño, ¿cuál es el más alto? El pino no fanfarronea ni el rosal alardea: "Serás más alto pero, ¿dónde están las rosas?" La verdadera altura está en las rosas, en el aroma, en el florecimiento. La altura en sí misma no es suficiente para ser más alto. Pero el rosal y el pino permanecen juntos sin disputa, por la simple razón de que ambos entienden que son parte de la misma naturaleza.

Cuando hablo sobre normalidad, digo que hay que desechar la idea de ser extraordinario, la cual te mantiene mediocre. Ser normal es la cosa más extraordinaria en el mundo. Mírate a ti mismo. Duele mucho aceptar que no eres extraordinario. Entonces observa lo que pasa cuando aceptas la idea de que eres normal. Te alivia de una gran carga. De pronto estás en el espacio abierto y natural, que es exactamente el camino donde estás.

La persona normal tiene calidad de único y humildad. Fuera de su simplicidad, su calidad de único realmente lo ha vuelto extraordinario, pero no tiene idea de ello.

Verás una luz en los ojos de la gente que es humilde y acepta que es como todos los demás. Verás gracia en sus acciones. No los verás compitiendo, engañando, traicionando. No tendrán dos caras ni serán hipócritas. Si eres una persona común, ¿cuál es la necesidad de ser hipócrita? Puedes enseñar tu corazón abierto a cualquiera, porque no finges nada. Te vuelves reservado cuando comienzas a fingir y a sentirte muy grande. Lo digas o no, mediante la hipocresía y las máscaras tu cabeza continúa hinchándose más y más. Es una enfermedad.

¿Y quién es la persona que se cree extraordinaria? La que sufre un inmenso complejo de inferioridad. Para encubrirlo, proyecta la idea opuesta. Pero sólo se miente a sí mismo; a nadie más engaña.

Una persona común no necesita ser hipócrita ni fingir. Él sólo es abierto, no necesita ser reservado. Y hay belleza en la apertura y en la simpleza.

Todos deben mirar dentro de sí. Pero la gente que engaña a otros, poco a poco se engaña a sí. Se vuelve muy elocuente en el engaño. Es peligroso ser hipócrita porque tarde o temprano pensarás que es tu rostro real.

En mis años de trabajo me he cruzado con miles de personas y he quedado perplejo de cómo se engañan a sí mismas. Puede entenderse que engañen a otros, pero se han engañado ellos mismos. No puedes sacarlos de ahí, porque es su único tesoro. Saben que detrás sólo hay oscuridad, vacuidad, complejo de inferioridad. Así que se aferran al engaño.

Es el problema con la gente mediocre. No pueden tolerar que alguien sea mejor que ellos, eso destruye su ilusión de ser extraordinarios. Pero nadie puede quitarse su normalidad. No es una proyección, sino la realidad. El rosal, el pino y el ciervo son comunes. ¿Por qué el ser humano intenta ser extraordinario? Parece estar enfermo. Todos los seres viven en total normalidad y es tan placentero como una bendición, pero el ser humano está enfermo. No puede aceptarse como es. Quiere ser alguien grande: "Alejandro el Grande." Nada menos.

Pero olvida qué obtuvo Alejandro. Sólo vivió treinta y tres años, pasó la vida peleando, invadiendo, asesinando. No tuvo oportunidad ni tiempo de vivir.

Alejandro encontró un gran sabio en su camino a India. Le preguntó si tenía algún mensaje para él. Diógenes le dijo:

> Sólo uno: en vez de perder el tiempo, vívelo. No estás viviendo tú mismo y tampoco permites que otros vivan. Cometes enormes crímenes contra la vida. ¿Para qué? ¿Sólo para ser llamado "Alejandro el Grande"? Todos piensan así. Puedes llamarte a ti mismo Alejandro el Grande, nadie te lo impide. Si quieres, incluso puedes poner un letrero en tu pecho: "Alejandro el Grande", ¡pero vive! Parecerás un bufón pero será mejor que ser un bufón; al menos tendrás tiempo para vivir, amar, cantar y bailar.

Alejandro entendió el mensaje. Dijo: "Comprendo lo que dices. Cuando regrese, trataré de seguir tu mensaje."

Diógenes dijo: "Recuerda, nadie regresa de un viaje al ego como ése, porque nunca termina, continúa y continúa. Te acabarás antes de que tu viaje al ego concluya." Y así sucedió: Alejandro nunca volvió a casa. En el camino murió. Y cuando estaba muriendo, recordó la sentencia de Diógenes:

"El ego te gobierna y no tiene fin, sólo crea más metas, nuevas y más altas." Con profundo respeto por Diógenes, Alejandro le dijo a la gente que cargaba su cuerpo a la tumba: "Dejen mis manos colgando fuera del ataúd."

Su ministro en jefe dijo: "Pero no es la tradición. Las manos deben estar dentro del ataúd. Colgadas se verán realmente raras."

Pero Alejandro dijo: "Quiero que cuelguen para que la gente sepa que vine al mundo con las manos vacías, viví en él con las manos vacías y con las manos vacías me voy del mundo."

Estas manos de Alejandro el Grande representan las manos de casi todos.

Si quieres vivir con autenticidad y sinceridad, sé común. Así nadie competirá contigo. Estás fuera de la competencia, que es destructiva.

De pronto eres libre para vivir. Tienes tiempo para hacer lo que quieras. Puedes reír, cantar, bailar. Eres una persona común. Incluso si el mundo entero se ríe de ello, ¿qué importa? Todos son personas extraordinarias, tienen derecho a reír. Tú a bailar. Su risa es falsa; tu baile es real.

Pero la mente mediocre no tiene capacidad de entendimiento. Está atascada en algún punto de los trece años o incluso menos. La persona podrá tener cuarenta, cincuenta, setenta años, no importa, esa es la edad física. Ha envejecido, pero no madurado. Debes notar la diferencia. Cualquier animal envejece. Sólo pocos seres humanos maduran. Y el primer paso es aceptar tu simpleza y humildad.

¿Cómo puedes ser egoísta en un universo como éste, maravilloso, inmenso, vasto, infinito? ¿Qué ego puedes tener? Tu ego pudiera ser una burbuja de jabón: tal vez permanezca unos segundos elevándose en el aire y quizá entonces pueda reflejar un arco iris, pero sólo será durante unos segundos. En esa existencia infinita y eterna tus egos reventarán a cada momento.

Es mejor no tener ningún apego a las burbujas de jabón. Puedes jugar con ellas mientras estás en tu tina, reventándolas y diciéndote a ti mismo: "Éste es mi ego que yo mismo destruyo." Así, cuando salgas de tu tina, serás una persona común, fresca, humilde y limpia.

El deseo de regir sobre otros, la voluntad de poder, es uno de los más grandes crímenes que ha cometido el hombre. Debes estar consciente de ello. Por eso insisto en ser común. Y es maravilloso, lo digo por experiencia.

Ningún egoísta en toda la historia de la humanidad ha dicho que el ego es maravilloso, que lo lleva a grandes éxtasis. Todos han muerto en la frustración y la desesperación, porque el ego no conoce límites. Siempre estarás frustrado.

Puedo decirte por experiencia que ser un humano común es el éxtasis máximo. Te funde con la existencia. No hay obstáculo. Te funde con las estrellas, el cielo, la Tierra. No estarás separado. Es el ego lo que te separaba. Y el sentimiento de unidad con esta existencia para mí es la religiosidad.

? Si todos aceptan su normalidad, ¿se resolvería la mayoría de los problemas de desigualdad en el mundo?

En el pasado hubo dos opciones: todos iguales —la igualdad de todos los seres humanos— o desiguales. Se trata de entender que la gente es única e incomparable. Entonces, ¿cómo puedes decir quién es inferior y quien superior? ¿Es la flor de la maravilla inferior a la rosa? ¿Cómo determinarlo? Son únicas en sus individualidades. La existencia entera sólo produce personas únicas; no cree en las copias al carbón. Así que la cuestión de igualdad o desigualdad no se presenta. El entendimiento corta el problema de raíz.

Hay una historia griega: un rey loco tenía una casa muy hermosa hecha sólo para huéspedes; él había mandado hacer para ella una cama dorada. Cuando los huéspedes —también eran reyes— entraban en la casa, no podía creer que fueran recibidos tan calurosamente, con tanto respeto y honor: "¡Y la gente piensa que este hombre está loco! No lo está." Pero pronto se daban cuenta de que lo era. Su locura consistía en que el huésped tenía que coincidir con el largo de la cama. Si era más largo, debía hacerse más corto: una pequeña parte de sus piernas sería cercenada. Si era más corto —pienso que este loco inventó la tracción—, el rey tenía grandes luchadores que tirarían de las dos extremidades del huésped para ajustarlo al tamaño de la cama. Si moría o vivía no era importante; ¡lo era el tamaño de la cama! La mayoría de los hombres morían.

La idea de hacer a todos igual, cortándolos al mismo tamaño —económica y educativamente, en todos aspectos— es absurda, porque la desigualdad se manifestará en otras dimensiones. La gente no es igualmente hermosa; la cirugía plástica busca conseguirlo. Si su color no es el mismo, algún día se inyectarán pigmentos para que sea uniforme.

Todo es único; no puedes encontrar dos personas iguales; y el comunismo, por ejemplo, sostiene que toda la humanidad debe ser igual. Intelectualmente no puedes lograrlo. El genio de un músico y de un matemático son totalmente diferentes. Si quieres que sean iguales, destruirás las cimas de su genio para reducirlos al mínimo denominador. Por ello el comunismo representa la mayor masacre que haya ocurrido en toda la historia humana.

Me pronuncio por la cualidad de único del hombre. Sí, cada persona debería recibir la misma oportunidad de ser ella misma. En otras palabras, recibir la misma oportunidad de ser desigual, único. Las oportunidades pueden darse, pero el matemático habrá de convertirse en matemático y el músico en músico.

Sin embargo, hasta ahora no hay sociedad que otorgue libertad al individuo. Piensas que eres libre y estás viviendo una ilusión. La humanidad sólo será libre cuando no haya complejo de inferioridad en los niños, de otra manera, la libertad es sólo hipocresía. Los demás tratan de convertirse en marioneta.

Las intenciones de los padres no son malas, tampoco las de los maestros. Nunca sospeché de ellas, sino de su inteligencia, de su entendimiento de la naturaleza humana, de su crecimiento y de sus posibilidades.

Si tú estás tranquilo por dentro, sin complejo de inferioridad, entonces, ¿a quién le importa lo que la gente espera de ti? Tú nunca has satisfecho las expectativas de nadie. Simplemente has vivido tu vida de acuerdo con tu perspicacia, intuición e inteligencia. Y así deber ser. Un ser humano sano no tendrá complejo de inferioridad.

Y el otro lado de la historia es que si no tienes complejo de inferioridad, nunca tratarás de ser superior. No necesitas ser superior a alguien, dominarlo y controlarlo; nunca te convertirás en político. Sólo la persona que sufre un complejo de inferioridad se siente atraída por la política. Esa mera atracción prueba cuál es su problema. Quienquiera que se sienta atraído por la política debe ser tratado psicológicamente de inmediato. Todos los políticos están enfermos, sin excepción. Si no lo estuvieran, nunca serían políticos.

Una persona sin deseos de dominar a otras, de probarse a sí misma, está viva, respira, hace lo suyo; esto es prueba suficiente. Ha dejado su huella y su firma, no la de alguien más. Y recuerda, si tu huella digital es única en todo el mundo, ¿qué hay de tu ser? Si la naturaleza no crea dos pulgares parecidos, ¡date cuenta de cuánta inútil preocupación! Ni por error dos pulgares tienen las mismas líneas, y hay miles de millones de personas en el mundo.

Ser es tan importante que te hace irremplazable. Tú eres sólo tú mismo. Haz algo que salga de ti, no para imponerte, sino para expresarte. Canta tu canción, baila tu baile y regocíjate en tu ser sea cual sea su naturaleza.

Si podemos destruir el complejo de inferioridad, esto es muy simple: maestros y parientes sólo deben estar conscientes de no imponerse a los niños desvalidos. Dentro de dos decenios, la nueva generación estará libre del complejo de inferioridad. Y con ello se irán políticos, presidentes y primeros ministros. ¡Y su partida será un gran alivio!

La gente expresará su creatividad. Habrá músicos, bailarines, pintores, y carpinteros. Todos los tipos de creatividad alrededor del mundo. Pero nadie competirá con nadie más; simplemente hará lo mejor. Su alegría no está en competir, en llegar primero; está en hacerlo. No está fuera del acto, es intrínseca al acto. Es mi imagen de una nueva humanidad. Trabajaremos, pero ese trabajo será nuestra vida, nuestra alma misma, sin importar lo que hagamos.

Estoy recordando a Abraham Lincoln. Cuando llegó a la presidencia de Estados Unidos, su padre era zapatero. Y, naturalmente, la gente egoísta estaba muy ofendida de que el hijo de un zapatero llegara a presidente. Eran aristócratas, pensaban que tenían derecho de nacimiento para ocupar el puesto más alto del gobierno. ¿El hijo de un zapatero? El primer día, en cuanto Abraham Lincoln hizo su discurso inaugural, un aristócrata muy rico se levantó y dijo: "Señor Lincoln, no debe olvidar que su padre solía hacer zapatos para mi familia." Y el Senado entero rió; pensaron que habían hecho tonto al nuevo presidente.

Pero Lincoln —personas así poseen posee una entereza totalmente distinta— miró al hombre y dijo:

> Señor, sé que mi padre hacía zapatos para su familia, y habrá aquí muchos otros para quienes también los hacía, porque como él los hacía, nadie más podría. Era un creador. Sus zapatos no eran sólo eso, porque puso su alma en ellos. Quiero preguntarle, ¿tiene alguna queja? Porque yo mismo sé cómo hacer zapatos; si tiene alguna queja puedo hacer otro par. Pero hasta donde sé, nadie se ha quejado jamás de los zapatos de mi padre. Él era un genio, un gran creador, ¡y estoy orgulloso de mi padre!

Todo el Senado enmudeció. No podían entender qué clase de hombre era Abraham Lincoln. Había hecho de la fabricación de zapatos un arte, un acto creativo. Y estaba orgulloso porque su padre hizo tan buen trabajo que nunca escuchó una queja. Incluso, aunque era presidente de Estados Unidos, estaba dispuesto a hacer otro par si hubiera alguna queja. El hombre quedó como tonto. Lincoln insistió: "¡Respóndame! ¿Por qué se ha quedado mudo? Quiso hacerme pasar por tonto y ahora mire a su alrededor: usted quedó como tonto."

No importa qué haces sino cómo lo haces, con tu voluntad, visión y amor propio. Así, lo que toques se vuelve oro.

CONCIENCIA CONTRA ESTADO CONSCIENTE:
entender la libertad de la responsabilidad

No es necesario desarrollar una conciencia, pero sí estar consciente. La conciencia es una seudo-cosa, es creada en ti por la sociedad, además de ser un método sutil de esclavitud. La sociedad te enseña lo que es correcto y lo que está mal. Y esto aún antes de que el niño despierte y pueda decidir por sí mismo lo que está bien y lo que está mal, antes incluso de que sea consciente de lo que ocurre con él. Lo condicionamos según nuestras ideas; y todas las ideas de padres, sacerdotes, maestros, políticos y santos forman un revoltijo que se convierte en la "conciencia".

Por ello, el niño nunca crecerá en estado consciente. La conciencia es un falso sustituto, y si estás contento con lo falso nunca pensarás en lo real.

La manera en que hemos educado a los niños es engañosa y desagradable, es una especie de violencia contra la humanidad. Por eso millones de personas viven sin estar conscientes. Antes de crecer les dimos juguetes falsos para entretenerse. Toda su vida piensan que es lo necesario para una buena vida, que serán recompensados si siguen a su conciencia y castigados si no lo hacen. Castigo y recompensa desde el exterior y desde el interior. En cuanto haces algo que para tu conciencia está mal, te sientes culpable. Sufres, estás temeroso y ansioso. Temes perder la oportunidad de ir al cielo, caer en el infierno: ¡con cuánta inventiva tus santos han pintado las alegrías del paraíso y los sufrimientos del infierno!

Esto es la conciencia, artificial, arbitraria. Más que hacerte inteligente, te da normas de comportamiento: "Haz esto, no hagas eso."

El día en que la humanidad deseche su absurda conciencia y ayude a los niños a crecer de manera consciente, habrá un nuevo ser humano y una nueva Tierra. Entonces ayudaremos a los niños a ser más inteligentes, de modo que cuando se presente un problema el niño tenga suficiente inteligencia para afrontarlo, para responder.

Y recuerda, la inteligencia no es cuestión de pensamiento. De hecho piensas demasiado. Es cuestión de parar el pensamiento y ver dentro de cada situación. Sin pensamiento no hay obstáculo ni polvo en tus ojos; puedes ver con claridad.

Mediante esta claridad no tienes que elegir entre "bien" o "mal". Esta claridad te hace consciente. Sencillamente haces lo que está bien sin esfuerzo alguno. Llega sin esfuerzo a la persona lúcida, porque no puede imaginar lo malo ni el mal. Toda tu lucidez apunta hacia el bien.

La visión del bien no es parte de la mente, pero si sólo la conoces a ella no tienes claridad, sino cientos de pensamientos agitándose las veinticuatro horas del día: las nubes se mueven tan rápido que te ocultan por completo. Tus ojos están casi ciegos y tu sensibilidad interior cubierta por tus pensamientos. A través de la mente no puedes saber qué es bueno y qué es malo. Dependes de otros. Algo natural porque la mente es dependiente; todo su conocimiento es prestado. La mente vive de conocimiento prestado. En cada situación quiere que alguien la guíe.

Toda tu vida es guiada por otros. Desde un principio tus padres te dijeron qué es correcto y qué está equivocado. Luego lo hicieron tus maestros, sacerdotes y vecinos. Y no porque ellos supieran, también lo habían tomado de otros. Este préstamo continúa siglo tras siglo, generación tras generación. Cada dolencia sigue heredándose. Cada nueva generación es sólo una réplica de la anterior: reflejo y sombra sin originalidad.

Por esto necesitas a Dios, el guía máximo. No puedes depender de tus padres, porque conforme creces ves sus falsedades, sus mentiras. Descubres que su consejo no es perfecto, que son seres falibles. Pero el niño pequeño cree en ellos como si fueran infalibles por su inocencia; confía en su padre y su madre, que aman a sus hijos. Pero empieza a saber, conforme alcanza un poco de madurez, que lo que esa gente dice no es necesariamente cierto. En el fondo no estás de acuerdo, hay dudas.

Y en el fondo te das cuenta de que lo bueno en una situación, será malo en otra. Algunas veces el veneno puede ser medicina, y otras, la medicina, veneno. Debes entender el cambiante flujo de la vida.

Así que el pensamiento no decide tus acciones. No es cuestión de decidir como si fuera una conclusión lógica, es de lucidez sin elección. Necesitas una mente sin pensamientos. En otras palabras, necesitas una no-mente, un silencio puro, para ver directamente dentro de las cosas. Y a partir de esa claridad la elección vendrá por sí misma. Actuarás como Buda. Tu acción tendrá belleza y verdad, el aroma de lo divino. No tendrás que elegir.

Buscas una guía porque no sabes que la tuya está dentro de ti. Debes encontrarla. A esta guía la llamo tu testigo, tu Buda interior. Lo debes despertar, y tu vida derramará dichas y bendiciones; con el bien y la santidad se volverá más radiante.

Es casi como luz. Tu cuarto está oscuro, pero basta que traigas una pequeña vela y la oscuridad desaparecerá. Y sabes dónde está la puerta. No tienes que pensar: "¿Dónde está la puerta?" Sólo los ciegos piensan dónde está. La gente con ojos y luz no. ¿Alguna vez has pensado dónde está la puerta? Simplemente te levantas y sales. Nunca les dedicas un solo pensamiento. No caminas a tientas hacia la puerta o te golpeas contra la pared. Simplemente ves y sales.

La situación es la misma cuando estás más allá de la mente, porque no hay nubes y el sol brilla. No tienes que pensar: "¿Dónde está el sol?" Pero si hay nubes cubriendo el cielo, sí debes pensar al respecto.

Tu propio ser está cubierto de pensamientos, emociones y sentimientos, todos producto de tu mente. Sólo ponlos juntos y lo que hagas estará bien, sin mandamientos o líderes espirituales. Estás en tu derecho de guiar tu propia vida. Es la dignidad del ser humano, ser guía de su propia vida. Eso te transforma en león, dejas de ser una oveja en busca de un defensor.

Es el problema de casi toda la humanidad. Has sido programado por otros sobre lo que es correcto y lo que está equivocado.

La verdad sólo puede surgir dentro de ti, nadie más puede dártela. Y con ella vienen la belleza y el bien; la auténtica trinidad de una persona realmente religiosa es verdad, belleza y bien. Estas tres experiencias ocurren cuando entras en tu propia subjetividad, cuando exploras la interioridad de tu ser.

Has vivido en la terraza de tu propio ser; nunca has entrado. Cuando lo hagas, encontrarás a tu Buda, tu lucidez y estado consciente, no tendrás elección. Ya no tienes que decidir qué es correcto o qué está equivocado. Ese estado de conciencia sin elección te lleva al bien sin esfuerzo alguno. Todo lo que necesitas es lucidez, un estado consciente que te permita ver las cosas como son. Después ya no deberás elegir.

Nadie elige el mal de manera consciente, es la oscuridad dentro de ti la que lo elige. El estado consciente da luz a todo tu ser, te vuelves pleno de luminosidad. No puedes hacer nada que dañe a otro ni a tu propio cuerpo. Te vuelves súbitamente consciente de ser uno con el universo. Así que tus acciones se vuelven buenas, bellas y graciosas; tus palabras comienzan a tener poesía y tu silencio se vuelve tan profundo que tu dicha se desborda hacia otros.

Este desbordamiento es el único signo significativo de alguien lúcido. La sola presencia de esa persona basta para darte una probada de lo que hay más allá.

Pero no de acuerdo con nadie más, sólo con tu propia lucidez. Una vez que te vuelves consciente de tu interior, sabrás que por todas partes ese estado consciente vibra y baila. En árboles, ríos, montañas y océanos; en los ojos de la gente, en sus corazones; es la misma canción, el mismo baile, y tú participas en él. Tu participación es buena. Tu no participación es mala.

Bien y mal: aprender a vivir según tus propios mandamientos

Cada religión ha creado sus propios mandamientos —extraños, antinaturales— a partir del temor o de la ambición, pero han hecho de esta pobre humanidad lo que ves.

Incluso la persona más rica es pobre si no tiene libertad para actuar de acuerdo con su propio estado consciente. De hacerlo según los principios de otro, uno no sabrá si era estafador o sólo poeta, un soñador. No hay pruebas, pero mucha gente se ha reivindicado como encarnación, mensajero o profeta de Dios, y todos traen distinto mensaje. O Dios está loco o esas personas sencillamente mienten, que es lo más probable.

Ser profeta. Alguien especial proporciona una gran satisfacción al ego, porque no basta ser un humano común. Entonces puedes dominar. El profeta es un tipo diferente de político. Dondequiera que hay dominación hay políticos.

Los políticos dominan mediante la fuerza física: ejércitos, armamento y armas nucleares. Los profetas, mesías y salvadores religiosos, lo hacen espiritualmente. Su dominación es más peligrosa, son los políticos más grandes. Dominan tu vida no sólo desde fuera, sino desde dentro. Se apoderan de tu interior, son tu moral, tu conciencia, tu ser espiritual. Desde ahí te dicen qué es correcto y qué está equivocado. Y si no los sigues, te sientes culpable, y la culpa es la peor enfermedad espiritual. Comienzas a sentirte anormal, neurótico, pervertido, porque extravías tu naturaleza. Si no escuchas a profetas y salvadores, te conviertes en enemigo de la conciencia que buscaron implantar en ti.

Todas esas religiones han creado una situación en la cual no podemos relajarnos, disfrutar la vida y vivirla en su totalidad. Así que es mejor que la humanidad se libere de esas viejas supersticiones que la han dominado y que han distorsionado su naturaleza. Puedes ver el resultado. Un árbol se conoce por sus frutos. Si esto es verdad, todo tu pasado de profetas, salvadores, Dios y el diablo, debería ser juzgado por la humanidad de la actualidad.

Una humanidad loca, desgraciada, sufriente, llena de ira, rabia, odio. Si es el resultado de tus religiones, líderes —políticos o religiosos—, es mejor dejar morir a Dios y al diablo. Sin ellos, líderes religiosos y políticos no tendrán ningún apoyo; serán los próximos en marcharse.

Quiero que la gente sea política y religiosamente libre; un individuo libre en cada dimensión para que actúe de acuerdo con su voz interior y su propio estado consciente. Así, el mundo será maravilloso, una verdadera revolución.

? Dices que no hay necesidad de conciencia. Entonces, ¿cómo se desarrolla una guía interna que ayude a tomar decisiones correctas en la vida?

La conciencia es una placa para foto y el estado consciente un espejo. Ambos reflejan la realidad, pero el espejo nunca se aferra a una reflexión. Se mantiene vacío y por ello es capaz de reflejar nuevas situaciones. Si es de mañana, la refleja. Si es de tarde, la refleja. La placa para foto es una reflexión fija sobre una realidad que ya no existe; si la expones en la mañana siempre habrá una mañana en la foto, nunca una noche.

No hay necesidad de desarrollar una conciencia, sí de desecharla y desarrollar el estado consciente. Elimina todo lo que te han enseñado y comienza a vivir de acuerdo contigo y buscando. Sí, al principio será difícil, porque el mapa necesario está en la conciencia. Tendrás que moverte sin él, caminar por lo inexplorado, sin lineamientos. Los cobardes no pueden moverse sin directrices, sin mapas. Y cuando te mueves con mapas y directrices, no entras en un nuevo territorio o nuevas esferas: vas en círculos. Continúas moviéndote dentro de lo conocido, nunca das el salto hacia lo desconocido. Sólo el valiente puede deshacerse de la conciencia.

La conciencia significa todo el conocimiento acumulado, el estado consciente significa estar vacío por completo y moverse dentro de la vida con esa vacuidad, viendo a través de ella. Actuando desde ella, tu acción tendrá enorme gracia y lo que hagas será correcto. No es cuestión de correcto o equivocado, porque algo correcto hoy pudiera estar equivocado mañana. Y el conocimiento prestado nunca ayuda.

Homero y Billy Bob cavaban una zanja bajo el candente sol del Mississipi. Viendo a su jefe sentado bajo una fresca sombra arriba de ellos, Homero hizo a un lado su pala y dijo: "¿Cómo es que él está allá arriba y nosotros abajo?"

"No sé", dijo Billy Bob.

Homero subió y preguntó al jefe: "¿Cómo llegó usted aquí mientras nosotros trabajamos allá abajo?"

El jefe respondió: "Por que soy listo."

"¿Qué es listo?", preguntó Homero.

"Aquí", dijo el jefe poniendo su mano en un árbol, "te lo mostraré. Trata de golpear mi mano".

Homero amartilló el puño y lo lanzó. Justo cuando lo hizo, el jefe quitó la mano y Homero golpeó el árbol.

"¡Ouch!" gritó.

El jefe dijo campechanamente: "Ahora ya eres listo."

Homero regresó a la zanja. Billy Bob le preguntó qué había ocurrido y Homero dijo: "Ahora soy listo."

Billy Bob dijo: "¿De qué hablas, listo?"

Homero dijo: "Te mostraré."

Buscó un árbol y al no encontrar ninguno a su alrededor, puso su mano sobre su propia cara. "Aquí", dijo, "trata de golpear mi mano..."

Es lo que sucede con lo que llamas conocimiento y conciencia: las situaciones cambian, los árboles ya no están, pero tú tienes una rutina fija y no puedes hacer nada más, continúas repitiéndola cuando debes ajustarla a la vida.

Los místicos siempre han sabido que la vida no sigue la lógica. En lo fundamental es supralógica, no sigue razones, en el fondo es irracional. La conciencia es muy arbitraria y artificial. Te da un patrón, una configuración fija, pero la vida sigue cambiando. Es muy incierta, va en zigzag. A menos de ser consciente, no vivirás tu vida realmente, será un engaño, un fenómeno falso. Siempre perderás el tren.

Y perderlo todo el tiempo crea angustia en el hombre. Sólo piensa en ti mismo: corriendo a la estación y en cuanto llegas, el tren parte. Es lo que ocurre con la persona que vive de acuerdo con la conciencia: nunca pesca el tren. ¡No puede! Tiene una configuración fija y la vida es un fenómeno fluido. Tiene dentro de sí algo parecido a una roca y la vida se parece más al agua.

Sé consciente. No preguntes cómo desarrollar una conciencia. Aquí tratamos de hacer justo lo contrario: destruir conciencias —cristiana, hinduista, musulmana, jainista—; estamos destruyendo todo tipo de conciencia. Y llegan en todas formas y tamaños.

El estado consciente no es cristiano, hinduista o musulmán, es sencillamente estado consciente. La conciencia divide a la gente, el estado consciente la unifica.

¿Cuál es la necesidad de cargar una guía contigo? ¡El estado consciente basta! En cuanto cierta necesidad aparece, tu estado consciente responderá. Tienes un espejo, reflejará lo que sucede, y la respuesta será espontánea.

Cuando estudiaba en la universidad, mis profesores se preocupaban por mí. Me amaban y estaban preocupados porque nunca preparaba los exámenes. Incluso les preocupaba que fuera a responder de tal manera que el examinador no fuera capaz de entender mi argumento. Mi viejo profesor, el doctor S. K. Saxena, solía venir temprano a despertarme para que estudiara. Se sentaba en mi cuarto y decía: "Prepárate un poco." Luego me llevaba al salón de exámenes, pensando que de otro modo ni siquiera me presentaría.

Cuando llegó mi examen final oral, estaba muy preocupado de que pudiera ofender al examinador. También estaría presente porque era el jefe de departamento. Y me advirtió una y otra vez: "¡Sólo limítate a la pregunta! Lo que pregunte el examinador, respóndelo. No profundices en ello, da una respuesta llana, la que los libros proporcionan. Estaré ahí y si divagas, te daré un puntapié bajo la mesa. Entonces vuelve al tema y atente al cuestionario."

La primera pregunta llegó y el problema se presentó. El profesor que me examinaba preguntó: "¿Cuál es la diferencia entre filosofía india y filosofía occidental?" El doctor Saxena se asustó, sabía que las palabras "india" y "occidental" eran suficientes para que yo empezara... y así fue. Dije: "¿Qué entiende usted por india? ¿Puede ser india y también occidental? Si la ciencia no es india ni occidental, ¿por qué habría de serlo la filosofía?"

El profesor Saxena comenzó a golpearme con su pie y le dije: "¡No haga eso! Ocúpese de usted mismo. Esto es entré él y yo; se supone que usted no debe darme ningún consejo."

Con ello el viejo examinador estaba sin saber qué decir. A lo que preguntara le respondería con otra pregunta. Se sentía perdido porque sólo tenía respuestas pre hechas. Le dije: "Parece que no sabe cómo responder. Ahora, supongamos que la filosofía es filosofía y que yo le pregunte qué tiene que ver con Oriente y Occidente. ¡Diga algo!" Pero él trabajaba con una estructura fija: algo es indio, otra cosa debe ser occidental, todo debe ser esto o aquello, adjetivos y adjetivos. No podemos pensar en la Tierra, en la humanidad como una. ¿Qué es indio en Buda? ¿Qué es judío en Jesús? Nada en absoluto. He probado tanto a Jesús como a Buda y el sabor es el mismo. Pero el conocimiento prestado permanece fijo en ti, y si respondes a partir de ideas fijas tu respuesta falla. No es una verdadera respuesta a la realidad.

Por tanto, no hay necesidad de desarrollar una conciencia que te guíe, ¡no hay necesidad de tener ninguna guía! Todo lo que se necesita es inteligencia, lucidez y estado consciente, para responder lo que corresponda al caso.

La vida ofrece retos y tú aportas el estado consciente a estos retos.

La meditación es una forma de desechar la conciencia y moverse dentro del estado consciente. Y el milagro consiste en que si puedes desechar la conciencia, el estado consciente aparece por sí mismo, porque es un fenómeno natural. Naciste con él, sólo que la conciencia se ha convertido en una dura corteza que impide su flujo. La conciencia se ha convertido en piedra y el pequeño brote del estado consciente es bloqueado por esa piedra. Quítala y el brote florecerá. Y con ese brote tu vida comenzará a moverse en una vía totalmente distinta, que no habías imaginado antes o siquiera soñado. Todo se hará armónico con la existencia. Y estar en armonía con la existencia es estar bien; no estarlo es un error.

Así que la conciencia es la causa primordial de todo lo que está mal, porque impide estar en armonía con la existencia. Y el estado consciente siempre está en lo correcto, como la conciencia equivocada.

? ¿Qué hay de los criminales? Muchos parecen no tener conciencia ni estado consciente. ¿Hay necesidad de un sistema de justicia que impida que esas personas hagan daño a otros?

Ningún ser humano ha nacido como criminal; todo niño nace sabio e inocente. Es cierta nutrición, sociedad y educación la que orilla a la gente a la criminalidad.

Una vez eliminada la pobreza, casi 50 por ciento del crimen desaparecerá, y con él, 50 por ciento de los jueces, tribunales y autoridades que aplican la ley, y 50 por ciento de las leyes, todo con suprimir la pobreza. En segundo lugar, la ciencia está segura de que hay tendencias criminales hereditarias. Castigas innecesariamente a una persona que necesita simpatía, no castigo.

En algunas sociedades primitivas, por ejemplo, la violación no existe porque hay libertad sexual. Los niños pequeños que se dan cuenta de su energía sexual y de la aparición de la sensualidad, no son obligados a vivir con sus padres. Hay un salón en el pueblo y todos los jóvenes pueden vivir ahí. Entran en contacto con todo tipo de chicas y muchachos; tienen absoluta libertad sexual, con una condición —que parece muy importante—: puedes estar con un novio o novia sólo por unos días; después debes cambiar.

Esto da oportunidad a todos de experimentar con todos los demás, y también la enorme oportunidad de desechar los celos. Es imposible ser celoso porque tu novia se va con alguien más. No hay relación fija; sólo por unos días pueden estar juntos, después deben cambiar. Y cuando están en edad de contraer matrimonio, tienen tanta experiencia con cada chica y chico de la tribu que eligen a la pareja correcta, con la que tuvieron una relación más armoniosa. Extrañamente, en una sociedad así de licenciosa no hay violación ni divorcio. Han encontrado a la persona correcta porque han tenido la oportunidad. Su amor continúa creciendo, su armonía se vuelve más y más rica cada día.

Con la píldora anticonceptiva, hombres y mujeres pueden experimentar hasta encontrar a la persona con la que desean estar para siempre. No tienen prisa de ir a la iglesia, pueden esperar. Por un año o dos ven cómo va su intimidad; si se hace más profunda y rica o si desaparece. Antes de decidir sobre una pareja para siempre, parece muy lógico experimentar con tanta gente como sea posible. Así, el adulterio y la violación desaparecerán.

La ciencia encontrará, como nosotros lo hemos hecho, que hay crímenes cometidos por leyes biológicas; por herencia. Una persona que actúa por esos motivos requiere hospitalización y cuidado médico; si algo anda mal con su mente, un hospital psiquiátrico le sirve. Pero no se justifica llamarlo criminal ni aplicarle un castigo.

Todo castigo en sí mismo es un crimen. No hemos sido capaces de encontrar las causas, o quizá no estamos dispuestos a descubrirlas, porque ello significaría cambiar toda la estructura social y no estamos listos para esa gran revolución.

El rebelde está listo para cualquier revolución en cualquier área de la vida. Si la injusticia desaparece no hay motivo para la justicia.

Es difícil imaginar una humanidad sin celos, ira, competencia y ansia de poder, pero es posible. Sólo que nunca hemos pensado en eliminar las causas.

¿Por qué la gente quiere poder? Porque sin considerar lo que hace, no es respetada. Un zapatero no es respetado como el presidente de un país. En realidad, pudiera ser mejor zapatero que presidente. La calidad debiera ser elogiada; si es un excelente zapatero, no necesita interesarse en ser presidente. Su propio arte, su propia destreza, le dará dignidad y el respeto de la gente.

Cuando todos son respetados por lo que son, cuando cada profesión es respetada, cualquiera que sea, cortas las raíces mismas del crimen, de la injusticia.

Cuando no hay dinero en una casa de cambio, nadie puede hacerse más rico o más pobre.

El rebelde observará cada problema de la vida desde sus raíces mismas. No reprimirá los síntomas, destruirá las causas. Si se destruye lo que motiva la injusticia, la justicia podrá restaurarse.

En este preciso momento vivimos en circunstancias injustas, hay una injusticia multidimensional. Y para mantenerla en su sitio tenemos ejército, policía, guardias, tribunales, jueces. ¡Estas profesiones son totalmente innecesarias! A todas esas personas se les debería enseñar un oficio: zapatería, tejido o carpintería. Si no pueden hacer nada muy complicado, labores simples: pueden cargar ladrillos, participar en la construcción de casas y caminos. Al final, jueces y grandes juristas pueden convertirse en jardineros.

Pero toda la estructura de justicia protege las muchas injusticias que hay, y la gente en el poder desea que continúen.

El mundo de mi visión, de la nueva humanidad, eliminará todas las causas. Muchos crímenes —asesinato, violación e incluso robo—pudieran ser hereditarios. Se necesitará cambiar tu química, ajustar tus hormonas. Unos pocos se cometen por tener una psicología equivocada; en esos casos se necesitan un buen lavado de cerebro y una visión más clara. Y nada de esto debiera considerarse castigo. Si alguien padece tuberculosis lo mandas al hospital, no a la cárcel, y no se le considera criminal. Cuando estás sano y regresas a la sociedad, tu dignidad está indemne.

Hay varios problemas no tocados aún por la vieja humanidad. Los han evitado, posponiéndolos. Su mayor temor es exhibir que la gente poderosa contribuye a todos los crímenes, que la gente rica los causa, que los sacerdotes motivan crímenes y perversiones sexuales. Nunca han sacado a la luz esas causas.

La humanidad del futuro destruirá todas las causas de injusticia. Y si algo viene de la herencia, hay que cambiar tus niveles hormonales, tu química, tu psicología. Si algo está en tu mente, eso también puede arreglarse.

Con la colaboración de ciencia, psicología, psicoanálisis y psiquiatría, el espíritu rebelde eliminará toda la injusticia, y el asunto mismo se volverá irrelevante.

? Parece poco realista esperar todo esto para un futuro cercano. ¿Mientras, qué elementos podemos dar al sistema de justicia?

Me gustaría dejar claro un asunto: que una persona actúe de manera equivocada no significa que sea mala. La acción es algo pequeño, la persona una realidad inmensa. Y el acto ya es pasado; la persona tiene un vasto futuro frente a ella. Si oculta el acto destruye su futuro, porque continuará en su mente como una culpa. Si confiesa y está dispuesto a afrontar el castigo, se limpiará completamente. Su futuro se volverá puro.

Confesando al tribunal, una persona debiera tener el castigo más indulgente. Se pediría a los tribunales que entendieran que los criminales no necesitan castigo, sino tratamiento.

Durante siglos los criminales han sido castigados y nada ha cambiado. La cantidad de criminales continúa creciendo; así que pones más tribunales y más abogados. Es una carga innecesaria. Incluso si encierras a los criminales, llevas a cabo un acto irracional, porque pasar cinco o diez años en prisión significa vivir en la universidad del crimen, con los maestros del crimen. Aprenderás de todos los grandes criminales que cometer un crimen no es ilegal, pero ser capturado sí. Debes evitarlo, ser más listo y más astuto. El crimen no es problema, pero sí ser capturado.

Cualquiera que es enviado a prisión sale como un criminal aún mayor. Al entrar quizá sólo era aficionado, por eso fue capturado tan fácilmente. Cuando sale, ya es profesional, experto. Ahora será difícil atraparlo.

Así que digo a los tribunales del mundo que lo que han hecho hasta ahora no es correcto. Un criminal tiene algo malo en su psicología. Necesita tratamiento psiquiátrico. En vez de prisiones, haz lugares donde puedan recibir tratamiento, meditar, estudiar y volverse más inteligentes. Y dales el respeto que se debe a un ser humano. Sus actos no cuentan; lo que importa es su ser.

¿Puedes hablar más sobre cómo cultivar nuestro propio estado consciente, de manera que al menos no haya preguntas sobre acciones individuales que lastiman a otras personas, incluso a nosotros?

Todo tiene energía: miedo, ira, celos, odio. No estás consciente de que esas emociones desperdician tu vida. Tu energía se fuga por muchos agujeros. Por este camino, tarde o temprano, llegarás a la quiebra. De hecho, la mayoría de la gente la experimenta a los treinta. Después no hay nada; es una vida póstuma, prolongándose tediosamente de algún modo hacia la tumba.

Debes enfrentar tu miedo. Y hacer lo mismo con la ira, los celos y el odio. Hay un aspecto relevante que considerar: si eres testigo de todo —miedo, ira, odio—, si contemplas cómo crecen, sin enjuiciarlos o condenarlos, desaparecerán, dejando una enorme cantidad de energía que puedes utilizar creativamente. Tendrás que usarla; las fugas han desaparecido y estarás sobrecargado de energía. Pero si eres testigo de tu amor, compasión, amabilidad y humildad, ellos no desaparecerán. También tienen una energía inmensa, pero cuanto más los contemples más fuertes se volverán en ti; ellos te abrumarán.

Ese es el criterio para decidir lo que es correcto y lo que está mal. Si atestiguando algo, desaparece dejándote toda su energía, está mal.

No te doy cosas listas con una etiqueta que diga: "Esto es malo y esto es bueno, debes hacer esto y esto no." No te proporciono diez mandamientos. Lo que te doy es el secreto total de la vida espiritual: testimonia, contempla y está alerta. Si la cosa desaparece y deja gran cantidad de energía detrás de él, fue malo. Si atestiguando el fenómeno te vuelves más grande y el amor descomunal, significa que es el bien que has buscado. Si te vuelves más sensible a la belleza, a la poesía, significa que tu amor ha florecido. Y toda la energía usada en temor, ira y odio, será asumida por tu amor, sensibilidad, compasión y creatividad. Es la alquimia total para cambiar metales comunes en oro.

Es lo que hacían los alquimistas, pero a causa del cristianismo no podían decirlo abiertamente. Es una de las cosas tristes de las religiones: en vez de ayudar a las personas religiosas, las obstruye. Así, los alquimistas encontraron en Europa un instrumento para embaucar al papa y a sus agentes. Tenían pequeños laboratorios en los que había muchos tubos y botellas, líquidos coloridos y hornillas. Esto daba la apariencia de que hacían algo material, eran científicos y no místicos, porque el místico era peligroso para el papa y para la religión organizada. Esas personas sólo intentaban cambiar metales comunes en oro; eso era perfectamente aceptable. De hecho, si tenían éxito, estarían al servicio de la Iglesia. Trabajaban, pues, con la bendición papal. Pero era sólo una fachada. Algo distinto sucedía tras bambalinas. Mostrarse como científicos era una máscara. No pudieron convertir un solo gramo de metal común en oro durante cientos de años. ¿No lo ves? Todas esas botellas, tubos y agua de muchos colores pasando de una botella a otra, era sólo una manera de ocultar lo que hacían. ¿Y quién no está interesado en cambiar metales comunes en oro? Todos lo estaban.

Los alquimistas fueron respetados por la fachada que presentaban. Lo que realmente ocurría pasaba en otra dimensión: buscaban cambiar miedo, ira y odio en amor, compasión, creatividad y sensibilidad. Intentaban transformar en el alma del hombre.

Era, pues, la alquimia primordial: observas, atestiguas sin juicio alguno. Lo que está mal desaparece, dejando una enorme energía detrás. Y lo que es bueno se hará más grande y comenzará absorbiendo las energías que se han liberado; sólo quedarán atrás un aroma estupendo de amor, luz y risa.

Normas y responsabilidades: caminar por la cuerda floja de la libertad

No tengo nada contra las reglas, pero deberán salir de tu entendimiento. No deben ser impuestas desde el exterior. ¡No estoy contra la disciplina! Pero ésta no debe esclavizarte. La verdadera disciplina es la que se impone uno mismo. Y la autodisciplina nunca está contra la libertad. Sólo las personas disciplinadas pueden ser libres, pero no se trata de obediencia a otros: la disciplina es obediencia a la voz interna. Y se tiene que estar listo para arriesgarlo todo por ella. Deja que tu lucidez decida tu estilo de vida. No permitas que nadie intervenga. Esto es un pecado: permitir que alguien más decida. ¿Por qué es un pecado? Porque nunca estarás en tu vida. Continuarás en la superficie y serás hipócrita.

Una persona lúcida no está controlada por el pasado ni por el futuro. Tú no tienes a nadie que te obligue a actuar de cierta manera. Los *Vedas* no están en tu cabeza, Mahavira, Mahoma y Cristo no te forzarán a moverte. Eres libre. Es la razón por la que en India a una persona así se le llama *mutka,* palabra que designa a alguien totalmente libre. Uno es la libertad.

En este momento, sin importar la situación, uno responde con plena lucidez. Ésa es tu responsabilidad. Eres capaz de responder. Tu responsabilidad no es una obligación, es la sensibilidad hacia el momento presente. Así, el sentido de responsabilidad cambia. No es responsabilidad como obligación, deber, compromiso, algo que debe hacerse. No, la responsabilidad es sensibilidad, fenómeno especular. Tú vienes ante el espejo y el espejo refleja, responde. Pase lo que pase, un hombre lúcido responde con su totalidad. No se guarda nada; por esa razón nunca se arrepiente, nunca se siente culpable; todo lo que debe de hacerse, lo hace, lo termina. Vive cada momento total y completamente.

En tu ignorancia todo está incompleto. Millones de experiencias permanecen dentro de ti, aguardando para completarse. Tú querías reír, pero la sociedad no lo permitirá. Esa risa está esperando ahí como una herida. ¡Qué situación tan lamentable, cuando incluso la risa se convierte en herida! Cuando tú no la permitiste, se volvió herida, algo incompleto dentro de ti esperando completarse.

Tú amaste a alguien, pero no podías hacerlo totalmente, tu carácter y tu conciencia no lo permitieron. Incluso cuando estás con el ser amado en la noche oscura, en un cuarto, la sociedad está presente. Tu vigilante está apostado ahí y observa. No estás solo. Tienes una conciencia, el ser que amas también: ¿cómo podrían estar solos? La sociedad está ahí, el mercado completo está alrededor. Y Dios mira hacia abajo, observando lo que haces. Dios parece ser el Peeping Tom universal que mira a la gente. La sociedad ha utilizado los ojos de Dios para controlarte y hacerte un esclavo. No puedes siquiera amar y odiar totalmente, o estar del todo furioso. No puedes ser nada por completo.

Comes, caminas y ríes con medio corazón. No puedes llorar y conservas miles de lágrimas en tus ojos. Todo es una carga pesada; el pasado entero que soportas innecesariamente. Y es tu carácter.

Un Buda no tiene carácter porque es fluido, flexible. Un carácter implica inflexibilidad. Es parecido a un arma. Te protege de ciertas cosas, pero también te mata.

? ¿No necesitamos algún control interno, a pesar de todo? Temo que mi vida degenere en el caos si no me esfuerzo por disciplinarme.

Una vez que estás controlado, no permites que la vida suceda. Tienes demasiadas condiciones y la vida no puede cumplirlas.

La vida sucede cuando la aceptas de manera incondicional; cuando estás listo para darle la bienvenida sin importar cómo viene o la forma que toma. Pero una persona con demasiado control siempre está pidiendo que llegue en cierta forma, bajo ciertas condiciones, y a la vida eso no le importa; pasa de largo para esas personas; ellas permanecen casi muertas, vegetando.

Mientras más pronto rompas con la prisión que crea el control será mejor, porque todo control procede de la mente. Y tú eres más grande que ella; lo que implica que una pequeña parte trata de dominarte y de establecer lo que ocurre contigo. La vida continúa moviéndose y tú quedas muy atrás, frustrado.

La lógica de la mente dice: "No controlaste bien las cosas, por eso fallaste; necesitas más control."

La verdad es lo opuesto: la gente falla por un control excesivo.

Sé como un río salvaje y mucho de lo que ni siquiera soñaste, imaginaste o anhelaste estará a tu alcance justo a la vuelta de la esquina. Pero debes abrir la mano; no sigas viviendo la vida con un puño, porque esa es la vida del control.

Vive una vida con la mano abierta. El cielo entero está disponible, no aceptes menos. Nunca aceptes menos. El cielo entero es tu derecho por nacimiento, para volar a los más remotos rincones de la existencia, gozar, disfrutar y celebrar todo lo que ofrece la vida.

? ¿Hay diferencia entre control y disciplina? Siempre he sido duro conmigo y siento que por esa causa me he perdido mucho de la alegría de vivir.

No sólo hay una diferencia, hay una gran diferencia: disciplina y control son polos opuestos. El control viene del ego, la disciplina no; controlar es manipularte a ti mismo, la disciplina es entenderte. La disciplina es un fenómeno natural, el control no; la disciplina es espontánea, el control es una forma de represión. La disciplina sólo requiere entendimiento: entiendes y actúas de acuerdo con lo que entendiste; no tienes un ideal ni dogma que seguir, no es perfeccionista, te guía una y otra vez hacia la plenitud.

El control es perfeccionista y persigue un ideal; tú tienes una idea acerca de cómo debes ser; el control consiste en muchos deber ser y no deber ser, la disciplina en ninguno. La disciplina es un entendimiento natural y un florecimiento.

La mera palabra "disciplina" tiene una raíz que significa "aprender"; proviene de la misma raíz que la palabra "discípulo": quien está listo para aprender; y la disciplina es esa capacidad para abrirse que te ayuda a aprender.

La disciplina no tiene nada que ver con el control. De hecho, una mente disciplinada nunca piensa en términos de control, no hay necesidad de ello. Una mente disciplinada es totalmente libre.

Una mente sin disciplina requiere control, porque siente que sin él está en peligro. Una mente indisciplinada no puede confiar en ella misma, de ahí el control. Por ejemplo, si no te controlas puedes matar a alguien; en un momento de ira y de furia puedes convertirte en asesino. Necesitas control, porque tienes miedo de ti mismo.

Un hombre de entendimiento, que se entiende a sí mismo y a otros, siempre siente compasión. Incluso de un enemigo tiene compasión, porque un hombre de entendimiento puede entender el punto de vista del otro. Sabe por qué el otro siente lo que siente y por qué está enojado, pues se conoce a sí mismo y puede conocer a los demás. Tiene compasión, entiende y acata su entendimiento. Que no se malentienda cuando digo que, de hecho, el entendimiento no necesita que se le siga. La misma palabra "seguir" da la idea de tener que hacer algo: tú entiendes, entonces debes hacer algo, seguir al entendimiento. No, entiende y lo demás llegará por sí mismo. No necesitas seguir, simplemente empieza a suceder.

Por eso es tan importante comprender la diferencia entre control y disciplina. El control es una moneda falsa, inventada por la sociedad para sustituir la disciplina. Se ve exactamente como disciplina: las monedas falsas se ven así, de otra manera no las aceptarían en el mercado. Hay muchas monedas falsas respecto a la vida interior. El control es una moneda falsa, la verdadera es la disciplina.

Nunca trates de controlarte. ¿Quién lo hará en realidad? Si tienes entendimiento, no hay necesidad de control. Si entiendes no requieres control; si no, ¿entonces quién controlará? Es el quid de todo el problema.

Si entiendes, ¿qué necesidad hay de control? Tú entiendes, así que lo que hagas es correcto. No porque debas hacerlo, simplemente hazlo porque ¿cómo puedes hacer algo equivocado? Si tienes hambre, no comes piedras; entiendes que las piedras no pueden comerse, punto. No hay necesidad de darte un mandamiento: nunca comas piedras cuando estés hambriento. Sería simplemente tonto decirlo. Cuando tienes sed bebes agua. ¿Qué necesidad habría de hacer un "debes" o "no debes" sobre esto?

La vida es simple cuando entiendes. No hay regulaciones o normas sobre el entendimiento, no es necesario, porque él es la regla de todas las reglas. Sólo hay una regla de oro y esa es el entendimiento; todas las demás son inútiles, pueden desecharse. Si entiendes, puedes suprimir controles, ser libre: lo que hagas será por medio del entendimiento.

Si me pides una definición de lo correcto, te diré que es lo que se hace mediante el entendimiento. Correcto y equivocado no tienen valores objetivos; no hay nada como acción correcta o equivocada. Sólo hay acciones a través del entendimiento y mediante el no entendimiento. Así, algunas veces es posible que una acción estuviera equivocada en un momento y fuera correcta al siguiente, porque la situación cambió y entonces el entendimiento dice otra cosa: hay que vivir momento a momento, con una respuesta sensible a la vida.

No tienes un dogma fijo sobre cómo actuar; ves alrededor, sientes y entonces actúas según ese sentimiento; viendo y conociendo la acción llega.

Un hombre de control no tiene visión de la vida ni sensibilidad para vivir. Cuando el camino está exactamente frente a él, abierto, consulta su mapa; cuando la puerta está frente a él pregunta a otros dónde está. Es ciego. Por tanto debe controlarse porque la ubicación de la puerta cambia a cada momento. La vida no es algo muerto ni estático: es dinámica.

De este modo, la misma regla que fue buena ayer no lo será hoy y quizá tampoco mañana. Pero alguien que vive mediante el control tiene una ideología fija y sigue el mapa. Los caminos cambian cada día, la vida se mueve dentro de nuevas dimensiones, pero él continúa cargando su vieja y estúpida ideología. Mira su idea y la sigue; y así, siempre está en la situación equivocada.

Por eso sientes que has perdido muchas alegrías de la vida. Tenías que perdértelas, porque la mayor que la vida puede darte, es una respuesta del entendimiento. Cuando sientes muchas alegrías pero no tienes ninguna regla, ideas ni ideales, entonces no estás aquí para seguir códigos, sino para vivir y descubrir tu propio código de vida.

Cuando tomes conciencia de este código, verás que no es algo fijo. Es tan dinámico como la vida misma.

Cuando intentas controlar, es el ego el que te manipula de muchas formas. Por su conducto la sociedad te manipula, y mediante la sociedad, todos los que han muerto también lo hacen. Todo ser viviente, si sigue una ideología muerta, sigue a los muertos.

Zaratustra es maravilloso. Buda es maravilloso. Lao Tsé es maravilloso. Jesús es maravilloso. Pero su ideología ya no es aplicable. Vivieron su vida y florecieron de una manera maravillosa. Aprende por medio de ellos, pero no seas un estúpido seguidor. Sé un discípulo, no un estudiante.

Un estudiante aprende la palabra muerta; un discípulo, los secretos del entendimiento, y cuando adquiere el suyo, toma su propio camino. Un discípulo presenta sus respetos a Lao Tsé diciendo: "Ahora estoy listo. Estoy agradecido. Tomo mi propio camino." Siempre estará agradecido a Lao Tsé y en eso consiste la paradoja: quienes han seguido a Jesús, Buda o Mahoma, no pueden olvidarlos. Si pierdes alegrías por estas personas, ¿cómo perdonarlos? ¿Cómo tenerles gratitud? De hecho, sentirás mucha rabia. Si te los encontraras los matarías, porque te han obligado a llevar una vida controlada; no te permitieron vivir la vida como te hubiera gustado. Si Moisés y Mahoma te dieron mandamientos sobre cómo vivir, no podrás perdonarlos. Tu gratitud será falsa. Serás desdichado. ¿Cómo podrías estar agradecido? ¿Por tu miseria? No, sólo puedes estar agradecido cuando eres feliz.

La gratitud te sigue como una sombra cuando tienes un sentimiento de bendición constante.

Sé una persona de disciplina pero nunca de control. Desecha las normas y regulaciones, vive la vida con profunda lucidez, eso es todo. El entendimiento debe ser la única ley. Si entiendes, amarás, si amas no dañarás a nadie. Si entiendes serás feliz y compartirás tu felicidad; te volverás tan feliz que desde todo tu ser, como un río, crecerá un agradecimiento hacia la existencia.

Procura una vida de entendimiento y manténte libre del pasado; porque si está ahí y tú bajo control, no puedes entender la vida. Y la vida pasa velozmente, no espera.

Pero, ¿por qué la gente trata de hacer reglas? ¿Por qué caen en la trampa del todo? Porque una vida de entendimiento implica peligro. Debes confiar en ti mismo. La vida de control es segura y cómoda, no necesitas confiar en ti. Moisés, la Biblia, el Corán, Gita lo hacen por ti: tú no precisas ocuparte de los problemas, puedes huir de ellos, refugiarte en palabras, disciplinas y pensamientos de la antigüedad, aferrarte a ellos. Así puedes llevar una vida cómoda y sin complicaciones; pero una vida semejante no es feliz. Entonces te pierdes de la alegría, que sólo es posible cuando vives peligrosamente. No hay otra manera de vivir.

Vive peligrosamente, y cuando digo "peligrosamente", quiero decir según tú mismo, sea cual sea el precio. No importa lo que esté en juego, vive de acuerdo con tu propio estado consciente, tu corazón y tus sentimientos. Si toda seguridad, comodidad y facilidad se pierden, entonces estarás contento. Puedes ser mendigo, tal vez no seas rey y andes por las calles en harapos, pero ningún emperador podrá compararse contigo. Aun los emperadores estarán celosos por tu riqueza, no de cosas, sino de tu estado consciente. Tendrás alrededor una luz sutil, un sentimiento de dicha. Incluso los demás podrán tocarlo. Es tan visible y sólido, que otros serán influidos por él, te convertirá en un imán. Por fuera podrás ser mendigo, por dentro te convertirás en rey.

Si vives con comodidad y seguridad, sin complicaciones, evitarás el peligro, muchas dificultades y sufrimientos; pero al hacer a un lado esas dificultades y esos sufrimientos, evitarás toda la felicidad que es posible en esta vida. Recuérdalo: cuando eludes los sufrimientos evitas la felicidad. Si buscas escapar de un problema, también escapas de la solución. Cuando no quieres encarar una situación mutilas tu propia vida. Nunca lleves una vida controlada —es la de un escapista— pero sé disciplinado. No de acuerdo conmigo, ni con nadie, sino con tu propia luz. "Sé una luz para ti mismo." Fueron las últimas palabras de Buda; lo último que pronunció. Ésa es disciplina.

Reacción y respuesta: el truco de deslizarse a puñetazos

La palabra "responsabilidad" se ha utilizado de manera errónea. Acarrea un sentimiento de carga: "Debes hacerlo porque es tu deber." Si no lo haces te sentirás culpable. Quiero recordarte que la palabra "responsabilidad" no tiene ninguna de estas connotaciones. Divide la palabra en dos —respuesta y habilidad— y obtendrás un significado totalmente distinto. La habilidad de responder no es una carga ni un deber; no es algo que debas hacer a pesar de ti mismo.

La habilidad de responder simplemente significa respuesta espontánea. Sea cual sea la situación, responde gozosamente a ella, con todo tu ser y con intensidad.

Y esa respuesta no sólo cambiará la situación, también te cambiará a ti.

Hay dos conceptos para recordar: uno es "reacción" y el otro "habilidad para responder". La mayoría de las personas reacciona, no responde. La reacción proviene de tu memoria de experiencias pasadas, de tu conocimiento; siempre resulta inadecuada en una situación nueva. Y la existencia en todo momento es nueva. De modo que si actúas según tu pasado, será una reacción que no cambiará la situación ni a ti y habrá fracasado completamente.

La respuesta se da a cada momento. No tiene que ver con la memoria, tiene que ver con tu lucidez. Ves la situación con claridad; estás limpio, silencioso y sereno. A partir de esa serenidad, actúa espontáneamente. No será una reacción, será una acción. Nunca la habrás hecho antes, pero su belleza le vendrá bien a la situación, y será una alegría para ti saber que eres capaz de ser espontáneo.

Pocas alegrías en la vida superan a la espontaneidad porque significa ser en el momento y exteriorizar tu lucidez, no actuar de acuerdo con tus viejos condicionamientos. Esos días ya se fueron; esas viejas ideas son totalmente inválidas.

No debes aprender una respuesta; tampoco nadie enseñártela; sale de tu silencio y serenidad, de tu propia decisión. Muchos de tus actos no son acciones, porque proceden de tu memoria: son reacciones. Los auténticos vienen de tu estado consciente.

Soy capaz de respuesta [*response-able*], no responsable [*responsible*]. Exteriorizaré mi amor, no por sentido del deber u obligación. Y actuaré en el momento sin apelar a mi sistema de memoria, porque ésta pertenece al pasado y la existencia es siempre nueva: pasado y existencia nunca se juntan.

Así que lo primero que deseo que comprendas es a no enteder la palabra "responsabilidad" completa; pártela en dos: respuesta-guión-habilidad. Con eso cambia todo.

Un rebelde renuncia a su pasado y no lo repetirá; trae algo nuevo al mundo. Quienes han huido del mundo y de la sociedad son escapistas. En realidad renuncian a las responsabilidades, pero sin entender que en ese momento renuncian también a la libertad. Son las complejidades de la vida: libertad y responsabilidades se van juntas o permanecen juntas.

Cuanto más seas amante de la libertad, más dispuesto estarás a aceptar responsabilidades. Pero fuera del mundo y de la sociedad no hay responsabilidad alguna. Y se debe recordar que todo lo aprendemos siendo responsables.

Puedes actuar de dos maneras. Una es reaccionando, otra es respondiendo. La reacción sale de tus condicionamientos pasados, es mecánica; la respuesta viene de tu presencia, es lucidez, estado consciente, no mecánica. Y la habilidad para responder es uno de los mayores principios del crecimiento. No estás acatando ninguna orden o mandamiento, sigues tu lucidez. Funcionas como un espejo, reflejando la situación y respondiendo a ella. No a partir de tu memoria o experiencia anterior de situaciones similares; no repitiendo acciones pasadas, sino actuando con frescura, de forma nueva y en el momento preciso. La situación no es vieja ni tu respuesta lo será: ambas son nuevas. Esta habilidad es una de las cualidades del rebelde.

Renunciando al mundo, escapando al bosque y a las montañas, lo único que haces es eludir una situación de aprendizaje. En una cueva en los Himalayas no tendrás responsabilidad alguna, pero recuerda: sin responsabilidad no creces. Tu estado consciente permanecerá estancado. Para crecer necesitas enfrentar, encontrar y aceptar los desafíos de las responsabilidades. Los escapistas son cobardes, no rebeldes, aunque es lo que se había pensado hasta ahora. No pueden afrontar su vida. Supieron de sus debilidades y fragilidades, y pensaron que era mejor escapar, porque así no tendrían que enfrentar su debilidad y fragilidad, nunca sabrán de ningún desafío. Pero sin desafíos, ¿cómo crecerán?

? Lo que llamamos "habilidad para responder", ¿es similar a la enseñanza de Jesús: si alguien te abofetea, ofrece la otra mejilla?

No te diré que la habilidad para responder significa ofrecer la otra mejilla si alguien te golpea. Sólo puedo decir una cosa: deja que el momento decida. A veces quizá debas mostrar la otra mejilla. Otras golpear más duro a quien te golpeó a ti. Algunas veces quizá golpear ambas mejillas, pero nada te puedo entregar que sea una fórmula mágica. Depende de ti, de la persona y de la situación.

Pero actúa con lucidez y lo que hagas estará bien. Yo no califico los actos como correctos o equivocados. Para mí, la calidad de tu lucidez es decisiva. Si respondes con lucidez, sea cual sea tu respuesta, declaro que está bien. Si la pierdes y reaccionas, entonces lo que hagas —pudieras estar ofreciendo la otra mejilla— estará equivocado. ¿Viste que he usado dos palabras diferentes? Con lucidez usé "respuesta"; con inconciencia utilicé "reacción".

La respuesta viene de ti mismo. La reacción es creada por otra persona. Alguien te ha golpeado, es el amo de la situación y tú eres un títere. Tú estás reaccionando. Su acción es decisiva y ahora tú reaccionas. Es una conducta inconsciente. Una conducta semejante puede manipularse fácilmente. Sonríe y ella sonreirá. Enójate y se enojará.

Por esto gente como Dale Carnegie puede escribir libros como *How to Win Friends and Influence People* [*Cómo hacer amigos e influir en las personas*]. Para esto, sólo debes saber reacciones simples.

Carnegie mismo describe una situación: trabajaba como agente de seguros y había una mujer rica, la más rica de la ciudad; era una viuda que estaba en contra de las compañías y los agentes de seguros, tanto que nadie había logrado tener una cita con ella. Sus órdenes al portero eran: ¡expúlsalos! No había modo de verla.

Y cuando Dale Carnegie ingresó en la empresa, los demás agentes le dijeron: "Estás escribiendo un libro sobre cómo ganar amigos e influir en la gente. Si puedes venderle un seguro a la señora, pensaremos que tienes algo que decir, de otra manera, todo es charlatanería." Y logró asegurar a la señora. ¿Cómo? Mediante un método sencillo.

Temprano por la mañana dio una vuelta alrededor de la casa de la mujer. Estaba en el jardín y desde la verja le dijo: "Nunca he visto flores tan bellas."

La señora preguntó: "¿Estás interesado en las rosas?"

Él dijo: "¿Cómo lo sabe? Me encantan las rosas; es la única flor que realmente me interesa."

La mujer dijo: "¿Qué haces allá afuera? Entra, te enseñaré mis rosas. A mí también me fascinan y no encontrarás rosas tan grandes como las que cultivo en mi jardín." Y lo invitó a entrar. Caminaron alrededor de su gran jardín él era todo alabanzas y poesía.

La mujer estaba tan impresionada que dijo: "Pareces un hombre inteligente. Quiero hacerte una pregunta. ¿Qué piensas sobre los seguros?", porque a ella la torturaban continuamente los agentes, siempre tratando de verla y siendo rechazados.

Él dijo: "Para eso tendré que regresar de nuevo, porque tengo que pensar al respecto y hacer una pequeña investigación. Nunca aconsejo a nadie si no estoy seguro."

La mujer le dijo: "Está bien. Eres el primer hombre que no está ansioso por aconsejarme. Es la señal inequívoca de un tonto: estar ansioso por aconsejar a otros."

Él dijo: "No, yo tengo que observar el asunto en conjunto. Quizá me tome algunos días." Y durante esos días solía detenerse cada mañana y permanecer fuera de la cerca.

La mujer dijo: "No hay necesidad de estar ahí afuera. Les he dicho a mis sirvientes que para ti las puertas están abiertas en cualquier momento del día. Cuando quieras entrar al jardín, puedes hacerlo. Y a la casa también. Es tu casa, no seas tímido." En unos cuantos días le había llevado los formatos, los archivos y todo. Él dijo: "He trabajado el asunto en conjunto. De hecho, me he convertido en agente de una empresa de seguros para descubrir todos los detalles, el meollo del asunto, porque desde fuera no puedes saber mucho. Ahora sé que esto es para usted."

Así funciona la humanidad, por medio de reacciones. Sólo haz algo a lo que otro ser inconsciente reaccionará. Y es muy raro que un agente de seguros encuentre a una persona consciente. En primer lugar, una persona consciente no tiene nada que asegurar. Sólo con una persona así, Dale Carnegie fracasará, porque no reaccionará ni responderá. Y no podrá anticipar su respuesta.

El hombre lúcido es impredecible porque nunca reacciona. No puedes tener idea de antemano de lo que hará porque a cada momento es nuevo. Pudiera actuar de una manera en cierto momento y al siguiente de otra, porque todo cambió. Cada momento de la vida cambia sin cesar; es un río en movimiento; nada permanece estático, excepto tu inconciencia y tus reacciones.

La gente inconsciente es predecible. Puedes manejarla con facilidad, hacer que hagan y digan cosas que nunca quisieron hacer o decir, porque reaccionaron.

Pero una persona lúcida, auténticamente religiosa, sólo responde. Él no está en tus manos; no puedes rebajarlo ni hacer nada con él. No puedes arreglártelas para sacarle una sola oración. Sólo hará lo que en ese momento —por medio de su lucidez— considere apropiado.

? Según entiendo, una persona inconsciente reacciona mientras otra sabia observa sus emociones en vez de actuar mecánicamente. Pero, ¿qué hay de la espontaneidad?, ¿es realmente compatible con la observación?

Cuando aprendes a observar, a estar completamente en silencio, imperturbable y a sentarte en silencio sin hacer nada, entonces es verdad, como dice el zen, que la primavera llega y la hierba crece por sí misma. Pero la hierba crece, ¡recuerda!

La acción no desaparece, la hierba crece por sí misma. Volverse observador no significa inactivo; la acción sucede dentro de ti, aunque no haya gente activa. La gente activa desaparece pero el hacer continúa. Y cuando no hay una persona emprendedora, el hacer es espontáneo, no puede ser de otra manera. Es la persona activa quien no permite la espontaneidad. La persona emprendedora significa el ego y éste significa el pasado. Cuando actúas, siempre lo haces a través del pasado, a partir de la experiencia acumulada, de las conclusiones a que llegaste en el pasado. ¿Cómo puedes ser espontáneo? El pasado domina y por ello no puedes ver el presente. Tus ojos están tan llenos del humo del pasado y es tan espeso que es imposible ver. ¡No puedes ver! Eres casi completamente ciego debido a tu conocimiento. La persona erudita es la más ciega del mundo. Como funciona a partir de su conocimiento, no ve lo que ocurre. Aprendió algo y se ha convertido en un mecanismo, y actúa a partir de él.

Pero la vida no está obligada a ajustarse a tus conclusiones. Por eso resulta muy confusa para la persona erudita: tiene todas las respuestas hechas, todo en la cabeza. Y la vida nunca plantea la misma pregunta otra vez: por eso el erudito resulta deficiente.

Seguramente uno debe saber cómo sentarse en silencio. Eso no significa que lo hagas siempre, que te vuelvas inactivo; por el contrario, a partir del silencio la respuesta, la acción real aparece. Si no eres silencioso, si no sabes cómo sentarse silenciosamente en meditación profunda, lo que hagas será reacción, no acción.

Alguien te insulta, oprime un botón y reaccionas. Estás enojado y saltas sobre la persona. ¿Llamas a eso acción? No, es reacción. La otra persona es el manipulador y tú el manipulado. La otra persona oprimió y funcionaste como una máquina. Así como oprimes un botón y la luz aparece, y lo oprimes de nuevo y la luz se apaga, es lo que la gente hace: te enciende y te apaga.

Alguien llega y te alaba, adula tu ego y te sientes magnífico; entonces llega otro, pincha tu ego y sencillamente te desinflas en el suelo. No eres tu propio amo. Nadie puede insultarte y hacer que te sientas triste, enojado, irritado, abrumado, violento o loco. Y nadie puede alabarte y hacerte sentir que estás en las alturas, que eres el mejor, que Alejandro el Grande sería nadie a tu lado.

Buda pasaba por un pueblo y la gente vino y lo insultó. Utilizaron todas las palabras altisonantes que conocían. Buda permaneció ahí, escuchó silenciosamente, muy atento, y entonces dijo: "Gracias por venir, pero estoy en un apuro. Debo llegar a la otra aldea, la gente me está esperando ahí. No puedo dedicarles mucho tiempo hoy, pero mañana de regreso sí. Pueden reunirse de nuevo y si quedó algo que me quieran decir, podrán hacerlo. Pero hoy, por favor, discúlpenme."

Las personas no creían lo que escuchaban: ese hombre permaneció completamente indiferente y concentrado. Uno de ellos preguntó: "¿Has escuchado? ¡Te hemos tratado mal como a nadie y tú ni siquiera has respondido!"

Buda dijo:

> Si quieren una respuesta han llegado muy tarde. Debieron venir hace diez años, entonces les habría respondido. Pero en estos diez años he dejado de ser manipulado por otros. Ya no soy un esclavo. Soy mi propio amo. Actúo de acuerdo conmigo mismo, no conforme a nadie más. Actúo según mi propia necesidad interior. No pueden obligarme a hacer nada. Es perfecto: ustedes quieren tratarme mal, ¡háganlo! Siéntanse satisfechos. ¡Han hecho perfectamente su trabajo! Pero en lo que a mí concierne, no hago

caso de sus insultos, y a menos que haga caso, ustedes no tienen sentido.

Cuando alguien te insulta, te conviertes en receptor; si aceptas lo que dice, entonces reaccionas. Pero si no lo aceptas, permaneces indiferente, te mantienes a distancia, frío. ¿Qué pueden hacer ellos?

Buda dijo: "Alguien puede arrojar una antorcha prendida al río. Permanecerá encendida hasta que caiga. Al momento de caer, todo el fuego desaparecerá; el río lo apagará. Yo me he vuelto un río. Ustedes lanzan insultos contra mí. Tienen fuego cuando lo arrojan, pero en el momento en que me toca, en mi frialdad el fuego se apaga. No hieren más. Arrojan espinas que al caer, mi silencio convierte en flores. Yo actúo a partir de mi naturaleza intrínseca."

Esto es espontaneidad. La persona lúcida, de entendimiento, actúa. El que es ignorante —inconsciente, mecánico como robot—reacciona.

Tú dices: "La persona inconsciente reacciona mientras el sabio observa." No es que simplemente observes, la observación es un aspecto de tu ser. La persona sabia no actúa sin observación, pero no malentiendan. Tú inteligencia se agudiza cuando actúas. Y cuando actúas momento a momento a partir de tu lucidez y capacidad de observación, una enorme inteligencia aparece. Comienzas a brillar, te vuelves luminoso. Pero sucede mediante dos condiciones: la observación y la acción que proviene de esa observación. Si la tuya se convierte en inacción, estás suicidándote. La observación debería llevarte a un nuevo tipo de acción. Una nueva cualidad es llevada a la acción.

Observas, estás tranquilo y silencioso; ves cuál es la situación y a partir de ella respondes. El hombre lúcido responde, es "responsable" literalmente. Es responsivo, no reacciona. Su acción nace de su lucidez, no de tu manipulación; esa es la diferencia. Por eso, no se presenta problema de incompatibilidad entre observación y espontaneidad. La observación es el principio de la espontaneidad; y ésta, el cumplimiento de la primera.

El hombre de entendimiento actúa mucho, totalmente, pero a partir de su estado consciente. La mente observadora, meditativa, funciona como espejo. No retiene ninguna impresión; se mantiene totalmente vacía, siempre vacía. Lo que se pone frente al espejo es reflejado. Si estás parado frente a un espejo, te refleja. Si te has ido, no digas que el espejo te traicionó. Es simplemente un espejo. Cuando te vas, ya no te refleja. Ahora alguien más está enfrente y lo refleja. Si no hay nadie ahí, no refleja nada. Es siempre fiel a la vida.

Aprende a sentarte en silencio, conviértete en espejo. El silencio hace un espejo a partir de tu estado consciente, y tú funcionas momento a momento. Reflejas la vida. No llevas un álbum lleno de viejas fotografías dentro de tu cabeza. Tus ojos son claros e inocentes, tienes claridad y visión, nunca eres infiel a la vida.

Esto es vivir de verdad.

SIGNIFICADO Y SIGNIFICACIÓN: de lo conocido a lo desconocido, a lo incognoscible

La gente se pregunta por qué la vida parece no tener sentido. El sentido no existe *a priori.* No hay sentido existiendo en la vida; uno debe crearlo. Sólo si lo creas lo descubrirás. Debe inventarse. No está ahí como una piedra. No es algo dado sino que es significado por medio de tu estado consciente.

La verdad no se da pero sí puedes oler su perfume, comenzarás a buscarla en tu interior, en tu propio ser. El significado debe evolucionar, es un crecimiento al que tendrás que dedicarle tu vida entera.

La mente moderna experimenta más sinsentido que nunca, porque en los siglos anteriores se vivía en una especie de estupor. La ortodoxia era lo usual. La ciudadela de la religión era muy poderosa, dictatorial. Se ha vivido durante siglos creyendo. Ahora, más y más gente osa desechar las creencias que ofrecieron un sentimiento de que la vida tenía sentido. Pero la incertidumbre es buena, en la medida en que las creencias desaparezcan. Es la primera época de agnosticismo. Por primera vez, más y más gente ha madurado y no confía en las creencias, en las supersticiones.

Pero un tipo de vacuna ha llegado a la existencia; si bien las creencias han desaparecido, y con ellas, el falso sentimiento de significado que proporcionaban, un vacío ha ocupado su lugar. La parte negativa se ha hecho. Hemos demolido el viejo edificio. Ahora debe hacerse la parte positiva, levantar uno nuevo. El viejo templo no existe, ¿pero dónde está el nuevo? La creencia ha sido destruida, ¿pero dónde está la confianza? La creencia se ha ido; eso es bueno pero no suficiente. En esta época, la creencia ha desaparecido pero no hay nada en su lugar. Ahora podemos crecer en la confianza.

Seguramente has oído sobre el pensador alemán Ludwig Feuerbach. Pareciera ser el heraldo de la mente contemporánea, porque explicó a Dios en términos del deseo infinito del corazón del hombre. Dijo que no hay Dios; que no existe como una realidad objetiva, es sólo el cumplimiento de un deseo. El hombre quiere volverse omnipotente, omnipresente y omnisciente; quiere volverse Dios. Ése es el deseo: volverse infinito. Ser inmortal y absolutamente poderoso.

Esta aseveración de Feuerbach fue uno de los primeros embates contra la creencia: Dios es sólo una proyección en la mente humana; no tiene ontología, es un sueño psicológico. Pensamos en términos de Dios porque nos sentimos impotentes. Necesitamos algo que nos haga completos, que nos dé la sensación de no ser extraños, de que en este mundo hay alguien que ve por nosotros. Dios no es sino un padre proyectado. Queremos apoyarnos en algo. Es un puro deseo, no tiene realidad.

Entonces vino Karl Marx, quien vio a Dios como un intento ideológico de elevarse por arriba de la realidad. Marx dijo que como la gente es pobre, sufre y es desdichada, necesita un sueño que pueda darle esperanza. La gente está viviendo en tal desesperanza y desconsuelo, que si no sueña que en algún futuro todo será perfecto, no podrá tolerar la realidad. Así que Dios es el opio, la religión es el opio del pueblo. Es una droga que ayuda a la gente y la consuela, es un tranquilizante que mata tu dolor; con él pensamos que hoy somos desgraciados, pero que mañana todo estará bien.

Marx dice que por eso las bienaventuranzas de Jesús se han vuelto tan importantes: "Bienaventurados los pobres." ¿Por qué? ¿Por qué el pobre es "bienaventurado"? Porque "ellos heredarán el reino de Dios". Ahora el pobre puede tener esperanza. Aquí es pobre, allá heredará el reino de Dios. No sólo eso, Jesús dijo: "Quienes son los primeros aquí serán los últimos allá, y los últimos serán los primeros." Ahora el pobre se siente realmente feliz. Olvida su pobreza. Va a ser el primero en el reino de Dios. Marx piensa que estas sentencias son drogas.

Su punto de vista también es muy lógico. Cuando la gente es desgraciada sólo tiene una manera de tolerarlo: deja pasar el tiempo, imagina un mejor futuro. Estás en un hospital; puedes imaginar que mañana saldrás y todo estará bien. Si es sólo cuestión de unas horas, puedes tolerarlo.

Este mundo es cuestión de unos cuantos años, no te preocupes por él. El paraíso te está esperando. Mientras más pobre seas, mayor serás en el paraíso. Y todo de lo que aquí careces, allá se te dará en abundancia. ¿No tienes una mujer hermosa? No te preocupes. En el paraíso todos tendrán las que deseen y las más hermosas que puedan imaginar. ¿Aquí no se te permite beber alcohol? En el paraíso hay ríos de vino. Podrás beber tanto como quieras, podrás mojarte en él.

Estos sueños son consuelos para quienes están esclavizados u oprimidos. Así que Marx dice que la religión es sólo un truco para explotar a la gente, para mantenerla bajo control y que no pueda rebelarse. Sus pensamientos golpearon muy fuerte a las viejas creencias.

El tercer martillo vino con Friedrich Nietzsche. Él dijo: "Dios no es sino una debilidad de la voluntad de vivir." Cuando una persona o una sociedad envejecen, se pudren y debilitan, comienzan a pensar en Dios. ¿Por qué? La muerte está cerca y uno debe aceptarla de algún modo. La vida se escurre entre los dedos, no se puede hacer nada al respecto, excepto aceptar la muerte. Dios es un truco para aceptar la muerte y Nietzsche dice que la muerte sólo es aceptada por los débiles.

Solía decir que la mera idea de Dios proviene de una mente femenina; y que Buda y Cristo eran afeminados, no masculinos. Son demasiado suaves, han aceptado la derrota y ya no luchan para sobrevivir. Cuando una persona cesa de luchar se vuelve religiosa. Cuando la voluntad de poder ya no funciona, uno comienza a acobardarse y a morir, a pensar en Dios. Dios está contra la vida, que es voluntad de poder. La vida es pugna constante, conflicto y uno tiene que ganar. Cuando la gente se vuelve demasiado débil y no puede ganar, su mente derrotada se torna religiosa. La religión es derrotismo.

Feuerbach, Marx y Nietzsche, crearon una atmósfera donde podía declararse que Dios estaba muerto y el hombre era libre. Tú estás más en sintonía con Feuerbach, Marx y Nietzsche que con los fundadores y profetas de las religiones. Ellos están muy lejos; no les pertenecemos y no nos pertenecen. La distancia es demasiado grande. Nuestros profetas verdaderos son Feuerbach,

Marx y Nietzsche; junto con Freud y Darwin, esas personas destruyeron toda la fábrica, la estructura y el patrón de la creencia.

Me gustaría decir que ellos han hecho un gran servicio a la humanidad. Pero no me malinterpreten. Han limpiado de creencias el estado consciente del ser humano, pero es sólo la mitad del trabajo. Ahora se requiere algo más. Es como cuando preparas un jardín, primero retiras la mala hierba y quitas las piedras. Sólo entonces el suelo está listo, pero si sólo esperas, no verás los rosales ni nuevas semillas.

Esos pensadores han hecho un gran servicio a la humanidad. Han sacado de raíz la mala hierba. Pero con ello el suelo no está listo. Es sólo la preparación. Ahora hay que traer las rosas, por tanto falta el significado.

La gente está paralizada. Piensa que ese pedazo de tierra limpio donde no crece la creencia ni brota el deseo sobre lo desconocido, es el jardín. Y cuando mira alrededor ve que no es nada, es un desierto. Han limpiado la tierra, pero sólo hay un desierto ahí. Así que el hombre se ha vuelto ansioso. La ansiedad ha sido reprimida durante siglos, de modo que la gente podía conformarse con un partido, religión, secta o sociedad. Esos miles de años la ansiedad ha permanecido encerrada y el hombre ha funcionado como esclavo. Ahora la cerradura se ha roto, el hombre ya no es más un esclavo y toda la represión de miles de años se ha aligerado. El hombre se está volviendo loco.

Lo que esas personas hicieron puede tornarse una gran liberación o una pérdida. Depende. Si usas la situación adecuadamente y comienzas a cultivar rosas en tu corazón, pronto sentirás enorme gratitud hacia Feuerbach, Marx, Nietzsche, Freud y hacia toda la gente que ha destruido las creencias, la vieja religión. Ellos prepararon el camino para un nuevo tipo de religiosidad más madura y adulta.

Estoy con ellos pero no me detengo en ellos. Si haces alto la carencia de sentido será tu destino. Sí, es bueno que no exista Dios, pero empieza a descubrir qué hay en tu interior.

Esos pensadores o filósofos crearon una situación en la cual puedes decir: "No sé"; eso es agnosticismo. Ahora úsalo como trampolín para ir hacia lo desconocido. Estás listo para ir allá. El conocimiento no te enceguece, nadie estorba tus pies. Eres libre por primera vez. Pero, ¿qué haces parado ahí? Te quitaron las cadenas y aún estás parado ahí. Muévete adelante. ¡Ahora explora! Toda la existencia es tuya. Explórala sin conceptos, sin prejuicios, sin filosofía *a priori*.

El conocimiento ha sido destruido y eso es bueno. Feuerbach, Marx, Nietzsche y otros, hicieron un buen trabajo al eliminar el sinsentido de siglos, pero recuerda que incluso ellos no se beneficiaron por hacerlo. Nietzsche murió en un manicomio y tú estás encantado con él, esperando por la locura y nada más. Él hizo un gran servicio, fue un mártir, pero estaba fascinado por su propia negatividad. Destruyó la creencia pero nunca exploró. Sin creencia, ¿qué hay ahí? Hay algo. No puedes decir que no hay nada, hay algo. ¿Qué es? Él nunca practicó la meditación. El pensamiento lógico destruye la creencia, pero no puede guiarte a la verdad.

Debemos crear significado. No lo dará la sociedad, tampoco ningún otro. Martin Heidegger dice que al tener conciencia de que la vida no tiene sentido, se siente una gran angustia y ansiedad. Dice: "Esto sucede mediante la apertura de eso que la sumisión a la conformidad y al condicionamiento de siglos, han cerrado.

Una vez que la liberación sobreviene uno puede actuar, pero no de acuerdo con normas dadas por alguien o algo. Uno debe valerse por sí mismo."

Heidegger está en lo correcto. Ahora no puedes apoyarte en nadie. Ninguna escritura ayudará; los profetas y mensajeros ya no están. Tendrás que apoyarte en ti mismo, pararte en tus pies, hacerte independiente. Heidegger llama a esto "resolución", llegar a una resolución. Estás solo y no hay ayuda. Y no sabes nada. Ahora, ¿qué vas a hacer? No hay creencia ni mapa; no hay plano y todo alrededor es ignoto; toda la existencia se ha convertido en un misterio.

Lo cual es un gran placer para quienes tienen valor, porque ahora es posible la exploración.

Martin Heidegger llama resolución a la exploración, porque mediante ella el individuo se vuelve resuelto, se vuelve individuo. Sin Dios, convenciones, leyes, mandamientos, normas y principios, uno debe ser uno mismo y decidir dónde ir, qué hacer y quién ser. Es el significado de la famosa máxima existencialista de que la existencia precede a la esencia; esto es, no hay una naturaleza humana esencial. El hombre crea lo que es, se crea a sí mismo. El significado debe crearse. Tú debes cantar, bailar, pintar tu significado: vivirlo. Mediante la vida surgirá; mediante el baile comenzará a penetrar tu ser. Por medio del canto vendrá a ti. No es como una roca reposando ahí para ser encontrada, tiene que florecer en tu ser.

Energía y entendimiento: el camino de la lujuria al amor

La energía es entendimiento, no son dos cosas separadas. ¿Qué tipo de energía es el entendimiento?

Cuando la energía está ociosa, se convierte en entendimiento. Cuando está ocupada, permanece como ignorancia, como inconciencia.

Por ejemplo, tu energía sexual es ocupada en una mujer o en un hombre. Seguirá como ignorancia por que la energía se enfoca al objeto; va hacia fuera, es extrovertida. Si se libera del objeto, ¿a dónde irá? Comenzará a caer en el sujeto, en tu fuente interior. Y la energía que regresa a la fuente se transforma en entendimiento, se transforma en lucidez.

Y no estoy diciendo que estés en contra del sexo, no. Pero deja que sea un fenómeno más subjetivo que objetivo. Es la diferencia entre sexo y amor. El amor es subjetivo, el sexo objetivo.

Tú te interesas en una mujer o en un hombre como objeto, y tarde o temprano el interés terminará porque una vez explorado el objeto, nada queda. Estás listo para moverte hacia alguien más. Sí, la mujer luce hermosa, ¿pero cuánto tiempo lucirá hermosa? Un objeto es un objeto. Ella no es ya una persona para ti, es un bello objeto. Es insultante. Reduces un alma a la categoría de objeto, una subjetividad a objeto. Intentas explotarla, convertirla en medio. Tu energía permanecerá ignorante y tú continuarás moviéndote de una mujer a otra, corriendo en círculos. Esa energía nunca regresará.

El amor significa que no estás interesado en una mujer u hombre como objetos. De hecho, no estás aquí para explotar a otro, para obtener algo de otro. Por el contrario, estás tan lleno de energía que te gustaría dar algo de ella a esa persona. El amor da. El sexo sólo quiere obtener.

Y cuando el amor da, se vuelve subjetivo, permanece ligado a sí mismo. Los amantes se ayudan entre sí a ser cada vez más ellos mismos, para ser individuos y estar centrados. El amor es respeto, reverencia y adoración. No es explotación, es entendimiento. Como la energía no está ocupada en el objeto, permanece libre, sin ataduras. Y eso concita la transformación. Se acumula dentro de ti.

Recuerda: como sucede en el mundo de la física, ocurre en el de la metafísica. Después de cierta cantidad de energía hay un cambio cualitativo, resultado del cambio cuantitativo.

Por ejemplo, si calientas agua hasta el punto de ebullición no se evapora: sigue siendo agua, caliente pero agua. Más allá de esa temperatura, se evapora, ya no es agua. Ha cambiado su forma. Ha ocurrido su transformación.

Eso pasa cuando tu energía se acumula, no continúas desperdiciándola en objetos, que es lo que la gente hace a menudo. Algunos están interesados en el dinero y ponen toda su energía en ello. Por supuesto, acumulan bastante, derrochan, pero así mueren, se vuelven vacíos o se convierten en mendigos. El dinero continúa acumulándose y él volviéndose más y más miserable. Alguien pone su energía en la política, en el poder. Se convierte en primer ministro, pero en el fondo es un mendigo. Pudiera ser el mendigo más importante del país, pero es un mendigo.

Si pones tu energía en los objetos, vivirás una vida de no entendimiento, de inconsciencia. No pongas tu energía en ellos.

Deja que regrese a tu ser, que se acumule. Que tu vida se convierta en una gran reserva de energía sin ocupación. Y en cierto punto ocurrirá la transformación. La energía se volverá luminosa, se convertirá en lucidez, en entendimiento.

Así, cuando careces de energía comienzas a perder entendimiento. Si estás cansado tu inteligencia disminuye. Lo has observado. En la mañana tu inteligencia es más fresca que en la tarde. En la mañana entiendes más, eres más compasivo y amoroso que en la tarde.

¿Te has dado cuenta? Los mendigos llegan en la mañana por limosna. Entienden la psicología. En la tarde, ¿quién les va a dar? La gente estará enojada y frustrada. En la mañana han descansado toda la noche, su energía está fresca, han acumulado ocho horas de energía. Tienen más comprensión, compasión, amor y simpatía. Es posible persuadirlos de que te den algo. Tienen algo, así que pueden dártelo. Por la tarde no tienen nada; han perdido todo lo que tenían en la mañana, están muertos de cansancio.

Los niños entienden más rápido —¿te has dado cuenta?— que la gente mayor, la cual se vuelve dura, cruel y astuta. Toda su vida han estado ocupados con objetos. La mayoría de la gente mayor se vuelve maquiavélica. Los niños pequeños son inocentes, confiados, cercanos a los budas. ¿Por qué? Su energía es desbordante.

Los niños pequeños aprenden cosas muy rápido. ¿Por qué? Porque la energía está ahí y por consiguiente, la inteligencia. Mientras más envejeces, más difícil te es aprender. Dicen que es difícil enseñar nuevos trucos a un perro viejo. ¿Por qué? No debería ser así, si ya sabe muchos y podría aprender más. Debería ser más fácil porque ha practicado el aprendizaje. Pero no es así.

Los niños aprenden rápido. Si un niño nace en un pueblo donde se hablan cinco lenguas, comienza a aprenderlas y se vuelve diestro en ellas. Todas se convierten en su lengua madre. Un niño tiene infinita capacidad de aprender y la razón estriba en que su energía es desbordante. Pronto será derrochada en la vida.

El hombre de meditación se convierte en hombre de entendimiento porque acumula su energía. No la desperdicia; no está interesado en trivialidades; no la utiliza en cosas insignificantes. Así, cuando llega el momento, él tiene para dar.

La energía es entendimiento. Utiliza tu energía de manera consciente, no sigas desperdiciándola.

? ¿Hablaría respecto al uso de la energía sexual para el crecimiento, que parece una de nuestras mayores preocupaciones en Occidente?

El sexo es energía. No diré energía sexual porque no hay otra energía. El sexo es la única que tienes. Puede transformarse, convertirse en una energía más alta. Mientras más alto te mueves, menos sexualidad permanece en ti. Y en un punto se convierte en amor y compasión. El máximo florecimiento lo podemos llamar energía divina, pero la base sigue siendo el sexo; es la capa inicial, inferior de energía, mientras la piedad es la capa superior. Pero es la misma energía en movimiento.

Lo primero que debes hacer es no dividir tus energías, porque se crea el dualismo. Si divides, creas conflicto y lucha; si estás dividido, estarás a favor o en contra del sexo.

Yo no estoy a favor ni en contra, porque no divido. Digo que el sexo es la energía, el nombre de la energía; llámala *x*, desconocida, cuando la uses sólo como una fuerza biológica de reproducción. Se vuelve divina una vez liberada de la envoltura biológica, física, entonces es el amor del que Jesús hablaba o la compasión de Buda.

La gente está obsesionada debido al cristianismo. Dos mil años de supresión de la energía sexual ha hecho que la mente occidental se obsesione demasiado con ella.

Pero no puedes matar tu energía sexual, sólo transformarla. No hay manera de destruir la energía. Nada puede ser destruido en este mundo, sólo cambiado hacia una nueva esfera o dimensión. La destrucción es imposible. No puedes ni destruir energía, porque creación y destrucción están más allá de ti. Ni siquiera un átomo puede ser destruido.

Durante dos mil años el cristianismo intentó destruir la energía sexual. Su idea ha sido que la religión prescinda totalmente del sexo. Eso creó una locura. Mientras más peleas y suprimes, más sexual te vuelves. Y entonces el sexo entra más hondo en tu inconsciente. Se apodera de todo tu ser.

Si lees las vidas de los santos cristianos, los verás obsesionados con el sexo. No pueden orar o meditar. Hagan lo que hagan, el sexo llega. Y piensan que el diablo les está jugando trucos. Pero no hay trucos. Si tú reprimes, *tú* eres el diablo.

Tras dos mil años de represión sexual, Occidente se hartó. Fue demasiado y toda la rueda dio vuelta. Entonces, en vez de represión, la indulgencia se volvió nueva obsesión. Desde un polo la mente se movió al otro. La enfermedad siguió siendo la misma. Lo que una vez fue represión, ahora es una tolerancia cada vez mayor. Ambas son actitudes enfermizas.

El sexo debe ser transformado, no reprimido ni disculpado. Y la única manera de transformarlo, es ser sexual con profunda lucidez meditativa.

Muévete dentro del sexo, pero alerta, consciente y lúcido. No permitas que se convierta en una fuerza inconsciente, que te empuje o te jale. Muévete comprensiva y amorosamente. Pero haz de la experiencia sexual una experiencia meditativa. Es lo que Oriente ha hecho mediante el tantra.

Cuando meditas durante la experiencia sexual, la calidad de ésta comienza a cambiar. La misma energía de la experiencia sexual comienza a moverse hacia el estado consciente.

Puedes alcanzar tal estado de alerta en un orgasmo máximo, como no lo lograrías de otra manera: no hay experiencia más profunda, ninguna otra es tan absorbente y total. Es un orgasmo que te absorbe desde las raíces: tu ser entero vibra en él. Cuerpo y mente están en él. Y el pensamiento se detiene del todo. Incluso por un segundo, cuando el orgasmo alcanza su máximo, se detiene, porque eres tan total que no puedes pensar.

En un orgasmo tú *eres*. El ser está ahí sin ningún pensamiento. En ese momento, si te vuelves lúcido y consciente, el sexo puede convertirse en una puerta a la divinidad. Si puedes estar lúcido, esa condición se traslada a otros momentos y otras experiencias. Puede volverse parte de ti. Aun comiendo, caminando o haciendo algún trabajo, portas ese estado de lucidez. Mediante el sexo, el estado de lucidez toca lo más esencial de ti. Penetra en ti para que puedas portarlo.

Y si te vuelves meditativo, acabarás por darte cuenta de algo nuevo: el sexo no te da esa dicha, es un estado sin pensamiento de la mente y de total involucramiento en el acto, el que te la ofrece.

Una vez que entiendes esto, requerirás menos el sexo porque el estado sin pensamiento de la mente puede crearse sin él; es lo que implica la meditación. Y esa totalidad del ser puede ser creada sin sexo. Una vez que lo sabes, necesitarás cada vez menos el sexo. Y llegará el momento en que no lo requerirás para nada.

Recuerda, el sexo siempre es dependiente del otro, y cierta esclavitud perdura con él. Una vez que puedas crear ese fenómeno orgásmico total sin depender de nadie más, cuando se ha convertido en fuente interna, serás independiente y libre.

Es lo que se pretende decir cuando los místicos afirman que sólo una persona realmente célibe puede ser libre, porque no depende de nadie más, su éxtasis es de su propiedad. El sexo desaparece mediante la meditación, pero eso no destruye la energía, sólo cambia su forma. Ahora ya no es sexual y te vuelves amoroso.

En realidad, una persona sexual no puede amar. Su amor sólo es un espectáculo, un medio hacia el sexo. Una persona sexual utiliza el amor como técnica para el sexo. Es un medio, no puede amar, sólo explota al otro; y el amor se vuelve sólo una manera de acercarse al otro.

Una persona que se hace no sexual, en quien la energía se mueve dentro, se ha vuelto autoextático. Una persona así será amorosa desde el primor momento. Su amor será una fiesta, un compartir y dar constantes. Pero para conseguirlo no debes oponerte al sexo, sino aceptarlo como parte de la vida natural. Muévete con él, pero con más estado consciente.

? Toda esta charla sobre la transformación del sexo es magnífica, pero cuando miro profundamente en mí mismo, encuentro que en lo fundamental estoy aburrido de mi esposa y temo a las mujeres; probablemente necesito tratar esto primero. ¿Cuál es la raíz de este miedo?

Todos los hombres temen a las mujeres y las mujeres a los hombres. Ellos tienen razones para no confiar, puesto que han sido enseñados desde los primeros años a ser enemigos de los otros. No han nacido para ser enemigos, pero logran la enemistad. Y después de veinte años de enseñanzas semejantes, se supone que un día se casarán y encontrarán total confianza en su pareja. ¡Veinte años de temer al otro en una vida de setenta u ochenta años, y en la parte más sensible y delicada de tu vida! Los psicólogos dicen que 50 por ciento del aprendizaje de toda nuestra vida llega antes de los siete años. En los restantes sólo aprenderemos otro 50 por ciento. Cuando tienes veinte, casi 80 por ciento está aprendido. Te has vuelto estable y duro. Se te ha enseñado la desconfianza. A los chicos se les ha dicho: "Eviten a la chicas, son peligrosas." A ellas se les ha dicho: "Eviten a los chicos, son desagradables, te harán algo malo." Y después de este condicionamiento de veinte años —piensa en veinte años de enseñanza constante de padres, escuela, universidad, Iglesia, sacerdote— ¿cómo desecharlos de pronto?

Este asunto aparece una y otra vez: tanto los hombres me dicen que temen a las mujeres, como las mujeres que temen a los hombres. Tú no naciste temeroso, no eras temeroso en tus inicios. Un niño nace sin temores, pero le enseñamos el temor y condicionamos su mente.

Esto debe ser descartado, ha llevado a la gente casi a la neurosis. Por ello pelean esposas y esposos constantemente y sus relaciones se vuelven agrias. ¿Por qué sucede? Porque han sido envenenados; deben desechar conscientemente ese condicionamiento; de otra manera seguirán temerosos.

No hay nada que temer en un hombre o una mujer. Son como tú, tan necesitados de amor como tú, anhelando asimismo estrechar tus manos. Quieren participar en tu vida y que otros participen en las suyas, porque así brota más alegría. La gente se ha vuelto solitaria. Incluso en multitudes la gente está solitaria porque todos temen a los demás. Una dura coraza la rodea, de modo que cuando se ven, no hay realmente un encuentro. La gente se estrecha las manos, pero están frías, el amor no fluye. Abrazan a otro y los huesos chocan, pero su corazón permanece lejos.

La gente debe amar, es una gran necesidad, como la comida. La comida es una necesidad menor, el amor un valor de la mayor importancia.

Los psicólogos han investigado a niños que fueron educados en orfanatos. Muchos niños pueden morir si son criados sin amor. Se les da buena comida y todos los cuidados, pero mecánicamente. La enfermera viene, les da un baño, los alimenta; se les proporcionan cuidados, pero no amor. La enfermera no los abrazará cerca de su corazón, ni dará el calor de su cuerpo al niño. En dos años, muchos de esos niños mueren sin motivo aparente. Eran sanos físicamente, su cuerpo iba muy bien, no estaban enfermos, pero de pronto comienzan a morir. Y los otros tienen más problemas que quienes murieron. Éstos son en cierto modo más inteligentes. Los que sobreviven se vuelven neuróticos, esquizofrénicos, sicóticos, porque no se ha derramado amor en ellos. El amor te hace de una pieza. Es como pegamento, te mantiene unido. Esos niños comienzan a romperse en fragmentos que nada puede mantener juntos. Sus vidas parecen sin sentido, por lo cual, muchos se vuelven neuróticos o criminales.

El amor hace creativa a la persona; si falta se vuelve destructiva. Si la madre de Adolfo Hitler lo hubiera amado más, el mundo hubiera sido diferente.

Si no hay amor, la persona olvida el lenguaje de la creatividad; así han nacido los políticos, los criminales. Son el mismo tipo de persona, no hay diferencia cualitativa entre ellos. Sus rostros difieren, pero en el fondo son criminales. De hecho, toda tu vida has leído la historia de los crímenes humanos y nada más. No te han enseñado la verdadera historia de la humanidad, porque la verdadera incluye a Buda, Cristo y Lao Tsé. Hay una historia humana muy diferente que ha quedado fuera de las escuelas. La historia oficial sólo toma nota de los crímenes, de la destrucción. Si matas a alguien en las calles, estarás en los periódicos; si le das una rosa nunca se mencionará y nadie lo sabrá.

Si falta amor en la infancia la persona se convertirá en político, criminal o loco; encontrará algún camino de destrucción, porque no sabe cómo crear. Su vida carecerá de sentido, no tendrá ningún significado. Sólo si eres amado percibes tu valía. Cuando alguien te ama, te vuelves valioso; comienzas a sentir que eres necesario, la existencia sería un poco menos sin ti. Cuando una mujer te ama sabes que si te marchas, alguien estará triste. Y si un hombre te ama, sabes que estás haciendo feliz la vida de alguien y por ello sientes una gran alegría.

La alegría aparece en ti al crearla para otros; no hay otra manera. Mientras puedas hacer feliz a más gente, más feliz te sentirás. Es el verdadero sentido de servicio, de ser religioso: ayudar a la gente a ser feliz, cálida y amorosa. Si creas un poco de belleza en el mundo, una pequeña alegría, un pequeño rincón donde la gente celebre y cante y baile, tú serás feliz. Tu recompensa será inmensa. Pero quien nunca ha amado no lo sabe.

Así que los niños que sobreviven sin amor demuestran ser gente muy peligrosa. El amor es una necesidad primordial, el alimento del alma. Si el cuerpo necesita alimento, el alma también. El cuerpo vive de alimento material, el alma de alimento espiritual. El amor es alimento espiritual.

Según mi visión de un mundo mejor, a los niños se les debe enseñar a amar al prójimo. Chicos y chicas no deberán estar separados. No debe crearse división ni disgusto con el otro. Pero, ¿por qué se ha creado este gran disgusto? Porque hay un gran temor al sexo. No se acepta y ese es el problema; y por ello los niños deben estar separados. La humanidad sufrirá a menos de que acepte el sexo como un fenómeno natural. Todo este problema entre el hombre y la mujer apareció porque se condenó al sexo.

Esta condena debe desaparecer. En el pasado entiendo que hubiera razones para ella. Por ejemplo, si una muchacha resultaba embarazada, habría problemas. Los padres y la sociedad estarían muy preocupados. Chicos y chicas eran separados y se levantaban grandes muros entre ellos. Y un buen día, después de veinte años, de pronto abres la puerta y dices: "Ella no es tu enemiga, es tu esposa. ¡Ámala! Él no es tu enemigo, es tu esposo. ¡Ámalo!" ¿Qué pasa con esos veinte años en que era un enemigo al que temías? ¿Acaso puedes dejar de lado esos años tan fácilmente? No puedes desecharlos. Perduran y merodean alrededor de tu vida.

Pero ahora no hay razones para mantener la condena. En mi opinión, la gran revolución la creó la píldora anticonceptiva. Lenin y Mao Tsé Tung no son nada comparados con la píldora, la mayor revolucionaria. Puede crear un mundo totalmente diferente porque el temor puede dejarse de lado. El temor al embarazo ha sido la razón detrás de la condena al sexo. Ahora no hay necesidad de condenarlo en absoluto, puede ser aceptado.

En el pasado el temor estaba ahí. Puedo disculpar a las personas del pasado, porque estaban desamparadas. Pero ahora no puedes ser perdonado por enseñar a tus hijos a separar y a oponerse entre ellos. No es necesario. Ahora, chicos y chicas pueden mezclarse, encontrarse y estar juntos, y todo el temor sobre el sexo puede descartarse.

Lo curioso es que por ese temor y condenación, por ese rechazo, el sexo se ha vuelto tan importante. Trata de entender una simple ley psicológica; si rechazas algo, se vuelve muy importante. El mero rechazo lo hace importante porque te obsesionas con eso. Si chicas y chicos se mantienen apartados por dieciocho o veinte años, se obsesionan unos con otros. Sólo piensan en el otro, no pueden pensar en otra cosa. La mente se preocupa. Todos estos años de enseñanzas contra la sexualidad hacen que la mente se preocupe y aparecen todo tipo de perversiones. La gente comienza a fantasear y aparece la pornografía; y todo, por la insensatez de condenar el sexo.

¿Quieres que la pornografía se detenga? No lo hará. Tú creas las condiciones para ella. Si chicos y chicas pudieran estar juntos, ¿quién se molestaría en mirar una foto de alguien desnudo?

Visita alguna tribu aborigen cuya gente viva desnuda; muéstrales una revista de *Playboy* y se reirán. He vivido con esa gente, he hablado con ella, y ríen. No pueden creerlo: "¿Qué es ese absurdo?" Ellos viven desnudos, saben cómo es una mujer y cómo un hombre. La pornografía la han creado los sacerdotes: ellos son su sustento. Todos los tipos de perversión surgen cuando no se encuentra el otro polo por el cual hay una atracción natural, y comienzas a fantasear. Entonces aparece el gran problema: cuando después de años de fantasías y sueños te encuentras una mujer real, queda debajo de tus expectativas, ¡por todas esas fantasías! Tú sólo eras libre para fantasear; ahora ninguna mujer real te satisfará. Por tus fantasías acerca de hombres y mujeres que nadie puede cumplir. De ahí la frustración, la amargura entre parejas. El hombre se siente engañado: "Ésta no es la mujer que estaba esperando."

En tu fantasía las mujeres no transpiran —¿o lo hacen?— y no están en contra tuya ni te riñen. Son doradas, flores dulces y siempre permanecen jóvenes. Nunca envejecen ni se vuelven malhumoradas. Dado que son tus creaciones, si quieres hacerlas reír, ríen. Sus cuerpos no son de este mundo. Pero cuando encuentras a una mujer verdadera, transpira, su aliento puede ser fuerte y es natural que algunas veces esté malhumorada. Además riñe y pelea, avienta almohadas y rompe objetos, no te permitirá hacer mil cosas. Comienza a limitar tu libertad. Tus mujeres de fantasía no restringían tu libertad. Esta mujer parece una trampa. Y no es tan bella como habías pensado; no es una Cleopatra. Es una mujer común, así como tú eres un hombre común. Ni tú satisfaces su deseo ni ella cumple el tuyo. ¡Nadie tiene la obligación de cumplir tus fantasías! La gente es real.

Debes hacer a un lado tus fantasías, aprender a vivir con la realidad y a ver lo extraordinario en lo común, lo cual es un gran arte. Una mujer no es sólo piel, rostro y proporción. ¡Es un alma! Tienes que intimar con ella, involucrarte en su vida interior, fusionarte y encontrarte con su energía. La gente no sabe cómo encontrarse y fusionarse; nunca se le ha enseñado. No se te ha enseñado el arte del amor, y todos piensan que saben lo que es. Tienes el potencial del amor, pero no el arte de amar.

Has nacido con la capacidad de aprender el lenguaje, pero no con el lenguaje mismo. Igual, naciste con la capacidad de amar, pero no con el arte de amar, que debe enseñarse y asimilarse.

Pero ocurre lo contrario: te han enseñado el arte de temer y de odiar a la gente. A los cristianos se les ha enseñado a odiar a los musulmanes. A los musulmanes a odiar a los judíos. A los hindúes a odiar a los pakistaníes. Y la vida se vuelve una pesadilla.

Si estás aburrido con tu esposa es porque no sabes cómo entrar en su alma. Puedes entrar en su cuerpo, pero eso se volverá aburrido, será repetitivo. El cuerpo es una cosa superficial. Puedes hacer el amor una vez, dos, tres, y luego conoces su cuerpo y sus contornos. No hay nada nuevo. Comienzas a interesarte en otras mujeres: piensas que deben ser distintas a tu esposa, al menos detrás de su ropa puedes imaginar algo diferente. Puedes fantasear sobre ellas.

La ropa ha sido inventada para sostener tu deseo sexual. Una mujer desnuda no deja nada a tu imaginación. Por eso no son tan atractivas; ni los hombres desnudos. Pero cuando un hombre o una mujer están ocultos detrás de algunas prendas, queda mucho a tu imaginación. Puedes fantasear sobre lo que hay detrás, imaginar de nuevo.

Pero no puedes fantasear sobre tu esposa; ese es el problema. Puedes fantasear sobre la esposa del vecino, ella se ve atractiva.

La gente se aburre con sus esposas y sus esposos, y el motivo es que no entran en contacto con otra alma real. Han sido capaces de hacerlo con el cuerpo, pero se han perdido del contacto de corazón con corazón, centro con centro, alma con alma. Una vez que sabes poner en contacto alma con alma, no hay aburrimiento en lo absoluto. Siempre hay algo que descubrir en el otro, porque cada ser humano es infinito y la exploración no tiene fin.

Por eso digo que el tantra debería convertirse en parte obligatoria en la educación de los seres humanos. Cada escuela y universidad debería enseñarlo porque es una ciencia que pone en contacto a las almas. Sólo en un mundo que conozca el arte del tantra, el aburrimiento desaparecerá. Mientras, puedes tolerarlo, sufrirlo y ser un mártir. Es lo que la gente ha sido en el pasado, mártires. Dicen: "¿Qué puedo hacer? Es el destino. Tal vez en la siguiente vida elegiremos otra mujer u otro hombre, pero en ésta, la oportunidad se perdió y no hay nada que pueda hacerse. Los niños ya están aquí, y hay mil y un problemas como el prestigio, la sociedad y la respetabilidad." Así han sufrido y siguen como mártires.

Ahora la gente ya no está dispuesta a sufrir, y se ha ido al otro extremo. Son permisivos con todo tipo de sexo y cambio de parejas, pero eso tampoco proporciona ninguna satisfacción. Nadie está contento, porque el problema fundamental es que no decodificas el misterio interior de tu mujer o tu hombre, y tarde o temprano te hartarás. Entonces te vuelves un mártir —sigue con ello, súfrelo y espera a que la muerte te libere— o comienza a satisfacerte con otras parejas. Pero date cuenta de que lo que hayas hecho con tu mujer o tu hombre, lo harás con el o la siguiente, y te aburrirás, y así toda tu vida estarás cambiando de pareja.

A menos que aprendas el arte secreto del tantra, uno de los más importantes jamás descubierto. Pero es muy delicado porque es el arte más grande. La pintura es fácil, crear poesía es fácil; pero una comunión con la energía de otro, una comunión danzante, es el arte más grande y difícil de aprender.

El tantra puede enseñar a la gente cómo amar tan profundamente que el amor en sí mismo se vuelve tu religión: un día desaparece tu mujer y ahí está Dios; un día desaparece tu hombre y encuentras a Dios; un día, en profunda comunión, en profunda experiencia orgásmica ambos desaparecen y sólo está Dios y nadie más.

Te han enseñado a lo largo de los años a estar contra el sexo, y eso te ha hecho muy sexual. Ahora hay que entender la paradoja claramente: te has hecho sexual por la condena al sexo.

He escuchado sobre la visita de J.P. Morgan a la casa de Dwight Morrow. El gran financiero estadounidense destacaba, entre otras cosas, por una nariz roja y bulbosa de fealdad insuperable.

"Recuerda, Anne —le estuvo diciendo a su hija la señora Morrow— no debes decir nada sobre la nariz roja del señor Morgan. Ni siquiera verla demasiado." Anne lo prometió, pero cuando Morgan llegó, su madre miraba con ansiedad. Anne fue tan buena como el pan, pero la señora Morrow no se relajaba. Volviéndose hacia el financiero con una sonrisa graciosa, se preparó a servir el té y dijo: "Señor Morgan, ¿tiene usted una o dos protuberancias en la nariz?"

Es lo que ha sucedido con toda la humanidad: reprimir el sexo lo convirtió en obsesión.

La gente piensa que estoy enseñando sexualidad; pero enseño trascendencia. El interés por el sexo es patológico, fue creado por la represión. Una vez que se retira la represión, ese interés será natural, no obsesivo ni patológico. Todo lo que es natural es bueno: ese interés en el sexo no es natural. Y el problema es que fue motivado por sacerdotes, políticos y moralistas. Ellos son los criminales. Continúan creándolo y piensan que ayudan a la humanidad a ir más allá de su interés en el sexo. ¡No es así! Están arrojando a la humanidad al caos total.

Si entiendes el sexo de modo correcto, te sorprenderá la experiencia que tendrás. De pronto te darás cuenta de que el sexo se ha convertido en un fenómeno natural. Y finalmente, conforme tu meditación se haga más profunda y comiences a encontrarte con las almas de los otros, el contacto corporal se volverá cada vez menos importante. Llega el momento en que no es necesario, la energía ha comenzado a moverse hacia arriba. Es la misma energía; en el peldaño más bajo está el sexo, en el más alto está *shamadhi*, el superestado consciente.

El camello, el león y el niño: el viaje para convertirse en humano

El hombre no nació perfecto. Nació incompleto, como un proceso. Nació en el camino, como un peregrino. Es su agonía y su éxtasis; agonía porque no puede descansar y debe ir adelante, siempre adelante. Debe buscar y explorar, porque su ser surge sólo haciéndose. Hacerse es el ser. Sólo puede ser si está en movimiento.

La evolución es intrínseca a la naturaleza del hombre, es su alma misma. Y quienes se dan por terminados siguen insatisfechos, sin evolucionar. La semilla queda como tal, nunca se convierte en árbol, no conoce las alegrías de la primavera, del rayo de sol y de la lluvia, el éxtasis del estallido de millones de flores.

Esa explosión es la completud de la que se trata la vida: la explosión de millones de flores. Sólo cuando el potencial se convierte en realidad el hombre se siente pleno. Nacer como un potencial es algo exclusivo de la humanidad. Los otros animales nacen completos, como van a morir. No hay evolución entre su nacimiento y su muerte. Se mueven en el mismo plano, nunca pasarán por ninguna transformación. No habrá ningún cambio radical en su vida. Se mueven horizontalmente, lo vertical nunca los penetra.

Si el ser humano también se mueve horizontalmente perderá su calidad de ser, no se convertirá en alma. Cuando lo vertical te penetra, te conviertes en alma. Tener alma significa que lo vertical ha penetrado en lo horizontal. Como ejemplo, puedes pensar en una oruga, un capullo y una mariposa.

El hombre nace como larva. Por desgracia, muchos mueren como tales, muy pocos se convierten en orugas. Una larva es estática, no conoce el movimiento. Queda estancada en un espacio, lugar y etapa. Muy poca gente crece hasta ser oruga. La larva es estática, la oruga se mueve. Muchos permanecen como orugas: continúan moviéndose horizontalmente, en el mismo plano o dimensión. Rara vez un hombre como Buda, Rumi, Jesús o Kabir, da el salto cuántico y se convierte en mariposa.

La larva es estática; la oruga se mueve, conoce el movimiento; la mariposa vuela, conoce las alturas, comienza a moverse hacia arriba. A la mariposa la crecen alas, son su meta. A menos que te crezcan alas y te vuelvas un fenómeno alado, no tendrás alma.

La verdad se alcanza mediante tres estados: asimilación, independencia y creatividad. Recuerda estas tres palabras, son fundamentales. La asimilación es la función de larva. Simplemente asimila comida; cuando la energía está lista se convierte en oruga. Antes del movimiento necesitas gran energía para moverte. La oruga completa el trabajo hecho.

Luego comienza el segundo estado: independencia. La larva es desechada. Ha llegado el tiempo de la aventura, de explorar la vida real con movimiento e independencia. La larva sigue siendo dependiente, un prisionero con cadenas. La oruga las ha roto y comienza a moverse. El hielo se ha derretido. La larva es un estado congelado; la oruga es móvil, como un río.

Entonces viene la tercera etapa, la de creatividad. La independencia en sí no significa mucho. Con sólo ser independiente no lograrás la plenitud. Es bueno estar fuera de prisión, pero, ¿para qué? Independencia, ¿para qué? Libertad, ¿para qué?

Recuerda, la libertad tiene dos aspectos: primero, libertad de, y segundo, libertad para. Mucha gente sólo obtiene el primer tipo de libertad: libertad de los padres, de la Iglesia, de cualquier organización, de todo tipo de prisiones. Pero, ¿para qué? La libertad de, es negativa. Si sólo conoces esta libertad, no has conocido la verdadera. El aspecto positivo tiene que conocerse: libertad de crear y de ser; para expresarse, cantar tu canción y bailar tu baile. Es el tercer estado: la creatividad.

Entonces la oruga se convierte en un fenómeno alado, un probador de miel que busca, descubre, explora y crea. De ahí la belleza de la mariposa. Sólo la gente creativa es bella porque conoce el esplendor de la vida: tienen ojos para ver, oídos para oír y corazones para sentir. Están completamente vivos, viven al máximo. Encienden su antorcha en ambos extremos. Viven con intensidad, en la totalidad.

O podemos usar las palabras de Friedrich Nietzsche, quien dijo que la vida del hombre puede dividirse en tres metáforas sucesivas del espíritu. A la primera llama el camello, a la segunda el león y a la tercera el niño. Metáforas muy significativas: camello, león y niño.

Cada ser humano debe asimilar la herencia de la sociedad a la que pertenece: su cultura, religión y gente. Todo lo que el pasado pone a su disposición. Es lo que Nietzsche llama el estado del camello: puede almacenar en su cuerpo enormes cantidades de alimento y agua para su penosa jornada a través del desierto.

La situación del ser humano es la misma: tienes que pasar a través del desierto, asimilar todo el pasado. Pero recuerda, la memorización sola no te ayudará; necesitas asimilar. También recuerda que la persona que memoriza el pasado lo hace porque *no puede* asimilarlo. Si lo asimilas estarás libre de él. Podrás usarlo, pero no podrá usarte a ti. Lo posees, pero no te posee.

Cuando asimilas la comida no necesitas recordarla. No existe separada de ti: se vuelve tu sangre, tu esencia; se ha convertido en ti. El pasado debe digerirse. Nada está equivocado con el pasado. Es tu pasado. No necesitas empezar desde el ABC; si cada individuo tuviera que hacerlo, no habría mucha evolución. Por ello los animales no han evolucionado. El perro es esencialmente el mismo de hace millones de años. Sólo el ser humano evoluciona. ¿De dónde viene esa evolución? Es el único animal que puede asimilar el pasado para liberarse de él. Puede moverse con libertad y usar su pasado.

Puedes pararte en los hombros de tus padres y en los de sus padres y antepasados. Cada generación hace lo mismo con generaciones previas, de ahí la altura que alcanza el ser humano. Los perros no pueden hacer eso, los lobos tampoco; dependen de ellos mismos. Su altura es su altura. En la tuya Buda, Cristo, Patanjali, Moisés, Lao Tsé, están asimilados. Mientras más asimiles, más alto serás. Podrás mirar desde el pico de una montaña, tu visión será vasta.

Asimila más. No hay necesidad de estar confinado a tu propia gente. Asimila todo el pasado, sé ciudadano del planeta. No hay necesidad de estar confinado por el cristiano, hinduista y musulmán. ¡Asimila todo! El Corán es tuyo, como la Biblia, el Talmud los Vedas y el Tao Te Ching lo son; todo es tuyo. Asimílalo, y mientras más asimiles, más alta será la cumbre sobre la cual puedas pararte y mirar a lo lejos. A esto Nietzsche lo llama la etapa del camello. Pero no te quedes ahí. Uno tiene que moverse. El camello es como una larva, es acaparador. Si te detienes en esta etapa y siempre eres un camello, no conocerás las bellezas y bendiciones de la vida. Nunca conocerás lo divino.

El camello puede asimilar el pasado pero no usarlo. Llega el momento para el camello de convertirse en león. Nietzsche dice: "El león procede a destrozar el enorme monstruo conocido como *tú no debes.*" El león en ti ruge contra toda autoridad.

El león es una reacción, una rebelión contra el camello. Una vez que hayas asimilado, comenzarás a descubrir tu propia luz interior como la fuente máxima de todos los valores auténticos. Te volverás consciente de tu obligación fundamental para con tu propia creatividad interna y de tu más hondo potencial oculto.

Algunos se quedan en la etapa del león: continúan rugiendo y terminan exhaustos. Es bueno convertirse en león, pero se debe dar otro salto, y ese salto es convertirse en niño.

Ahora bien, cada uno de ustedes ha sido niño. Quienes saben, dicen que la primera infancia es falsa. Es como el primer diente: lo parece pero al final es inservible y se cae. Entonces aparecen los dientes verdaderos. La segunda es la infancia verdadera. Se llama etapa del niño o del sabio. A menos que te vuelvas inocente y te liberes del pasado, no dejarás de estar contra el pasado. Recuérdalo, la persona que lucha contra el pasado no es realmente libre. Tiene rencores, quejas y heridas. El camello aún lo atormenta; la sombra del camello aún lo sigue. El león está ahí, pero teme de alguna manera que el camello vuelva. Cuando el temor del camello se va del todo, el rugido del león para. Entonces nace la canción del niño.

La etapa del camello es la etapa de la asimilación. El camello no sabe cómo decir no. Obediencia y creencia son las características de esta etapa. Adán estaba en ese estado antes de comer la fruta del árbol del conocimiento, y cada ser humano pasa por ese estado.

Estado de pre-mente y pre-ser. La mente aún no exite, está creciendo, es un fenómeno inacabado. El ser está en camino pero aún no ha llegado; no hay definiciones inequívocas de él. El niño no se conoce a sí mismo como algo separado. Adán, antes de comer la fruta, era parte de lo divino. Estaba en el útero, era obediente, sólo sabía decir que sí, no era independiente. La independencia sólo entra atravesando la puerta del no; a través de la puerta del sí, sólo es dependencia. Así que en la etapa del camello sólo hay dependencia y desamparo. Lo otro es más importante que tu propio ser: Dios, el padre, la madre, la sociedad, el sacerdote, el político, son más importantes. Excepto tú, todos son importantes; el otro es más importante. La mayoría de la gente se queda ahí, como camello. Casi 99 por ciento de las personas permanecen así.

Por ello hay mucha tristeza y poca alegría. Puedes continuar buscando alegría pero no la encontrarás, porque no llega de fuera. A menos que te vuelvas niño —que alcances la tercera etapa, que te vuelvas mariposa— no serás capaz de conocer la alegría. La alegría no es algo que venga de fuera; es una visión interior. Sólo es posible en la tercera etapa.

La primera etapa es de tristeza y la tercera de dicha; entre ambas está el estado del león: a veces triste, otras dichoso, en ocasiones doloroso y luego placentero.

En la etapa del camello las personas son loros, son recuerdos y nada más. Todo su entendimiento consiste en creencias heredadas. Aquí es donde se encuentran cristianos, musulmanes, hinduistas, jainistas y budistas. Entra en las iglesias, templos y mezquitas, y encontrarás grandes asambleas de camellos, pero ningún ser humano. Continúan repitiendo como loros. No están aún fuera de la inconsciencia de su sueño.

Y recuerda, no digo que esa etapa no es necesaria, pero una vez completada debe salirse de ella. Uno no está aquí para ser siempre un camello.

Y no te enojes con tus padres, maestros, sacerdotes ni con la sociedad, por haber creado en ti obediencia; sólo mediante ella serás capaz de asimilar. El padre y la madre deben enseñar, y el niño simplemente absorber. Si la duda aparece en forma prematura, el proceso de asimilación se detendrá.

Sólo piensa en un niño que duda en el vientre de la madre: ¡morirá! Duda sobre compartir el alimento de esa mujer o sobre si será realmente nutritivo: "Quién sabe, ¿puede ser venenoso?" Y duda sobre si no será demasiado dormir continuamente veinticuatro hora al día durante nueve meses. Si el niño se vuelve dubitativo, morirá.

Un día la duda es asimilada, aprendida. Todo tiene su tiempo. En la primera época todos deben ser camellos, diciendo sí, creyendo en lo que les digan, asimilando y digiriendo. Es el principio de la jornada.

La segunda etapa es difícil. La primera te la dio la sociedad; por eso hay millones de camellos y pocos leones. La sociedad te deja al convertirte en un camello perfecto. Más allá de eso, la sociedad no puede hacer nada más por ti. Ahí termina su trabajo, y el de la escuela y la universidad. Te dejan como un camello perfecto, ¡con certificado!

Recuerda que te vuelves león por ti mismo. Si no lo decides, nunca te convertirás en uno. Ese riesgo debe tomarse en lo individual. Es muy peligroso porque convirtiéndote en león, fastidiarás a los camellos que te rodean. Y ellos aman la paz; siempre están listos para comprometerte. No quieren ser molestados, tampoco que ocurran cosas nuevas en el mundo, porque las novedades incomodan. Están contra revolucionarios y rebeldes; y no por Sócrates y Cristo, quienes han traído grandes revoluciones. Los camellos temen tantas cosas pequeñas que te sorprenden.

Los leones no son bienvenidos. La sociedad crea todo tipo de dificultades para ellos porque perturban la comodidad de los camellos, molestan su sueño y les crean preocupaciones. Les crean el deseo de convertirse en leones, y ese es el verdadero problema.

El primer estado lo confiere la sociedad. El segundo debe ser conseguido por el individuo para convertirse en individuo. En el segundo no se es ya conformista ni parte de una tradición. El capullo se desecha; te conviertes en oruga y comienzas a moverte.

El estado del león es la independencia, desobediencia y rebelión contra el otro y la autoridad, contra el dogma, la Iglesia, el poder político y el Estado. ¡El león está contra todo! Quiere destrozar todo y crear el mundo de nuevo, más cercano a sus deseos. Tiene grandes sueños y utopías en su mente. Considera locos a los camellos, porque viven en el pasado y el león comienza a vivir en el futuro.

Se abre una gran brecha. El león anuncia el futuro, y sólo puede llegar si el pasado es destruido. Lo nuevo llega si lo viejo cesa de existir y deja espacio para lo nuevo. Así que hay una lucha constante entre león y camello, y los camellos son mayoría. El león surge de vez en cuando, es una excepción que confirma la regla.

La descreencia y la duda son su característica. Cuando Adán come la fruta del árbol del conocimiento, la mente nace y el ser se vuelve un fenómeno definido. El camello no es egoísta, el león sí y mucho. El camello no sabe nada del ego, el león sólo conoce el ego. Por eso siempre descubrirás que los revolucionarios, los rebeldes —poetas, pintores, músicos— son muy egoístas. Son bohemios, viven su vida, hacen sus cosas. Les preocupa un rábano lo que pasa con los demás. ¡Deja que los otros se vayan al infierno! El proceso del movimiento y el rugido del león, están ligados al egoísmo. Lo necesitan para meterse en su papel.

Cada individuo debe aprender el ego antes de desecharlo, llega a un ego muy acabado; sólo entonces desecha cualquier ayuda.

El primer estado, el del camello, es inconsciente. El segundo, el del león, es subconsciente, un poco más alto que el inconsciente. Han comenzado a llegar unos cuantos destellos de conciencia. Algo se agita en el inconsciente; se ha vuelto subconsciente. Pero recuerda, el cambio de camello a león no es como el de león a niño.

El cambio es un tipo de inversión. El camello comienza parándose en su cabeza y se convierte en león. El camello dice sí, el león dice no. El camello obedece, el león desobedece. El camello es positivo, el león negativo. Puede entenderse así: el camello ha estado diciendo que sí, pero la parte negadora quiere vengarse. Entonces todo el ciclo gira; el camello se convierte en león.

La diferencia entre camello y león es grande, pero ambos existen en el mismo plano. El capullo permanece en un lugar; la oruga comienza a moverse, pero en la misma tierra. El movimiento ha nacido pero el plano es el mismo: que seas camello es un obsequio de la sociedad. Ser león es un regalo que tú mismo te das. A menos que te ames a ti mismo, no serás capaz de serlo. A menos que desees convertirte en un individuo, único por derecho propio, no serás capaz de convertirte en león.

Pero para entender el mecanismo, debes comprender que mientras dices sí y esquivas el no, en el corazón mismo del camello se crea el león. Una y otra vez, en decir sí y no, el no continúa acumulándose. Y llega el día en que uno está harto de decir que sí; y sólo por cambiar quiere decir que no. Así es como el camello, por primera vez comienza a tener sueños de león. Y cuando ha probado el no —la duda y la descreencia— nunca volverá a ser camello, porque la leonez otorga libertad.

La mayoría se estaciona en la etapa del camello; la minoría en la del león. Mayoría quiere decir masas, minoría clase pensante. Artistas, poetas, pintores, músicos, pensadores, filósofos, revolucionarios, todos están en la segunda etapa. El viaje no está completo. No han llegado a casa. La tercera etapa es la del niño.

Escucha atentamente: la primera etapa la da la sociedad, la segunda el individuo a sí mismo. La tercera sólo es posible si la oruga atrapa un destello de mariposa. ¿Cómo pensará la oruga que puede volar por sí misma, convertirse en algo alado? ¡No es posible! Es absurdo e ilógico. La oruga sabe cómo moverse, pero la idea de volar es simplemente absurda.

He escuchado de mariposas intentando decirle a las orugas que pueden volar y éstas protestan. Dicen: "No. Tal vez sea posible para ti, pero no para nosotros. Tú eres mariposa, ¡nosotras somos orugas! Sólo sabemos arrastrarnos." Y si se arrastra, ¿cómo podría imaginarse volando? Es una dimensión totalmente diferente: la dimensión vertical.

Del camello al león, hay evolución. Del león al niño, revolución. La primera etapa, la del camello, fue dependencia; la segunda independencia. Pero con inocencia uno no sabe qué es dependencia ni independencia. La existencia es la interdependencia; todos son dependientes de todos. Todo es uno.

El sentido de totalidad ha nacido: ni yo ni tú. Sin fijación en el sí o el no. No hay obsesión por decir sí o no siempre. Más fluidez, más espontaneidad; ni obediencia ni desobediencia, espontaneidad. La responsabilidad ha nacido. Uno responde a la existencia; no reacciona a partir del pasado o del futuro.

El camello vive en el pasado, el león en el futuro.

El niño vive en el presente, aquí y ahora.

El camello es pre-mente, el león mente, el niño post-mente o no-mente.

El camello es pre-ser, el león ser, el niño es post-ser o no-ser.

El niño simplemente es: inefable, indefinible, misterio y maravilla.

El camello tiene memoria, el león conocimiento y el niño sabiduría. El camello es cristiano, hinduista, musulmán o teísta; el león, ateo; el niño, religioso —no teísta ni ateo, no hinduista, musulmán, cristiano o comunista— sólo una simple religiosidad, la calidad del amor y la inocencia.

Vertical y horizontal: el viaje hacia las profundidades del ahora

La mente proviene del pasado; el estado consciente nunca proviene del pasado, sino del momento. La mente es tiempo y el estado consciente es eternidad.

La mente se mueve de un momento a otro en el plano horizontal. Es como un tren; pasado y futuro, varios compartimentos unidos en el plano horizontal. El estado consciente es vertical; no proviene del pasado y no va al futuro. En este momento cae en la profundidad o se eleva verticalmente a las alturas.

Es el sentido de Cristo en la cruz, y los cristianos han perdido totalmente el significado. La cruz es una representación, un símbolo de dos líneas encontrándose: la vertical y la horizontal. Todo su ser, excepto las manos, está en la vertical. ¿Qué significa? La acción está en el tiempo; el ser más allá del tiempo. Las manos simbolizan la acción. Jesús está crucificado con sus manos en el plano horizontal, o sea en el tiempo.

La acción está en el tiempo. Pensar es un acto: es la acción de la mente. Eso también está en el tiempo. Será bueno saber que las manos son la parte más externa del cerebro: la cabeza está unida a las manos. Tu cabeza tiene dos hemisferios: el derecho, vinculado a la mano izquierda, y el izquierdo, vinculado a la mano derecha. Tus manos son extensiones de la mente en el mundo, en la materia, porque la mente es también una forma sutil de materia.

Toda acción, física o mental, está en el tiempo.

Tu ser es vertical. Se mueve en la profundidad, en las alturas, no a los lados.

Cuando juzgas, te identificas con lo horizontal. Para el juicio es necesario el pasado. ¿Puedes juzgar de otra manera? ¿De dónde sacarás los parámetros?

Dices que un rostro en particular es hermoso. ¿Cómo lo juzgas? ¿Sabes qué es la belleza? Has conocido muchos rostros; has escuchado a muchas personas hablar sobre rostros hermosos. Y has leído sobre ellos en novelas, los has visto en películas; así tienes una idea de lo que es la belleza. Es una noción vaga, no puedes definirla. Si alguien insiste, te sentirás confundido. Es una noción tan vaga como una nube. Entonces dices: "Ese rostro es hermoso." Pero, ¿cómo lo sabes? Estás trayendo tu experiencia pasada, comparando el rostro con esa vaga noción de belleza acumulada mediante la experiencia.

Si no recurres al pasado, entonces una cualidad distinta de belleza emergerá. No será tu juicio; no vendrá de tu mente ni será impuesta; no será una interpretación. Será simplemente una participación de ese rostro aquí y ahora, una participación profunda de ese misterio y con esa persona. En ese momento la persona no será bella ni fea; todos los juicios habrán desaparecido. Un misterio estará ahí, innominado y sin juicio; y sólo en ese momento, el amor florecerá.

El amor no es posible con la mente, sólo el sexo lo es; con la mente es la acción la que es posible y la sexualidad es un acto. El amor no: es un estado del ser, vertical. Cuando miras a una persona sin juzgarla —es bella o fea, buena o mala, pecadora o santa—, de pronto hay un encuentro, una fusión de energías. Esta fusión es hermosa, diferente de todas las bellezas conocidas. Conoces la belleza de la forma; ésta es la de lo informe. Conoces la belleza del cuerpo; ésta es la del alma. Has conocido la belleza de la periferia; ésta es la del centro. Es interminable.

Y si esto sucede con una persona, con el tiempo, lo mismo sucede con objetos. Miras una flor sin juzgarla y de pronto su corazón se abre para ti, es una invitación. Cuando juzgas, la flor se cierra porque en el juicio está el enemigo, no el amante. En el juicio hay superficialidad, no profundidad. Y cuando digo que se cierra, no es una metáfora, sucede exactamente como digo.

Acércate a un árbol, tócalo, y si lo haces con juicio, el árbol no estará disponible. Si lo tocas sin juicio y sin la mente, abrázalo, siéntate a su lado, de pronto un árbol muy común se volverá el árbol de Bodhi. La compasión infinita fluirá desde el árbol hacia ti. Te sentirás arropado. El árbol compartirá sus secretos contigo.

Así es cómo incluso las rocas pueden ser penetradas hasta su mismo corazón. Cuando un Buda toca una simple roca, deja de serlo. Está viva, tiene un corazón palpitando en ella. Cuando juzgas, incluso si tocas a una persona, es una roca muerta. Tu tacto apaga todo porque conlleva el juicio, es el toque de un enemigo, no de un amigo.

Si es así con cosas comunes, ¿cuánto más lo será cuando pases por etapas más altas del ser y el estado consciente?

La mente siempre está en el pasado o en el futuro. No puede estar en el presente. Cuando estás en el presente, la mente no está ahí porque significa pensamiento. ¿Cómo puedes pensar en el presente? Puedes pensar y soñar sobre el pasado o el futuro. La mente puede hacer ambas cosas. Pero, ¿ puede funcionar en el presente? El presente no tiene espacio para que la mente haga movimiento alguno. El presente es sólo una línea divisoria. No tiene espacio. Divide el pasado y el futuro. Tú puedes *estar* en el presente, pero no pensarlo; para pensar es necesario el espacio. Los pensamientos necesitan espacio. Recuérdalo: los pensamientos no son espirituales, porque la dimensión de lo espiritual comienza cuando no hay pensamientos. Los pensamientos son materiales y todas las cosas materiales necesitan espacio. No puedes pensar en el presente; cuando lo intentas ya es pasado.

Ves el sol elevarse y dices: "¡Qué hermoso amanecer!" Ya está en el pasado. Cuando el sol está elevándose no hay espacio suficiente para decir "¡qué hermoso!", porque cuando propones esas dos palabras la experiencia ya se volvió pasado, la mente la sabe en la memoria. Pero cuando está elevándose, exactamente cuando el sol está en ascenso, ¿cómo puedes pensar? Puedes *estar* con el sol naciente, pero no pensar. Para *ti* hay suficiente espacio, pero no para los pensamientos.

Ves una flor hermosa en el jardín y dices: "Es una bella rosa." No estás con la rosa en ese momento; ya es un recuerdo. Cuando la flor y tú están ahí, ambos presentes para el otro, ¿cómo pensar? ¿Qué puedes pensar? ¿Es posible el pensamiento? No hay espacio, es tan estrecho —de hecho no hay espacio en absoluto— que tú y la flor no pueden existir como dos, no hay espacio para ambos, sólo uno puede existir.

Por ello, en una presencia profunda tú eres la flor y la flor eres tú. También eres un pensamiento, la flor es un pensamiento en la mente. Cuando no hay pensamiento, ¿quién es la flor y quién el observador? El observador se convierte en observado. De pronto las fronteras se pierden: penetras en la flor y la flor en ti. De pronto no son dos, existe sólo uno.

Si comienzas a pensar, debes convertirte de nuevo en dos. Si no piensas, ¿dónde está la dualidad? Cuando existes con la flor, no piensas, es un diálogo, no un *duálogo*, porque no hay dos ahí. Sentado al lado de tu amante, sosteniendo sus manos, simplemente existes. No piensas en los días pasados, en el futuro que nos alcanza: estás en el aquí, ahora. Y es tan bello y tan intenso; no hay pensamientos que puedan penetrar esa intensidad. La puerta del presente es estrecha, ni siquiera dos pueden entrar juntos, sólo cabe uno. En el presente el pensamiento no es posible, el sueño tampoco, porque soñar no es sino pensar en imágenes. Ambos son cosas materiales.

Cuando estás en el presente sin pensar, por primera vez eres espiritual. Una nueva dimensión se abre, es la lucidez y no la conoces. Heráclito diría que estás dormido. La lucidez significa estar en el momento tan totalmente que no haya movimiento hacia el pasado, o hacia el futuro; todo movimiento cesa. Esto no significa quedar estático. Un nuevo movimiento surge en la profundidad.

Hay dos tipos de movimiento. Y ambos son el significado de la cruz de Jesús. Uno es lineal: te mueves de A a B, de B a C y de C a D. Es una línea horizontal. Es el movimiento del tiempo; de alguien que está dormido. Tú puedes ir como una nave espacial, de atrás hacia delante, la línea está ahí. Hay otro movimiento, que se da en una dimensión totalmente diferente. No es horizontal, sino vertical. No puedes ir de A a B, de B a C; vas de A a una A más profunda: de A1 a A2, A3, A4, en profundidad o en altura.

Cuando un pensamiento cesa, el nuevo comienza. Caes en la profundidad, en un fenómeno parecido a un abismo. La gente que está meditando profundamente llega a ese punto tarde o temprano; entonces se asusta porque siente como si un abismo se abriera; sin fondo, te sientes aturdido y te da miedo. Te gustaría asirte al viejo movimiento conocido; perderlo se siente como la muerte. Es el significado de la cruz de Jesús: es una muerte. Ir de lo horizontal a lo vertical es la muerte verdadera. Pero es la muerte sólo por un lado; por otro es la resurrección. Se muere con el fin de nacer; muere en una dimensión para nacer en otra. Horizontal eres Jesús, vertical te conviertes en Cristo.

Si te mueves de un pensamiento a otro sigues en el mundo del tiempo. Si te mueves en el momento, no dentro del pensamiento, te mueves en la eternidad. No permaneces estático —nada en este mundo puede estar así— pero es un nuevo movimiento, sin motivación.

Recuerda estas palabras: en la línea horizontal te mueves por la motivación. Debes conseguir algo —dinero, prestigio, poder, a Dios—, la motivación está ahí. Un movimiento motivado significa sueño.

Un movimiento inmotivado significa lucidez; te mueves porque moverse es un placer inmenso, es vida; y la vida es energía y la energía es movimiento. No hay meta para hacerlo, de hecho no vas a ningún lado, simplemente te deleitas en la energía; el movimiento es su único valor intrínseco, no extrínseco. Buda y Heráclito viven, yo vivo respirando —un tipo diferente de movimiento— inmotivado.

Alguien me preguntaba hace unos días: "¿Por qué ayuda a la gente en la meditación?"

Le dije: "Lo disfruto. No hay un por qué, simplemente lo disfruto." Como una persona disfruta plantando semillas en el jardín, esperando las flores; cuando tú floreces, yo gozo. Es jardinería. Cuando alguien florece es un deleite total y lo comparto. No hay meta en ello. Si fallas, no voy a frustrarme. Si no floreces, también es bueno, porque el florecimiento no puede ser forzado. No puedes abrir un brote a la fuerza; bueno, sí puedes pero lo matas. Pudiera verse como un florecimiento pero no lo es.

El mundo entero se mueve, la existencia se mueve dentro de la eternidad; la mente se mueve en el tiempo. La existencia en la profundidad y la altura; la mente hacia delante y hacia atrás. La mente se mueve horizontalmente: eso es dormir. Si puedes moverte verticalmente eres lúcido.

Ubícate en el momento. Trae tu ser total al momento. No permitas que el pasado interfiera y que el futuro llegue. No hay pasado, está muerto. Como Jesús dijo: "Deja que los muertos entierren a sus muertos." ¡El pasado no es más! ¿Por qué te preocupa? ¿Por qué continúas reprendiéndolo una y otra vez? ¿Estás loco? Sólo está en tu mente, es un recuerdo. El futuro aún no es. ¿Qué haces pensando en el futuro? ¿Cómo puedes planear al respecto? Si lo que planeas no ocurre, te sentirás frustrado, porque el todo tiene su propio plan. ¿Por qué tratas de tener tu propio plan contra él?

La existencia tienen su propio plan, más sabio que tú; el todo tiene que ser más sabio que la parte. ¿Por qué finges ser el todo? El todo tienen su destino, su propia satisfacción. ¿Por qué te molestas por ello? Y lo que hagas será un pecado, porque estarás perdiendo este momento. Y hacer eso se vuelve un hábito; si comienzas a perderlo, se vuelve algo habitual y cuando el futuro venga de nuevo lo perderás, porque ya no será futuro sino presente. Ayer pensabas sobre hoy porque entonces era mañana; ahora es hoy y tú piensas sobre mañana; y cuando el mañana viene se convierte en hoy, porque todo existe aquí y ahora, no puede ser de otra manera. Y si tienes un modo fijo de funcionar, en el que tu mente siempre mira al futuro, ¿cuándo vivirás? El mañana nunca llega. Tú continuarás fallando y eso es pecado. Es el significado de la raíz hebrea de "pecar". En el momento que el futuro entra, el tiempo también. Has pecado contra la existencia, has fallado. Y esto se ha convertido en un patrón fijo: como un robot continúas fallando.

Aprende un nuevo modo de movimiento, para moverte en la eternidad, no en el tiempo. El tiempo es el mundo y la eternidad es la divinidad; horizontal es la mente, vertical el estado consciente. Se encuentran en el punto en que Jesús está crucificado. Ambos planos se tocan, horizontal y vertical, en un punto, y es en el aquí y en el ahora. Desde aquí y ahora tú puedes seguir dos viajes: uno en el mundo, en el futuro; el otro en el estado consciente puro, en la profundidad. Vuélvete más consciente, más alerta y sensible en el presente.

¿Cómo es posible? Porque estás tan dormido que puedes hacer de la sensibilidad al presente un sueño, puedes hacerlo en sí mismo un objeto de pensamiento, un proceso del pensamiento. Te sientes tan tenso al respecto que no puedes estar en el presente. Este pensamiento no ayudará. Si algunas veces te mueves dentro del pasado te sentirás culpable —y lo serás—, ha sido un hábito arraigado. Algunas veces comenzarás a pensar sobre el futuro: de inmediato te sentirás culpable de cometer de nuevo un pecado.

No te conviertas en culpable; entiende el pecado. Si te vuelves culpable has perdido todo. Ahora, de una manera nueva, el viejo patrón comienza de nuevo: te sientes culpable porque has perdido el presente. Ahora estás pensando en el pasado, porque *ese* presente ya no está; es pasado y te sientes culpable al respecto: ¡de nuevo estás fallando!

Así que recuerda una cosa: cuando veas que te has ido al pasado o al futuro, ¡no crees un problema! Simplemente ven al presente. Todo está bien. Trae de vuelta tu lucidez. Fallarás millones de veces, el cambio no ocurrirá ahora ni inmediatamente. *Puede* ocurrir, pero no gracias a tu esfuerzo. Ha sido un modo fijo de comportarse por mucho tiempo y no puedes cambiarlo en un instante. No te preocupes, la existencia no tiene prisa; la eternidad puede esperar eternamente. No crees tensión por ello.

Cuando sientas que has fallado, regresa, es todo. No te sientas culpable; la culpa es un truco de la mente, ahora de nuevo está jugando. No te arrepientas de olvidarlo de nuevo. Cuando pienses en ello, regresa a lo que estabas haciendo —bañándote, regresa; comiendo, regresa; paseando, regresa—, cuando sientas que no estás aquí y ahora, regresa con inocencia. No crees culpables. Si te vuelves culpable estás olvidando lo importante.

Hay "pecado" pero no culpa; si sientes que hay algo malo, te vuelves inmediatamente culpable. La mente es muy astuta. Si comienzas a sentirte culpable el juego ha comenzado de nuevo. La gente viene conmigo y me dice: "Continúo olvidando". Están tristes cuando lo dicen. "Intento, pero lo recuerdo sólo unos cuantos segundos Me mantengo alerta, recordándome a mí mismo, entonces de nuevo me pierdo. ¿Qué hago?"

No puede hacerse nada. No es cuestión de hacer. ¿Qué puedes hacer? Lo único es no crear culpa. Simplemente regresa.

Regresa más, sencillamente recuerda, no con un rostro muy serio o con mucho esfuerzo, sino de modo sencillo, inocentemente, sin hacer un problema de eso, porque la eternidad no tiene problemas: existen en el plano horizontal. El plano vertical no sabe de problemas, es un deleite absoluto; en él no hay ansiedad ni angustia, tampoco preocupación o culpa. Sé simple y regresa.

Fallarás varias veces, dalo por seguro. Pero no te preocupes, así son las cosas. No prestes mucha atención al hecho de fallar, concéntrate en que te has recuperado varias veces. Recuerda esto. La insistencia no debe estar en que fallaste sino en que has recuperado el recuerdo varias veces. Siéntete feliz al respecto. Que hayas fallado es normal. Eres humano, has vivido en el plano horizontal, así que es natural. Lo bueno es que regresaste varias veces. Has hecho lo imposible, ¡siéntete feliz por ello!

En veinticuatro horas fallas veinticuatro mil veces, pero veinticuatro mil veces te recuperas. Ahora una nueva forma comienza a funcionar. Regresas a casa, una nueva dimensión está entrando con el tiempo. Más y más lucidez, cada vez menos ir adelante y atrás. La distancia entre ir y regresar se hará más y más pequeña. Cada vez olvidarás menos y recordarás más; estarás entrando en lo vertical. Un día lo horizontal desaparecerá de pronto. Una intensidad llegará a la lucidez y lo horizontal desaparecerá.

Es el sentido detrás del shankara, vedanta y los hinduistas que llaman ilusorio a este mundo, porque cuando la lucidez se vuelve perfecta, este mundo que has creado a partir de tu mente, sencillamente desaparece. Otro mundo se te revela.

POSTFACIO

La palabra *understand* ("entender", en inglés) es hermosa. Cuando estás en meditación todo está debajo (*under*) de ti, tú estás muy arriba. Es el significado de "entendimiento". Todo está muy debajo de ti, así que puedes ver: tienes vista de águila. Puedes ver el conjunto desde tu altura. El intelecto no puede, está en el mismo plano. El entendimiento se da cuando el problema está en un plano y tú en otro superior. Si estás funcionado en el mismo plano que el problema, no es posible el entendimiento. Este es uno de los mayores problemas que encontrará todo buscador.

Jesús dijo una y otra vez a sus discípulos: "El que tenga oídos que oiga; el que tenga ojos que vea." No estaba hablando a ciegos o a mudos, estaba hablando a gente como tú. Pero, ¿por qué insistía? Porque oír no es escuchar y ver no es mirar. Tú ves una cosa y entiendes otra. Tú mente de inmediato distorsiona. Tu mente está al revés, hace un caos de todo. Está confundida y mira las cosas a través de esa confusión, así que todo el mundo se ve confuso.

Old Nugent amaba tanto a su gato, Tommy, que intentó enseñarlo a hablar.

"Si logro que Tommy platique conmigo", razonaba, "no tendré que molestarme con personas comunes".

Primero trató con una dieta de salmón enlatado, luego con una de canarios. A Tommy le gustaban ambos, pero no aprendió a hablar. Entonces un día Nugent le obsequió dos pericos muy locuaces cocinados en mantequilla y servidos con espárragos y papas fritas. Tommy lamió el plato hasta dejarlo limpio y entonces —maravilla de maravillas— de repente se volvió a su amo y le gritó: "¡Cuidado!"

Nugent no se movió. El techo se derrumbó sobre él y lo sepultó bajo un montón de escombros. Tommy movió la cabeza y dijo, "Ocho años le tomó que yo hablara ¡y el tonto no me escucha!"

La gente ha viajado miles de kilómetros para escuchar a un maestro y luego "el tonto no escucha". La mente no puede escuchar, es imposible; la mente es agresiva, llega a conclusiones muy rápido, tanto que pierde la pista. De hecho, apenas concluye, está esperando para que sus conclusiones demuestren que son correctas.

Por favor no intentes entender; mejor trata de meditar. Baila, canta, medita y deja que la mente se asiente un poco. Deja que el flujo de la mente, llena de hojas muertas y polvo, se asiente; que se limpie y aclare, hasta hacerse transparente; sólo entonces serás capaz de entender qué estoy diciendo. Es muy simple. No estoy hablando de una filosofía muy compleja —no es filosofía en lo más mínimo—, simplemente indico ciertas verdades que he experimentado y que tú experimentarás cuando lo decidas. Pero tiene que ser un viaje.

Y tú totalidad está comprometida. La meditación no es del cuerpo, de la mente ni del alma. Significa que tu cuerpo, mente y alma, funcionan en tal armonía, como un todo, susurrando tan maravillosamente que están en una melodía, son uno. Todo tu ser —cuerpo, mente y alma— está comprometido en la meditación.

Por eso me esfuerzo en comenzar toda meditación con el cuerpo. Es algo nuevo. En la antigüedad, la gente trataba de comenzar la meditación directamente en el núcleo más interno. Es un proceso difícil. No sabes nada sobre tu centro interior; ¿cómo puedes comenzar tu viaje desde un lugar en el que nunca has estado? Estás en tu cuerpo, por ello mi énfasis está en el baile, el canto y la respiración, para que puedas comenzar desde tu cuerpo. Entonces el cuerpo comenzará a hacerse meditativo. Y no te confundas por mi uso de la palabra "meditativo" para el cuerpo, pues el cuerpo se vuelve meditativo cuando está en un baile profundo, cuando funciona de modo perfecto e indivisible, como un todo; adquiere una calidad meditativa, una cierta gracia y belleza.

Luego muévete hacia dentro, observa la mente: comienza a asentarse. Y cuando esté asentada, se vuelve una con el cuerpo, se vuelve hacia el centro —un giro de 180 grados— y una gran paz desciende sobre ti. Palpitará de tu alma a tu cuerpo, de tu cuerpo a tu alma. En esa palpitación serás uno.

No preguntes entonces qué parte de uno mismo está comprometida con el entendimiento: estás comprometido totalmente. Y sólo cuando tu totalidad está comprometida, hay entendimiento. Tu cuerpo, tu mente, y tu alma lo saben. Luego comienzas a funcionar al unísono, en unidad.

De otra manera, el cuerpo dice una cosa, la mente otra y el alma continúa su camino, y tú te mueves en direcciones diferentes simultáneamente. Tu cuerpo está hambriento, tu mente llena de lujuria ¡y tú tratas de ser meditativo! Por eso no estoy a favor del ayuno a menos de que haya razones de salud, como dieta para reducir de peso, o quizá para purificarse de modo que el estómago descanse y todo tu sistema digestivo tenga vacaciones. De otra manera, está trabajando continuamente, lo cual también cansa.

Ahora los científicos dicen que incluso las máquinas se cansan. Le llaman fatiga del metal, como la fatiga mental. Incluso el metal necesita descansar y tu estómago no está hecho de metal, recuerda que está hecho de un material muy frágil. Trabaja toda tu vida, así que es bueno darle a veces un día de asueto. Incluso Dios tuvo que descansar un día, después de seis de trabajo. Incluso Dios se cansa.

Algunas veces, sólo por amabilidad con el pobre estómago, que trabaja para ti continuamente, el ayuno está bien. Pero no sugiero que el ayuno sea útil para la meditación. Cuando estás hambriento, tu cuerpo quiere que vayas al refrigerador.

Estoy en contra de reprimir tu sexualidad, porque si la reprimes, cuando trates de sentarte silenciosamente tu mente comenzará a fantasear sobre sexo. Aun cuando te ocupas de otras cosas, la mente continúa fantaseando como una corriente oculta, pero cuando no haces nada, sale a la luz. Si te comienza a exigir y crea hermosas fantasías (estás rodeado de mujeres u hombres atractivos), ¿cómo meditar?

De hecho, las viejas tradiciones han creado todo tipo de obstáculos para la meditación y luego dicen: "La meditación es muy difícil." No es difícil, es un proceso simple y natural. Pero si creas obstáculos innecesarios, la conviertes en una especie de carrera con vallas. Creas barreras, pones piedras en el camino —cuelgas piedras alrededor de tu cuello o te mantienes a ti mismo encadenado, aprisionado y aherrojado desde dentro con la llave arrojada lejos. Por supuesto, entonces sí es difícil, casi imposible.

Me esfuerzo en hacer de la meditación un fenómeno natural. Dar al cuerpo lo que necesita y a la mente lo que requiere. Y entonces verás que son muy amistosos. Cuando le dices al cuerpo: "Ahora por una hora permíteme sentarme en silencio", el cuerpo dice: "De acuerdo. Has hecho mucho por mí, has sido respetuoso conmigo, es lo menos que puedo hacer por ti." Y cuando dices a la mente: "Por favor, mantente en silencio por unos minutos. Déjame tener un pequeño descanso"; la mente entenderá. Si no has sido reprimido —si has honrado y respetado a la mente, y si no la has condenado—, entonces también estará en silencio.

Esto lo digo por experiencia propia. Respeta el cuerpo y la mente, de modo que te respeten. Crea una amistad. Son tuyos, no seas antagónico. Todas las antiguas tradiciones te enseñan a ver como contrarios al cuerpo y la mente; crean enemistad, a través de la cual no puedes moverte dentro de la meditación. La mente te molestará más al meditar que en otro momento. El cuerpo estará inquieto, más aún en la meditación. Tomará venganza y no te permitirá sentarte en silencio.

Si has intentado sentarte en silencio unos minutos lo sabrás. Cosas imaginarias comenzarán a ocurrir. Pensarás que una hormiga se arrastra sobre tu pierna, y cuando miras no hay ninguna. ¡Qué extraño! Con los ojos cerrados sientes que estaba ahí, arrastrándose, yendo y viniendo, y cuando los abres no hay hormiga, nada: el cuerpo está jugándote trucos. Tú has jugado trucos con tu cuerpo, lo has engañado de varias maneras, así que ahora el cuerpo te engaña a ti. Cuando el cuerpo quiere ir a dormir lo obligas a sentarse en un cine; el cuerpo dice: "De acuerdo. Cuando se presente la oportunidad, ¡ya verás!" Así que cuando te sientas a meditar, el cuerpo comienza a crear problemas. De pronto comienzas a sentir que necesitas que te rasquen la espalda —y te sorprendes, porque casi nunca lo sientes.

Una mujer me dio una mano de plástico con una pila para rascar la espalda. Le pregunté: "¿Por qué me has comprado esto?"

Ella me dijo: "Debes sentarte a meditar. En cuanto me siento a meditar mi espalda comienza a darme comezón. Siento que debo rascarme, pero no me alcanzo. Así que adquirí esta mano mecánica. ¡Es muy práctica! Sólo tienes que encenderla y te rasca donde sea."

Le dije: "Nunca me siento a meditar. No necesito sentarme porque haga lo que haga estoy meditando. Si mi espalda necesita rascarse lo haré con meditación."

Sólo cuida tu cuerpo y el cuerpo te retribuirá de manera generosa. Cuida tu mente y tu mente te será útil. Crea una amistad con cuerpo y mente, y la meditación llegará con facilidad, más que si tratas de entender, porque el entendimiento no es posible antes de la meditación, sólo es posible la confusión.

No hay muchos obstáculos para entender, sino unos cuantos. Uno de ellos es una mente reprimida; en cuanto te sientes en silencio a meditar, esa idea, esa energía reprimida será la primera en desbordarte a ti y a tu mente. Si es el sexo, la meditación se olvidará y tú estarás teniendo una sesión pornográfica.

Así que lo primero es desechar represiones —lo cual es muy sencillo porque no son naturales— y dejar de pensar que el sexo es pecado. No lo es. Es natural y si lo natural es pecado, entonces no sé que puede ser virtuoso. De hecho, ir contra la naturaleza es pecado. Sólo hay que entender que la existencia te ha hecho de esa forma. Debes aceptarte a ti mismo en la totalidad. Esa aceptación quitará el obstáculo que puede provenir de la represión.

La segunda cosa que viene como un obstáculo son las ideas impuestas en tu mente sobre Dios. En el momento que usas la palabra meditación, de inmediato un cristiano pregunta: "¿Meditación sobre qué?", y un hinduista: "¿Sobre qué?" Piensan que la meditación necesita un objeto, porque todas esas religiones sólo te han enseñado absurdos. La meditación sencillamente significa que no hay objetos en la mente y estás solo con tu estado consciente, un espejo que no refleja nada. Así que si eres hinduista debes cargar en el inconsciente alguna idea de Dios, Krishna, Rama o alguna otra idea, y cuando cierras tus ojos, "meditación" significa pensar en algo. De inmediato comienzas a meditar en Krishna o Cristo y has fallado, porque son obstáculos.

Debes recordar que la meditación no es concentrar tu mente en algo, sino vaciar tu mente de todo —incluidos tus dioses— y llegar a un estado donde puedas decir que tus manos están llenas de nada, la mayor experiencia de la vida.

En tercer lugar, otro obstáculo es pensar que meditar es algo que debes hacer en la mañana por veinte minutos o media hora en la tarde o en la noche, y el tiempo restante seguir siendo como eres. Es lo que todas las religiones hacen. Piensan que una hora en la iglesia, una hora de oración, una hora de meditación, son suficientes.

Pero con una hora de meditación y veintitrés de no meditación no puedes entrar en un estado consciente meditativo. ¿Lo que ganas en una hora es desperdiciado en veintitrés horas: de nuevo comenzarás la siguiente vez desde la comezón en tu espalda? Si lo haces así cada día, seguirás siendo el mismo. Por eso, para mí la meditación debe ser más bien como la respiración y no que te sientes una hora. La meditación debe acompañarte todo el día como una sombra, una paz, un silencio, una relajación. Cuando trabajes, ubícate totalmente dentro, tanto que no haya energía que se deje a la mente para tejer pensamientos. Y te sorprenderás de que tu trabajo, sin importar cuál sea, se convertirá en una meditación.

Lentamente, cada acto de tu vida puede convertirse en meditativo. Así, hay una posibilidad de alcanzar la iluminación. Puedes sentarte también, porque también es un acto, pero no identifiques sentarse con la meditación. Caminando meditas, trabajando meditas, algunas veces sentado en silencio o acostado en tu cama meditas: la meditación se convierte en tu compañía constante.

Y como puede volverse una compañía constante la llamo atestiguamiento.

Continúa atestiguando lo que sucede. Caminando, sentado o comiendo atestigua, y te sorprenderás de que mientras más atestigües mejor podrás hacer las cosas, porque estarás sin tensión; la calidad de las cosas cambiará.

También notas que mientras más meditativo te vuelves cada uno de tus gestos se vuelve suave, tiene gracia. Y no sólo tú lo notarás, otros comenzarán a hacerlo. Incluso quienes no tienen nada que ver con la meditación y nunca han escuchado siquiera esa palabra, verán que algo ha cambiado. La manera en que caminas y hablas tiene cierta gracia, cierto silencio y cierta paz. La gente querrá estar contigo porque te convertirás en algo agradable.

Hay gente que evitamos porque estar con ellas es como si te estuvieran chupando, jalando tu energía y dejándote vacío. Y cuando se van, te sientes débil, robado. Lo contrario sucede con la meditación. Estando con un meditador te sentirás alimentado. Te gustaría reunirte con esa persona de vez en cuando sólo para estar con ella. No sólo tú comenzarás a sentir cambios, otros comenzarán a sentirlos también. Todo lo que hay que recordar es una palabra: atestiguamiento.

SOBRE EL AUTOR

Las enseñanzas de Osho se resisten a la clasificación, pues abarcan desde la búsqueda individual hasta los asuntos más urgentes en los ámbitos social y político que afronta la sociedad de hoy. Sus libros no fueron escritos, son transcripciones de grabaciones de audio y video, de pláticas que dio a auditorios internacionales durante treinta y cinco años. Osho ha sido descrito por el *Sunday Times* de Londres como uno de los "1000 constructores del siglo XX", y por el autor estadounidense Tom Robbins como "el hombre más peligroso desde Jesucristo".

Sobre su propio trabajo, Osho dijo que estaba ayudando a crear las condiciones para el nacimiento de un nuevo tipo de ser humano. A menudo ha descrito a este nuevo ser humano como "Zorba el Buda", capaz de disfrutar los placeres terrenales como un Zorba el griego y la serenidad silenciosa como Gautama Buda. En todos los aspectos del trabajo de Osho hay una visión que reúne la sabiduría sin tiempo de Oriente y el más alto potencial de ciencia y tecnología occidentales.

Osho también es conocido por su revolucionaria contribución a la ciencia de la transformación interior, con un enfoque hacia la meditación que reconoce el ritmo acelerado de la vida contemporánea. Las excepcionales "Meditaciones activas de Osho" están diseñadas para liberar las tensiones acumuladas del cuerpo y la mente, de modo que sea más fácil experimentar el estado libre de pensamientos y relajado de la meditación.

CENTRO INTERNACIONAL DE MEDITACIÓN OSHO

El Centro Internacional de Meditación Osho es un lugar donde la gente puede tener una experiencia personal directa acerca de una forma de vivir con más lucidez, relajación y diversión. Ubicado a unos 160 kilómetros al sureste de Mumbai en Puna, India, el centro ofrece diversos programas para miles de personas que lo visitan cada año de más de 100 países del mundo.

Originalmente pensado como un retiro de verano para marajás y ricos colonialistas británicos, Puna es ahora una próspera ciudad moderna que aloja numerosas universidades e industrias de alta tecnología. El Centro de Meditación se extiende sobre dieciséis hectáreas en un suburbio rodeado de árboles conocido como Parque Koregaon. Las instalaciones del centro proporcionan alojamiento para una cantidad limitada de huéspedes, y hay gran variedad de hoteles y apartamentos cercanos para estancias de pocos días o varios meses.

Los programas del Centro se basan en la visión de Osho de un tipo cualitativamente nuevo de ser humano capaz de participar creativamente en la vida cotidiana y relajarse en silencio para meditar. La mayoría de los programas se efectúan en instalaciones modernas con aire acondicionado e incluyen diversas sesiones individuales, cursos y talleres que abarcan artes creativas, tratamientos holísticos de salud, transformación y terapia personal; ciencias esotéricas, el enfoque "zen" para deportes y la recreación; y aspectos de relaciones y transiciones importantes para hombres y mujeres. Las sesiones individuales y los talleres grupales se ofrecen durante todo el año, además de un horario diario completo de meditaciones.

Las cafeterías y restaurantes dentro de los terrenos del centro sirven tanto comida hindú tradicional como una selección de platillos internacionales, todos elaborados con vegetales cultivados orgánicamente en la propia granja de la comuna. El campus tiene su fuente privada de agua segura y filtrada.

PARA MÁS INFORMACIÓN

Sobre Osho y su trabajo, consulta:

www.osho.com

Un sitio web completo en varios idiomas que incluye un paseo en línea del Centro de Meditación y un calendario de sus cursos, un catálogo de libros y grabaciones, una lista de centros de información sobre Osho en todo el mundo, y selecciones de las conferencias de Osho.

O comunícate a:

Osho International
Nueva York

oshointernational@oshointernational.com

El gran libro de las revelaciones se terminó de imprimir en abril de 2006, en Litográfica Ingramex, S.A. de C.V. Centeno núm. 162, col. Granjas Esmeralda, C.P. 09810, México, D.F.